王 墨 / 等著

洞见真知

工业数据安全管理与实践之道

化学工业出版社

·北京·

内容简介

本书全面系统地阐述了工业领域数据安全的概念内涵、风险形势、国内外现状以及行业管理实践等方面，详尽介绍了工业数据安全管理与实践的具体内容。本书包含概述篇、规制篇、实践篇、行业篇，共 4 篇 15 章：概述篇介绍工业数据安全的内涵与特征，深入分析工业数据安全风险形势；规制篇介绍国外主要国家和地区数据安全战略布局，解读我国数据安全法律法规和行业管理体系相关政策，阐述我国数据安全产业发展情况；实践篇介绍数据安全合规体系建设指引、典型数据安全风险防范指引、工业领域人工智能安全应用指引；行业篇介绍钢铁、有色金属、民用飞机、石化化工、汽车、船舶等 6 个行业数据安全保护实践。

本书可供从事工业数据安全管理相关工作的政策研究人员、企业管理人员、科技工作者等参考使用。

图书在版编目（CIP）数据

洞见真知：工业数据安全管理与实践之道 / 王墨等著. — 北京：化学工业出版社，2025.6. — ISBN 978-7-122-47783-5

Ⅰ. F407.4

中国国家版本馆 CIP 数据核字第 2025FF2732 号

责任编辑：张海丽　　　　装帧设计：刘丽华
责任校对：王鹏飞

出版发行：化学工业出版社
　　　　　（北京市东城区青年湖南街 13 号　邮政编码 100011）
印　　装：北京云浩印刷有限责任公司
710mm×1000mm　1/16　印张 21¾　字数 319 千字
2025 年 6 月北京第 1 版第 1 次印刷

购书咨询：010-64518888　　　售后服务：010-64518899
网　　址：http://www.cip.com.cn

凡购买本书，如有缺损质量问题，本社销售中心负责调换。

定　价：88.00 元　　　　　　　版权所有　违者必究

《洞见真知：工业数据安全管理与实践之道》编委会

主　任：王　墨
副主任：张雪莹　李　俊
委　员：

王　墨	张雪莹	李　俊	杨雨晨	张煜珠
李　赟	翁　颖	高建磊	江　浩	樊佩茹
柳彩云	杨帅锋	李耀兵	孙　岩	贾世伟
符鑫峰	赵　然	李海洋	李雅静	聂　晶
陆伟强	胡意文	李丽苹	蒋　楠	梁盈鑫
林跃宗	王海宇

序

　　党中央、国务院高度重视数据安全工作，将数据安全纳入总体国家安全观。习近平总书记多次做出重要指示，强调要切实保障国家数据安全。随着《中华人民共和国数据安全法》等法律法规的颁布实施，国家不断健全完善数据安全工作机制，工作部署和要求日益清晰、系统和全面。近年来，数据安全已成为国家"十四五"规划等多项战略规划部署的关键领域，并连续五年被写入政府工作报告，作为重要任务予以推进。党的二十届三中全会将数据安全纳入"健全促进数字经济和实体经济深度融合制度"工作部署中，提出"提升数据安全治理监管能力"，进一步凸显了坚持统筹发展和安全，抓牢数据安全"治理"和"监管"的重要性，为未来工作指明了方向、提供了遵循。

　　工业是国民经济的主体，是立国之本、强国之基。数字化是新型工业化的重要特征，数据成为推动其发展的关键动能，而数据安全则是保障新型工业化高质量发展的重要支撑。随着新型工业化进程的加快，工业领域的数据汇聚、流通和交易等数据循环活动愈发纷繁复杂，相关风险和挑战不断加剧。近年来，工业系统频繁遭遇网络攻击和大规模数据泄露等安全事件，轻则干扰企业运营，重则导致停工停产、经济损失，严重影响产业发展节奏。在国际上，工业数据安全已成为各国高度关注的议题，许多国家加快推进战略部署，强化数据治理能力，积极参与国际规则的制定。面对日益复杂的全球环境，工业数据作为"核心生产要素"与"重要战略资产"，其面临的安全挑战愈加严峻，构建契合产业发展需求的工业数据安全管理范式，提升全球数据安全领域的国际话语权，已成为维护工业经济安全、保障数字主权的迫切需求。

　　工业领域是《中华人民共和国数据安全法》明确提出的首要重点行业，加强工业数据安全保障是新时代赋予的重要使命。当前，我国工业领域数据安全政策体系已初步建立，制度建设取得阶段性成果，监管实践和产业促进也取得积极进展。然而，工业数据规模庞大、类型多样、主体复杂，数据安全工作仍面临长期性、系统性和艰巨性的挑战。必须立足全局、统筹兼顾，科学规划，分阶段、有重点、体系化推进各项工作，构建多层次、多维度、全周期的工业数据安全管理体系，持续推动工业数据安全水平不断提升。

  本书以总体国家安全观为统领，围绕《中华人民共和国数据安全法》《网络数据安全管理条例》等法律法规以及《工业和信息化领域数据安全管理办法（试行）》等政策制度，结合国家工业信息安全发展研究中心长期支撑国家相关部门开展数据安全工作的实践经验，深入分析工业领域数据安全整体形势，总结世界各国数据安全保护举措，从理论和实践两方面呈现丰厚研究成果，可为我国广大数据安全从业者、数据处理者等提供详实参考，为筑牢新型工业化高质量发展安全底座、构建高水平安全良性互动格局贡献智慧力量。当前正值国家数据安全工作深入推进的重要阶段，本书的编写契合时代需求，具有重要的现实意义。

唐立新

前　言

2023年9月，全国新型工业化推进大会召开，习近平总书记作出重要指示，指出要统筹发展和安全，把高质量发展的要求贯穿新型工业化全过程。工业是经济增长的主体和引擎，是数字经济发展的先导区和数字化转型的主阵地，加强工业领域数据安全保障体系和能力建设，对切实维护国家安全、保障新型工业化高质量发展意义重大。当前乃至今后一个时期，以5G、工业互联网、数据中心等为代表的信息基础设施将成为现代化产业网络化、数字化、智能化发展的重要信息基础设施，智能工厂、数字化车间在提升要素生产率、发展新质生产力方面作用愈发明显，数据作为关键生产要素和核心引擎的作用更加突出，新的形势对工业领域数据安全提出新的更高要求。但在实际应用中，数据泄露、滥用等安全风险会加重企业担忧，从而降低数据共享意愿，而现阶段，数据安全从标准供给到保护策略等一系列应对措施，距离保障数字经济可持续发展仍存在较大差距。因此，在数字经济蓬勃发展的大趋势下，做好数据安全保护，是促进数据开发利用、自由流动以及数字经济健康发展的前提条件。

为了更好地支撑我国工业领域数据安全工作的开展实施，我们编写了《洞见真知：工业数据安全管理与实践之道》一书。本书从概述、规制、实践、行业等四个方面，对工业领域数据安全的概念范畴、全球工业领域数据安全整体形势、国内外工业领域数据安全工作进展、工业领域部分行业数据安全管理实践等作出系统论述，从数据分类分级、安全管理、全生命周期保护、风险防控、应急处置、数据出境、人工智能应用等方面提出实践指引，对工业领域细分行业运用案例阐释安全保护解决方案，对深入推进产业数字化转型、提升工业领域数据安全保护能力、助力工业高质量发展、夯实新型工业化发展的安全基石具有重要意义。

本书在撰写过程中，得到了中国钢铁工业协会、中国有色金属行业协会、中国石油和化学工业联合会、中国汽车工业协会、中国商用飞机有限责任公司、上海航空工业（集团）有限公司、哈尔滨工程大学、江西铜业股份有限公司贵溪冶炼厂、东风汽车集团有限公司、中国石油化工集团有限公司（排名不分先后）等单位的大力支持，在此衷心地表示感谢。

随着数据安全相关工作的进展及安全形势变化，本书内容将适时更新和完善。恳请广大读者提出宝贵意见。

本书编委会
2025 年 2 月

目 录

概述篇：
洞若观火，深刻认识工业领域数据安全保护之势 ……… **001**

| 第一章
工业数据安全内涵与特征
002 | 一、数据与数据安全 ……………… 002
二、工业数据与工业数据安全 ……… 006 |

| 第二章
工业领域数据安全风险形势分析
009 | 一、全球工业数据安全风险形势 ……… 009
二、工业领域典型数据安全风险场景 …………………………… 014 |

规制篇：
夯基垒台，系统理解工业领域数据安全保护之规 ……… **029**

| 第三章
世界主要国家及地区战略布局
030 | 一、美国 …………………… 030
二、欧盟 …………………… 043
三、英国 …………………… 055
四、其他国家 ……………… 063 |

| 第四章
我国数据安全法律法规
067 | 一、《中华人民共和国国家安全法》解读 ……………………………… 068 |

二、《中华人民共和国网络安全法》
　　解读 …………………………………… 071
三、《中华人民共和国数据安全法》
　　解读 …………………………………… 073
四、《中华人民共和国个人信息保护法》
　　解读 …………………………………… 079
五、《关键信息基础设施安全保护条例》
　　解读 …………………………………… 084
六、《网络数据安全管理条例》解读 … 085
七、《数据出境安全评估办法》解读 … 089
八、《促进和规范数据跨境流动规定》
　　解读 …………………………………… 093

第五章 我国工业领域数据安全管理体系

一、《工业和信息化领域数据安全管理办法
　　（试行）》解读 …………………… 096
二、《工业领域数据安全能力提升实施方案
　　（2024—2026年）》解读 ………… 103
三、《工业和信息化领域数据安全风险
　　评估实施细则（试行）》解读 …… 108
四、《工业和信息化领域数据安全事件
　　应急预案（试行）》解读 ………… 112
五、工业和信息化领域数据安全行政
　　处罚 …………………………………… 118
六、《工业领域数据安全标准体系建设
　　指南（2023版）》解读 …………… 120
七、《工业领域重要数据识别指南》YD/T
　　4981—2024行业标准解读 ………… 124
八、《工业企业数据安全防护要求》YD/T
　　4982—2024行业标准解读 ………… 125

	九、《工业领域数据安全风险评估规范》（报批稿）行业标准解读 …… 126
第六章 **我国数据安全产业发展** 129	一、《关于促进数据安全产业发展的指导意见》解读 …… 129 二、数据安全产业发展现状 …… 133 三、各地方数据安全产业发展现状 …… 136

实践篇：
责无旁贷，准确履行数据安全保护之责 …… **141**

第七章 **数据安全合规体系** **建设指引** 142	一、概述 …… 142 二、数据分类分级 …… 144 三、数据安全管理体系 …… 147 四、数据全生命周期保护 …… 159 五、数据安全风险监测预警、报告、处置 …… 166 六、数据安全事件应急处置 …… 167 七、数据安全风险评估 …… 170 八、数据出境安全管理 …… 173 九、数据交易 …… 180
第八章 **典型数据安全风险** **防范指引** 182	一、数据勒索 …… 182 二、数据暴露面 …… 206 三、数据库安全保障措施不健全 …… 207 四、漏洞、"后门" …… 207 五、数据上云上平台安全措施不足 …… 208 六、内部员工不当操作 …… 209 七、技术服务外包 …… 210

第九章
工业领域人工智能安全应用指引
212

一、人工智能应用概述 ········ 212
二、人工智能应用的安全风险及问题 ········ 217
三、数据安全 ········ 219
四、模型安全 ········ 227
五、系统安全 ········ 230
六、机构与人员 ········ 233
七、监测与应急 ········ 234

行业篇：
有的放矢，精准把握重点行业数据安全保护之术 ········ 237

第十章
钢铁行业数据安全保护实践
238

一、钢铁行业数据特征 ········ 239
二、钢铁行业业务流程及数据典型应用场景分析 ········ 240
三、钢铁行业数据安全保护实践案例 ········ 242

第十一章
有色金属行业数据安全保护实践
245

一、有色金属工业数据特征 ········ 246
二、有色金属工业典型业务流程及数据典型应用场景分析 ········ 247
三、有色金属行业数据保护实践案例 ········ 249

第十二章
民用飞机行业数据安全保护实践
252

一、民用飞机行业数据特征 ········ 252
二、民用飞机行业典型业务流程及数据处理关键环节分析 ········ 253
三、民用飞机行业数据安全保护实践案例 ········ 254

第十三章 石化化工行业数据安全保护实践 257

一、石化化工行业数据特征 ……………… 257
二、石化化工行业业务流程及数据典型应用场景分析 ……………… 258
三、石化化工行业数据安全保护实践案例 ……………… 261

第十四章 汽车行业数据安全保护实践 264

一、汽车行业数据特征 ……………… 265
二、汽车行业数据典型应用场景及关键环节分析 ……………… 266
三、汽车行业数据安全保护实践案例 … 268

第十五章 船舶行业数据安全保护实践 271

一、船舶行业数据特征 ……………… 271
二、船舶行业典型业务流程及数据处理关键环节 ……………… 272

附录 275

附录一　工业和信息化领域数据安全管理办法（试行） ……………… 275
附录二　工业和信息化部等十六部门关于促进数据安全产业发展的指导意见 ……………… 284
附录三　工业和信息化领域数据安全事件应急预案（试行） ……………… 289
附录四　工业领域数据安全能力提升实施方案（2024—2026 年）… 301
附录五　工业领域重要数据识别指南（YD/T 4981—2024） ……………… 307
附录六　工业企业数据安全防护要求（YD/T 4982—2024） ……………… 314

参考文献 ……………………………………………………………… 332

概述篇：
洞若观火，深刻认识工业领域数据安全保护之势

第一章

工业数据安全内涵与特征

当前,新一轮科技革命和产业变革正加速推进,工业领域的数字化、智能化转型已进入深耕阶段。工业数据日益成为社会生产、基础服务、产业转型的重要驱动力量,以及提升工业企业竞争力、创新力、价值力的关键核心要素,是推进制造强国和网络强国建设的重要基础。在数字化浪潮的推动下,数据已成为社会发展的关键驱动力,广泛渗透到研发设计、生产制造、经营管理等关键领域。随着数据量的爆炸式增长和应用范围的不断拓展,针对工业领域的数据勒索、窃取活动呈现明显上升趋势,数据安全问题愈发凸显,使得工业领域的数据安全成为关乎国家安全和经济社会发展的重大议题。

一、数据与数据安全

(一)数据

"数据"是通过数字、表格、图形等对事实的客观记录。在数字化转型的历史背景下,数据实质上就是记录、描述、重现客观情况。国际标准化组织将数据看作信息、事实的一种表达形式,可以通过人工或自动化处理。事实上,数据不仅包括数据控制者利用网络、传感器等采集或生产的原始数据(未经加工的原始素材,基于事实和观察),还包括经过分析、加工、计算、聚合形成的衍生数据等数据产品。大数据时代，数据大都以电子形式出现。在网络空间和计算机系统中，物理空间中的多种表现都为"数据"所取代，即以二进制信息单位0和1表示。与传统的有体物相比较，数据（特别是电子形式的数据）本身具有无形性的特征，且可以借助互联网从一个节点到另一个节点，甚至跨地域、跨国界快速传输。

在《中华人民共和国数据安全法》出台之前，《中华人民共和国网络安全法》《中华人民共和国民法典》《中华人民共和国护照法》等法律规范基本都使用了"信息""个人信息"等这类词来指称信息资料内容。《中华人民共和国数据安全法》首次从法律层面对"数据"进行了明确的含义解释，即"任何以电子或者其他方式对信息的记录"。这一定义将数据与信息区分开来，强调了"记录"是数据的根本性特征。

在数字化转型的推动下，数据的重要性越来越凸显，已经成为与土地、劳动力、资本、技术并列的新型生产要素，是驱动经济社会发展的核心资源。2020年3月30日，中共中央、国务院公布《关于构建更加完善的要素市场化配置体制机制的意见》，将数据列为继土地、劳动力、资本、技术之后的"第五大生产要素"。2022年12月2日，中共中央、国务院发布《关于构建数据基础制度更好发挥数据要素作用的意见》，进一步明确了数据作为新型生产要素的重要地位，从数据产权、流通交易、收益分配、安全治理等方面构建数据基础制度，并提出20条政策举措，为数据要素发展提出顶层设计指引，激活数据要素潜能，增强经济发展新动能。

数据具有以下主要特征，这些特征决定了其在管理和安全上的特殊要求：

（1）体量巨大（Volume）：在数字时代，数据的产生和积累速度极快，规模庞大，如社交媒体、物联网设备等每天产生海量数据。

（2）类型多样（Variety）：数据不仅包括传统的结构化数据（如数据库中的表格数据），还涵盖半结构化数据（如XML、JSON等）和非结构化数据（如文本、图像、音频、视频等）。

（3）价值密度低（Value）：由于数据量巨大，有价值的信息在其中所占比例相对较低，需要通过有效的数据分析和挖掘技术来提取有价值的信息。

（4）速度快（Velocity）：数据的生成、传输和处理速度都非常快，如实时交易数据、传感器数据等需要快速处理和分析以支持决策。

（5）准确性（Veracity）：数据的质量和准确性对数据分析结果至关重要，包括数据的完整性、一致性和可靠性等方面。

（6）可访问性（Accessibility）：数据应能够被合法授权的用户方便地访问和使用，同时需要确保数据的安全性和隐私保护。

（二）数据安全

数据安全是保障数据有效利用和数据驱动产业发展的重要基础。根据《中华人民共和国数据安全法》第三条，数据安全是指通过采取必要措施，确保数据处于有效保护和合法利用的状态，以及具备保障持续安全状态的能力。其中，"采取必要措施"是数据安全定义的核心，强调数据处理者需主动采取技术、管理和法律等多方面措施保障数据安全。其中，技术措施，如数据加密、访问控制、数据备份与恢复、防篡改技术等，以防止数据被未经授权的访问、篡改或泄露；管理措施，如建立数据安全管理制度、明确数据分类分级、制定数据处理流程、进行数据安全培训等；法律措施，如确保数据处理活动符合法律法规要求，保护个人隐私和商业秘密。这一要求体现了数据安全的主动性和预防性原则，强调数据处理者不能被动等待安全风险发生，而是需要提前采取措施，确保数据的安全性。"有效保护和合法利用"意味着数据安全不仅要求数据得到"有效保护"，还强调数据的"合法利用"。数据的有效保护，要求数据在存储、传输、处理等各个环节须得到安全保护，确保其完整性、保密性和可用性，防止数据被篡改、删除或未经授权的访问。数据的合法利用，要求数据的使用必须符合法律法规的要求，不得用于非法目的，如企业不得未经授权使用用户数据进行商业推广，政府机构不得滥用公民数据。这一要求平衡了数据安全与数据开发利用之间的关系，既保护了数据的安全性，又促进了数据的合理利用，避免数据被过度限制而影响数字经济的发展。此外，数据安全强调"持续安全状态的能力"，表明数据安全是一个动态过程，需要持续的监测、评估和改进，如：动态监测，通过技术手段实时监测数据的使用和存储状态，及时发现潜在的安全威胁；风险评估，定期对数据安全风险进行评估，识别可能的安全风险和威胁；应急响应，建立数据安全事件的应急响应机制，确保在发生数据泄露或安全事件时能够迅速采取措施，减少损失；持续改进，如根据技术发展和安全态势的变化，不断更新和完善数据安全保护措施。这一要求体现了数据安全的动态性和适应性，强调数据处理者必须具备应对不断变化的安全威胁的能力，而不是满足于一次性的安全措施。

数据安全的特征首先是动态性和复杂性。数据安全的动态性体现在对技术演进和新型攻击手段的持续应对能力上。随着技术的不断进步，例如量子计算的出现可能对现有加密技术构成挑战，以及人工智能和深度学习技术可能产生的新型攻击手段（如 AI 对抗样本），数据安全面临新的威胁挑战。因此，数据安全需要具备前瞻性，通过技术手段和管理措施相结合，持续提升防护能力。其次，数据安全的技术与管理并重。数据安全不仅依赖于先进的技术手段，如密码学、隐私计算、访问控制等技术，还需要与制度、流程、人员培训等管理措施相结合。技术手段可以提供强大的防护能力，而管理措施则确保技术手段的有效实施和持续优化。只有两者相辅相成，才能真正实现数据安全保护的目标。最后，是数据安全的合规性。数据安全受到《中华人民共和国网络安全法》《中华人民共和国数据安全法》《中华人民共和国个人信息保护法》、欧盟《通用数据保护条例》等国内外法律法规的严格约束，这些法律法规为数据安全提供了明确的指导和框架，确保数据安全措施的合法性和有效性。合规性不仅体现了对法律法规的遵守，也彰显了对公民数据权利和隐私的尊重。

（三）数据安全与网络安全

数据安全与网络安全紧密相关，但又有所区别。网络安全主要关注网络系统和网络传输过程中的安全问题,而数据安全则更侧重于数据本身的安全性。数据安全与网络安全虽然紧密相关,但二者在本质上存在显著区别。

从联系来看,一方面,网络安全的成熟技术体系,如身份认证、访问控制、安全审计和网络流量分析等技术手段,以及针对网络设备和系统的防护措施,同样适用于数据安全,这体现了二者在"必要措施"上的交叉;另一方面,数据安全与网络安全都将数据的"有效保护"作为重要目标,这体现了二者在"保护目标"上的交叉。

两者之间的区别主要体现在以下几个方面:**一是保护理念不同。**数据安全与业务系统内生安全关系密切,强调以数据和业务为中心,兼顾存储态和流动态的数据安全。网络安全与业务关联性不强,重点以网络环境为中心,采用外挂设备保障静态的系统、网络、软硬件等。**二是保护范围不同。**数据安全的概念中既包括电子化数据,也包括纸质文档等其他形态的非电子数据,而网络安全只涵盖电子化、网络化相关数据的安全性。**三是保护对象不同。**数据安全保护对象需覆盖数据载体、数据内容、数据活动,网络安全的保护对象主要为网络信息系统。**四是边界属性不同。**网络安全边界特征明显,主要通过分区分域、边界隔离等方式围追堵截,保护"门"的安全。数据安全边界属性弱化,强调数据资产在哪里,数据安全就在哪里,更加强调"门"内的资产安全。此外,流动的数据就更难以划分防护边界。**五是保护方式不同。**数据安全防护要求覆盖数据处理活动,防护策略涉及数据脱敏、数据水印、隐私计算等手段,贯穿数据收集、存储、使用加工等数据处理活动全链条。网络安全防护策略主要针对网络和系统边界,一般采用防火墙、网络入侵监测、网络安全扫描、防病毒等技术进行边界威胁阻断。

二、工业数据与工业数据安全

(一)工业数据

工业数据是指工业各行业各领域在研发设计、生产制造、经营管理、运行维护、平台运营等过程中产生和收集的数据。工业数据涉及的主体较多，既包括含有研发设计数据、生产制造数据、经营管理数据的工业企业，也包括含有平台知识机理、数字化模型、工业 APP 信息的工业互联网平台企业，还包括含有工业网络通信数据、标识解析数据的基础电信运营企业，其中，标识解析系统建设运营机构等工业互联网基础设施运营企业，含有设备实时数据、设备运维数据、集成测试数据的系统集成商和工控厂商，以及含有工业交易数据的数据交易所等。这些不同类型的企业都是工业数据产生或使用的主体，同时也是工业数据安全责任主体。

工业数据相比传统网络数据，数据种类更丰富、形态更多样，主要有：以关系表格格式存储于关系数据库的结构化数据，如生产控制信息、运营管理数据；以时间序列格式存储于时序数据库的结构化数据，如工况状态、基础设施运行信息；以文档、图片、视频格式存储的半结构化或非结构化数据，如生产监控数据、研发设计数据、外部交互数据。

除了多态性，工业数据还有以下特征：**一是实时性**，工业现场对数据采集、处理、分析等均具有很高的实时性要求。**二是可靠性**，工业数据十分注重数据质量，在数据采集、传输、使用等环节中都要保证数据的真实性、完整性和可靠性，确保工业生产经营安全稳定。**三是闭环性**，工业数据需要支撑状态感知、分析、反馈、控制等闭环场景下的动态持续调整和优化。**四是级联性**，不同工业生产环节的数据间关联性强，单个环节数据泄露或被篡改，就有可能造成级联影响。**五是更具价值属性**，工业数据更加强调用户价值驱动和数据本身的可用性，用以提升创新能力和生产经营效率。**六是更具产权属性**，工业数据产生于企业实际生产经营过程，数据产权属性明显高于个人用户信息。**七是更具要素属性**，工业数据是驱动制造业和数字经济高质量发展的重要引擎，具有更强的生产要素作用。

（二）工业数据安全

基于上述工业数据定义，结合《中华人民共和国数据安全法》，工业数据安全是指通过采取必要措施，确保工业数据处于有效保护和合法利用的状态，以及具备保障持续安全状态的能力。按照工业数据安全定义，其概念范围包含两个核心要素：**一是**明确了工业数据安全的实施路径，即通过采取必要措施来确保数据安全，其中，必要措施通常分为管理措施和技术措施；**二是**界定了工业数据安全实现的三个目的。其中，**有效保护**通常指保障数据的保密性、完整性和可用性，需重点加强重要数据和核心数据保护；**合法利用**通常指数据要素的安全有序流通和开发利用，发挥数据要素价值，在工业领域通常指在合法合规前提下，数据处理活动能够支撑保障业务流程的正常运转，如在智能化生产场景下，可以通过数据分析辅助生产决策；**具备保障持续安全状态的能力**指可以抵御内外部各类数据安全风险，保障安全状态的持续性。

工业数据作为核心要素，贯穿工业互联网安全、工业控制系统安全的各个层级，是工业互联网、工业控制系统正常运转的"血液"。因而，工业数据安全与工业互联网安全、工业控制系统安全三者既紧密联系，又相互区分。**一是三者之间紧密联系**。从范围上来看，工业控制系统安全是工业互联网安全的重要组成部分，工业数据安全是贯穿工业互联网安全、工业控制系统安全的关键要素，其安全性既会影响工业控制系统安全，也会影响工业互联网安全。工业控制系统、工业互联网中涉及的研发设计、生产制造等高价值数据一旦遭受泄露、破坏，将引发工业控制系统运转异常、工业互联网服务中断等严重后果。**二是三者之间相互区别**。工业控制系统安全重点是保障系统安全；而工业互联网安全需保障云、网、端安全，除了工业控制系统安全防护外，还需要重点关注云安全、平台安全等防护要求；工业数据安全则需结合实际业务场景，形成对数据全生命周期各环节的安全防护，如数据行为分析、数据标识、数据脱敏、数据流转监测等。

第二章

工业领域数据安全风险形势分析

随着新一代数字技术应用快速迭代，全球数据规模加速增长，加强数据安全保障已是各国共同关注的焦点，美欧等国家和地区纷纷出台数据安全法律政策，强化监管执法。工业领域作为数字经济的主战场，其面临的数据安全风险形势日趋严峻，日益成为各国开展数据安全工作的重点领域。

一、全球工业数据安全风险形势

（一）全球数据安全事件频发

近年来，全球数据安全事件频繁发生（图2-1），工业领域成为数据泄露的重灾区，数据安全形势不容乐观，影响范围广泛。

据美国通信公司Verizon发布的《数据泄露调查报告》指出，2022年制造业数据泄露事件共338起，比上一年度增长25.2%；2023年更是激增至849起，为上年度的两倍多。以行业门类划分，在目前报送的工业领域风险中，机械（25.92%）、轻工（13.22%）、化工（8.85%）和电子信息产品制造（8.53%）四个行业，总计占工业领域数据安全风险的56.52%，是风险重点突出行业。例如，2023年5月，某日本品牌

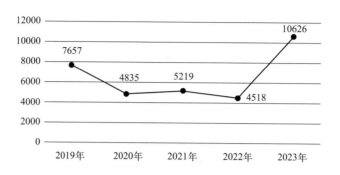

图 2-1 据《数据泄露调查报告》（美国通信公司 Verizon 发布）
统计的全球数据泄露事件总数

汽车因云环境中的设置错误，导致约 215 万用户的车辆数据被泄露，泄露信息包括车辆设备的识别号码和车辆位置等。2023 年 11 月，勒索软件组织 BlackCat（ALPHV）泄露了我国某石化企业 41.9GB 的数据。2024 年 1 月，法国某电气企业遭遇 Cactus 勒索软件攻击，云平台遭到破坏并瘫痪，数 TB 企业数据被窃取。同月，美国某医疗公司的人口健康管理（PHM）平台遭遇未经授权的非法访问，导致 450 万客户的敏感数据信息泄露。按数据类型划分，经营管理、平台运营、生产制造、研发设计、应用服务以及运行维护六类数据具有潜在安全威胁，其中经营管理类数据安全风险占比高达 58.59%，其安全性是当前工业领域面临的最大挑战之一。

这一趋势表明，随着制造业数字化、网络化的深入推进，其面临的数据安全风险也日益加剧。制造业涉及大量敏感数据，如经营管理、生产制造、研发设计等，一旦泄露可能导致严重经济损失和竞争优势丧失。工业数据泄露类风险已具备全球性蔓延趋势，日益引发国际关注。工业企业必须加强数据安全管理，提升数据安全防护能力，以应对日益复杂的数据安全威胁。

（二）新型数据安全擦除成为新兴隐患

随着网络战的不断升级，一种新型数据安全擦除攻击逐渐浮出水面，成为高级可持续攻击的重要载荷，对工业领域的数据安全构成了新兴隐患。在2022年的俄乌军事冲突中，除了传统的物理战场，网络空间也成了看不见硝烟的第二战场，俄乌等多方势力在此展开了激烈的较量。值得注意的是，数据在这场网络战中成为关键目标。先后有7种数据擦除恶意软件被用于攻击，旨在彻底破坏关键系统的数据可用性，对双方工业领域的核心基础设施造成了极大的破坏。

这一现象不仅限于俄乌冲突，2023年巴以冲突期间，Kilnet等黑客组织也对以色列的重要基础设施发起了大规模网络攻击，导致100多个网站因分布式拒绝服务攻击而无法访问系统数据。数据正逐渐成为敌对势力在现代网络战中的"精准打击目标"。此外，ThreatSec黑客组织还公开了Modbus和MQTT、西门子自动化和赛门铁克系统的漏洞信息，以及近150个消息队列遥测传输（MQTT）开放端口。这些系统负责MES系统和SCADA系统之间的通信，其漏洞的公开无疑进一步加剧了工业基础设施的脆弱性。网络战背景下的数据安全擦除攻击已成为工业领域的新兴威胁，亟须引起各方的高度重视和应对。

（三）工业数据成为国际博弈的重要对象

在当今数字化时代，数据安全已跃升为世界主要国家博弈的新场域。欧美等发达国家和地区竞相争夺全球数据治理规则的主导权，并将数据安全问题政治化、工具化，力图将我国排斥在国际治理体系之外，其中工业领域更是成为这场博弈的前沿阵地。

在国家数据安全战略政策制定方面，将数据安全视为主要国家争夺全球数据治理规则主导权的着力点。美国推动美式治理模式主导全球数字规则，借助数据跨境流动机制争夺全球数据资源，并强化数据流向控制。欧盟则通过推动个人隐私保护规则和数字经济发展战略，力图与中美争夺全球"技术主权"和国际规则制定权。

近年来，美国对我国装备制造、互联网产品等发起数据安全调查，发布行政令禁止我国访问地理位置、生物特征识别等六类数据。欧盟在与我国开展多双边交流对话中，对我国数据安全政策予以高度关注，数据安全愈发成为焦点议题。总体来看，利用"数据安全"影响我国海外企业发展利益已是西方国家的常用手段。在全球数据跨境流动日趋纷繁复杂的国际形势下，增强我国数据安全领域国际话语权，既是应对国家间博弈的需要，也是维护我国企业利益、促进企业"走出去"的关键保障。

（四）新兴技术融合应用引发未知安全隐患

随着科技的飞速进步，前沿数字技术如人工智能、云计算、车联网等正在深刻改变我们的世界。然而，这些技术如同双刃剑，在催生新业态、新模式的同时，也带来了不可预知的数据安全风险。新型工业化作为技术驱动的代表，其信息技术和业务创新的快速迭代，使得数据安全风险呈现出多元化、复杂化的交织态势。

1. 以车联网为代表的物联网应用带来数据安全新挑战

在万物互联时代，云平台、网络侧、生产端等各个节点，均可成为攻击窃取数据的目标途径，引发数据泄露、篡改或非法访问等风险。车联网平台作为物联网在交通和汽车领域的专业化应用，专注于车辆与网络的连接和信息交换。它通过无线通信技术、传感器技术和云计算等技术，实现车辆与车辆（V2V）、车辆与基础设施（V2I）、车辆与行人（V2P）以及车辆与网络（V2N）的通信。其数据生态尤为复杂，涉及云端、管端、车端、移动端、企业内部及供应链等多个维度。随着技术的迅猛演进，数据规模与类型均呈现出爆炸式增长，数据安全威胁亦随之向车联网平台深度渗透，攻击面急剧扩张，攻击对象日趋泛化，攻击路径呈现跨域复合态势。

首先，数据安全事件频发。在远程服务、在线升级、车辆调度等业务的强劲推动下，车联网平台加速迈向云端，然而这也使其成为网络攻击的新焦点。云端环境与智能化控制的融入，为车载设备系统、服务平台、通信设施等关键数据载体打开了新的威胁之门。据统计，近一年来针对车联网平台的攻击量高达627万次，勒索攻击、数据窃取、供应链泄密、APT 攻击等安全事件层出不穷。

其次，数据过度采集引发关注。车联网平台汇聚了汽车、道路、天气、用户、智能计算系统等多源海量数据，然而信息过度收集的问题却日益凸显。数据显示，2020 年平均每辆汽车搭载的传感器数量为 3.3 个，包括车载摄像头、毫米波雷达、体征测试传感器等。预计到 2030 年，这一数字将飙升至 11.3 个。这些传感器在采集环境、建筑、道路等数据时，若与行驶轨迹相结合，极易泄露精准的地理位置信息，成为新的安全风险点。同时，车端数据滥用问题亦引发社会广泛关注，车主隐私数据泄露事件屡禁不止。

再次，随着车联网"人-车-路-网-云"全方位跨域互联与融合开放的深入推进，汽车开放连接与车辆内外数据交互愈发频繁，传统汽车领域内的隔离边界被逐步打破。面对复杂多变的安全威胁，传统单点防护手段显得力不从心，数据安全风险有可能外溢至交通安全领域。一旦车辆控制数据被"黑客"非法操控，对路侧基础设施或其他行驶车辆发起恶意攻击，将严重威胁个人生命安全与道路交通秩序。此外，在车路协同模式下，若路侧设施如红绿灯、路侧传感器的控制数据遭到恶意攻击或篡改，也将对交通安全造成不可估量的影响。

2. 人工智能大模型发展加剧数据安全风险

当前，以人工智能通用大模型为代表的技术加速更迭，推动重大技术持续变革实现。但由于人工智能技术的不确定和应用的广泛性，在加速新型工业化发展的同时，也带来了大量的数据安全风险。数据投毒、数据泄露、数据伪造等安全问题传导至工业领域，生成式人工智能（AIGC）等应用将进一步加剧安全形势。

第一，数据投毒破坏算法模型，引发决策失误甚至生产事故。数据是 AI 模型的"燃料"，数据的输入决定 AI 模型训练的结果。数据投毒是一种对抗攻击形式，攻击者通过在训练数据中加入伪装数据、恶意样本等破坏训练集完整性或利用算法模型用户反馈机制注入虚假数据信息导致算法决策结果错误，即可使无人驾驶、智慧工厂等大型自动化系统算法产生错误的指令信息，进而引发重大生产事故。

第二，生成式 AI 技术降低攻击门槛。生成式人工智能技术极大降低了网络与数据攻击的门槛，攻击者可以使用自然语言来让 ChatGPT 生成相应的攻击代码、恶意软件代码、垃圾邮件等，让原本没有能力发起攻击的人基于 AI 生成攻击，并大大提高攻击成功率，对数据的保密性、完整性及可靠性产生巨大隐患。2023 年 4 月，Hyas 实验室基于 ChatGPT 大语言模型概念验证开发出了能够绕过当前网络安全市场中最先进的 EDR 和 DLP 检测的多态恶意软件"黑曼巴"。近期，威胁情报公司 Recorded Future 更是在暗网发现多达 1500 多条关于使用 ChatGPT 进行恶意软件开发的参考资料。

第三，人工智能算法模型反推技术逐渐成熟，训练数据恢复与泄露风险突出。随着成员推断攻击、数据重构攻击等技术逐渐成熟，攻击者能够仅根据模型输出，推断出训练数据的某种属性或恢复训练数据，或通过模型窃取重现模型功能与参数，窃取训练集和算法模型等研发数据。2022 年，Carlini 研究团队设计了基于前缀词的方案，在黑盒模型 GPT-2 上进行了训练数据窃取实验，攻击能够恢复的训练文本高达 67%，而这些恢复的文本中包含了个人姓名、住址、电话号码等敏感信息。人工智能算法模型应用风险突出，据报道，某公司引入 ChatGPT 不到 1 个月的时间内，就已发生 3 起重要数据外泄事件。

二、工业领域典型数据安全风险场景

（一）数据库保障措施不健全

在当今数字化时代，数据库作为数据存储与管理的核心枢纽，其安全性对于各领域的稳定运行和发展至关重要。数据库保障措施不健全所引发的数据泄露、非法访问风险，正日益成为威胁个人隐私、企业利益乃至国家安全的严峻挑战。数据库保障措施不健全，是指在数据库的设计、部署、运维和管理过程中，缺乏完善的安全策略、技术手段和管理流程，无法有效保护数据库中的数据免受未经授权的访问、修改、窃取和破坏。这种不健全涵盖多个方面，包括但不限于身份认证机制薄弱、访问控制策略不完善、数据加密措施缺失、备份与恢复机制不健全以及数据安全监测与审计不到位等。

1. 身份认证机制薄弱

身份认证机制是验证用户身份合法性的关键环节，薄弱的身份认证机制意味着验证方式缺乏足够的安全性和可靠性。如果数据库登录仅依赖简单的用户名和密码组合进行身份验证，且密码设置规则过于宽松，未强制要求密码包含大小写字母、数字和特殊字符，同时没有设置密码有效期，导致密码长期不变，容易被攻击者通过暴力破解、字典攻击等手段获取。此外，未引入多因素认证，如短信验证码、指纹识别、令牌等，同样也无法有效增加身份验证的强度。这种风险场景常见于工业企业的老旧信息管理系统中，这些系统在建设初期，技术水平有限，对身份认证的安全重视程度不足。例如，一些传统制造业企业的生产管理系统数据库，员工登录系统仅需输入简单的用户名和密码，且密码长时间未更新。随着企业数字化转型的推进，新的业务系统与旧系统存在数据交互，若旧系统身份认证机制薄弱，攻击者可利用旧系统的漏洞，获取合法用户身份，进而渗透到新系统，访问数据库中的关键数据。另外，在远程办公场景下，员工通过互联网访问企业内部数据库，若身份认证机制仅依赖简单密码，在网络传输过程中，密码可能被窃取，导致非法访问。

2. 访问控制策略不完善

访问控制策略用于确定用户对数据库资源的访问权限，不完善的访问控制策略表现为权限分配不合理，存在权限过度授予或授予不足的情况。例如，在角色权限分配时，没有根据员工的实际工作内容和职责范围进行细致划分，将多个不同岗位的员工赋予相同的高权限角色，使得这些员工可以随意访问和修改数据库中大量与自己工作无关的数据。此外，缺乏有效的权限管理和更新机制，当员工岗位变动、职责调整时，其在数据库中的访问权限未能及时做相应调整，导致权限滥用风险增加。在工业企业信息化建设过程中，部分企业对访问控制策略的制定和管理不够重视。例如，一些新兴的智能制造企业，在业务快速发展阶段,为了满足业务需求,快速赋予员工数据库访问权限,但没有建立完善的权限审批和管理流程。随着企业规模扩大,员工数量增多,权限管理变得混乱,出现了普通员工拥有数据库管理员权限的情况。在企业进行业务系统升级或整合时,若没有对新系统与旧系统的访问控制策略进行有效整合和优化,也可能导致用户在新系统中获得不合理的访问权限,从而引发数据安全风险。

3. 数据加密措施缺失

数据加密是保障数据在存储和传输过程中保密性和完整性的重要技术手段。数据加密措施缺失意味着数据库中的敏感数据未经过加密处理,以明文形式存储在数据库服务器中。这使得攻击者在获取数据库访问权限或截获数据传输链路时,能够直接读取和篡改数据,数据的安全性无法得到有效保障。在一些工业企业与外部合作伙伴进行数据交互时,若未建立有效的数据加密机制,数据在数据库存储过程中极易被窃取。例如,在企业内部数据库存储环节,若对客户信息、财务数据、生产计划等敏感数据未进行加密存储,一旦数据库服务器遭受物理攻击或被黑客入侵,数据将直接暴露在攻击者面前。

4. 备份与恢复机制不健全

备份与恢复机制是确保数据在遭受意外丢失、损坏或被篡改时能够及时恢复的重要保障措施。不健全的备份与恢复机制表现为备份策略不合理,如备份频率过低,无法满足数据恢复的时效性要求;备份存储位置不安全,与数据库服务器位于同一物理环境或同一网络区域,一旦发生自然灾害、硬件故障或网络攻击,备份数据也将受到影响。此外,恢复机制不完善,没有制定详细的恢复流程和应急预案,也未定期进行恢复测试,导致在实际需要恢复数据时,无法成功恢复或恢复的数据存在完整性问题。在一些小型工业企业中,由于资金和技术有限,往往忽视备份与恢复机制的建设。例如,某小型机械加工厂,采用手动备份方式,每周仅进行一次全量备份,且将备份文件存储在本地服务器的同一硬盘分区。当本地服务器因硬盘故障突然损坏时,不仅数据库中的生产订单数据、设备维护记录等全部丢失,备份文件也无法读取。另外,部分企业虽然有自动备份计划，但没有定期对备份数据进行恢复测试，在面临数据丢失时，才发现备份数据存在损坏或不完整的情况，无法满足业务恢复的需求。

5. 数据安全监测与审计不到位

数据安全监测与审计是实时监测数据库操作行为、发现异常并进行追溯的重要手段。不到位的监测表现为没有部署有效的监测工具，无法实时监测数据库的访问流量、用户登录行为、数据操作记录等；审计日志记录不完整，仅记录了部分关键操作，无法对数据库操作进行全面追溯；同时，缺乏对审计结果的有效分析和处理机制，即使发现异常行为，也无法及时采取措施进行阻断和调查。在一些工业企业的数据库管理中，安全监测与审计往往被视为次要工作。例如，某机械企业的生产运营数据库，没有部署专业的数据库安全审计系统，仅依靠数据库自带的简单日志记录功能。当企业内部员工非法访问数据库，进行数据窃取或篡改时，由于日志记录不完整，无法准确追溯到操作的具体时间、人员和操作内容。另外，即使有审计日志，但由于没有专业人员进行定期分析，一些异常操作行为被忽视，如频繁的大规模数据查询、深夜的异常登录等，直到数据安全事件发生后才被发现。

（二）漏洞、"后门"

当前，我国工业高端装备核心软硬件、服务机器人高度依赖国外进口或集成问题仍然突出，因漏洞、"后门"❶导致的数据窃取或篡改风险引发行业担忧。

我国工业高端装备如高端数控机床、工业机器人、先进自动化控制系统等，以及服务机器人在技术研发、核心零部件制造等方面，对国外技术和产品存在较高依赖。高端数控机床的数控系统，许多关键技术掌握在国外企业手中；工业机器人的精密减速器、伺服电机等核心零部

---

❶ "后门"是指绕过安全控制而获取对程序或系统访问权的方法，"后门"的最主要目的就是方便以后再次秘密进入或者控制系统。

件,大部分依赖进口。服务机器人在人工智能算法、操作系统等方面,也多采用国外技术。这种依赖使得我国工业企业在装备采购、技术升级等方面受到国外供应商的制约。特别是该类进口装备普遍采用闭源系统,国内企业难以获取底层代码权限,导致漏洞修复和自主防护能力受限。例如,某工业机器人操作系统使用默认不可更改的证书,且加密库过时,存在64个已知及零日漏洞,易被攻击者利用。

装备漏洞和"后门"问题不容忽视。一方面,国外企业生产的工业高端装备和服务机器人可能存在未知漏洞。这些漏洞可能是由于设计缺陷、代码编写错误等原因造成的。例如,某些工业机器人的控制系统存在缓冲区溢出漏洞,攻击者可利用该漏洞注入恶意代码,获取机器人的控制权。另一方面,部分装备可能被植入"后门"程序。这些"后门"可能是供应商为了便于远程维护、技术监控等目的而设置的,但也可能被恶意利用。例如,一些工业自动化控制系统被发现存在"后门",外部攻击者可通过"后门"绕过正常的安全认证机制,访问系统内部数据,甚至控制整个生产流程。

从危害后果看,这些装备漏洞和"后门"对工业数据安全构成了严重威胁。在数据传输方面,攻击者可利用装备漏洞或"后门"截获工业数据在装备与数据库之间传输的链路,窃取生产工艺数据、设备运行参数、产品设计数据等敏感信息。例如,在汽车制造企业中,攻击者通过装备漏洞获取生产线上工业机器人与数据库之间传输的汽车零部件生产工艺数据,这些数据被泄露后,可能导致企业的核心技术被竞争对手掌握,失去市场竞争优势。在数据存储方面,装备漏洞和"后门"使得数据库中的数据面临被篡改和删除的风险。攻击者可利用"后门"进入数据库,修改关键数据,如修改工业企业的生产订单数据、财务数据等,导致企业生产计划混乱、财务报表失真。在数据使用方面,攻击者可通过控制装备,非法访问和使用工业数据,如利用服务机器人的"后门"获取用户的个人信息、企业的商业机密等,用于商业竞争、诈骗等非法活动。在数据跨境方面,部分企业自身不具备工业进口高端装备的自主运维管理能力,在工业装备的远程运维和云端数据交互过程中,容易造成地理位置、设备状态、生产日志等数据被境外厂商或攻击者非法获取的风险。例如,某能源企业的进口传感器通过未加密协议将实时监测数据传输至境外服务器，这些数据有可能被用于分析我国能源设施布局。

我国工业高端装备与服务机器人的"卡脖子"问题不仅是技术层面的挑战，更是数据主权安全的重大威胁。唯有通过技术自主化、安全防护体系重构与供应链治理的多维协同，方能破解受制于人的困境，筑牢工业数据安全防线。

（三）数据勒索

在国家工业信息安全发展研究中心面向工业企业的调研中发现，340家规上企业中有40家承认自身发生过勒索事件，虽然大部分企业对于自身是否遭受勒索保持缄默，但仍然表达出了对勒索攻击的担忧。IBM Security发布的《X-Force威胁情报指数》指出，制造业成为勒索病毒最主要的攻击目标，已连续两年成为遭受勒索攻击最多的行业，占全行业比例24.8%。仅国家工业数据安全监测平台数据显示，2023年在公网暴露的存在数据勒索风险的工业数据资产达10472个。深信服监测数据显示，2022年全网遭受勒索攻击高达3583万次，与去年同期相比增长1300万余次，涉及专用设备制造、计算机电子设备制造、化学原料制品制造等行业。奇安信、天融信、深信服、360等国内安全厂商近三年处理的工业领域勒索事件超1000起。总体来看，工业企业仍然是勒索病毒聚集攻击的焦点，安全形势十分严峻。

（四）数据暴露面扩张

在云计算、微服务以及生成式人工智能（GenAI）技术迅猛发展的背景下，工业企业的数据暴露面，即可能被未授权访问的数据资产集合，正以前所未有的速度扩张。这一趋势极大地增加了数据泄露和非法访问的风险，众多实际案例提供了深刻的教训。例如，美国某科技企业曾因Azure Blob Storage配置不当，导致38TB的敏感内部数据外泄，其中包含了个人数据、私钥、密码乃至开源AI训练数据；美国某汽车企业则因两名前员工窃取并泄露公司机密信息，致使75000人的个人数据曝光，根据《通用数据保护条例》（GDPR），该企业可能面临高达33亿美元的罚款。

数据暴露面的形成是一个复杂的过程，其根源涉及技术、管理和供应链安全等多个层面。

在技术层面，技术缺陷是数据暴露面的主要来源之一。未及时修补的软件漏洞、脆弱的身份验证协议、未加密的传输协议、开放的API接口以及冗余的权限分配，都为恶意攻击者提供了可乘之机。在工业场景中，大量使用的未加密专有协议（如Modbus、OPC UA）使得攻击者能够通过中间人攻击轻松截获数据。某汽车制造企业的焊接机器人因采用明文传输控制指令，被攻击者成功篡改参数，导致整条生产线瘫痪。此外，开放的API接口若未实施访问频率限制或权限验证，则极易成为数据爬取的突破口。某平台就曾因API接口未对IP请求量进行限制，导致日均超过50万条用户信息被恶意爬取。在工业互联网上云后，虚拟化环境下的权限配置错误（如云存储桶公开访问）同样会引发数据泄露。某能源企业便因云端日志存储权限设置不当，被攻击者窃取设备运行状态数据，并据此反向推导出能源调度策略。边缘设备（如工业传感器）由于计算能力有限，难以部署动态加密技术，因此成为数据泄露的薄弱环节。

在管理层面，管理上的疏忽也是导致数据暴露面扩大的重要原因。权限回收滞后现象在企业中普遍存在，据统计，企业平均需要7.3天才能禁用离职员工的账户，这一期间非法访问的风险显著增加。例如，某半导体企业因未实施最小权限原则，导致研发人员能够访问全部工艺数据库，最终一名前员工在离职前批量下载了3TB的芯片设计图纸并出售给竞争对手。此外，大部分工业企业尚未建立数据分级标准，导致高价值数据（如工艺配方）与普通日志混存，为攻击者集中窃取核心资产提供了便利。即使暴露的数据并非直接敏感，也可能被攻击者通过组合分析生成高价值情报（如将用户行为数据与地理位置数据结合，推断出企业的战略布局）。

在供应链安全层面，数据暴露面引发的风险往往具有链式反应的特点。一方面，存在横向渗透的风险。攻击者可以通过暴露的工业设备（如PLC控制器）渗透至企业内网，进而窃取财务系统等其他重要数据。例如，某制造企业因边缘网关漏洞被攻破，攻击者得以横向移动至 ERP 系统并导出客户订单数据。另一方面，被入侵的企业可能成为攻击上下游企业的跳板。某汽车零部件供应商数据库泄露后，黑客利用其身份伪造质检报告，将含有缺陷的刹车片送入主机厂装配线。更为严重的是，关键基础设施的数据暴露直接威胁到国家安全。如乌克兰电网攻击事件中，攻击者正是通过暴露的 SCADA 系统接口植入了恶意固件。

综上所述，数据暴露面管理是组织机构数据安全治理的核心组成部分。通过深入了解数据暴露面的成因和潜在风险，并实施相应的防范措施（如加强技术防护、优化管理流程、强化供应链安全管理等），组织机构可以显著降低数据泄露和非法访问的风险，从而有效保护其宝贵的数据资产。

（五）数据上云上平台安全措施不足

随着云计算技术的快速发展，越来越多的工业企业选择将数据迁移到云平台，以期获得更高的灵活性、可扩展性和成本效益。然而，数据上云同时也带来了新的安全挑战。如果云平台上的安全措施不足，可能会导致数据泄露，给组织带来严重的经济和声誉损失。数据上云上平台安全措施不足，是指在数据的采集、传输、存储、处理和使用过程中，缺乏完善的安全策略、技术手段和管理流程，无法有效保护数据免受未经授权的访问、篡改、窃取和破坏。从上云的不同阶段来看，面临的数据安全风险种类不同。

1. 上云前

传统的机械制造企业，在决定将生产管理数据、供应链数据等上云时，由于缺乏专业的安全团队和经验，容易在数据梳理和云服务提供商选择上出现失误。其中，从数据梳理与分类不清看，企业在准备将数据上云时，若未对自身数据进行全面梳理和科学分类，无法明确哪些是核心敏感数据，哪些是一般数据，会导致在后续上云过程中，无法针对性地采取安全防护措施。例如，将包含客户隐私、商业机密的重要数据与普通办公文档混为一谈，增加了敏感数据暴露的风险；从云服务提供商选择不当看，缺乏对云服务提供商全面的安全评估和尽职调查。只关注价格、服务功能等表面因素，忽视了云服务提供商的安全技术实力、安全管理体系、数据中心物理安全等关键方面。若选择了安全保障能力不足的云服务提供商，数据上云后将面临更高的安全风险。例如，2019 年，国内一家中型汽车零部件制造企业 C 公司，计划将企业的生产订单数据、库存数据以及部分客户信息上云。在准备阶段，C 公司没有对数据进行详细梳理，也未对云服务提供商进行深入考察，仅根据价格和服务承诺选择了一家小型云服务提供商 D 公司。上云后不久，D 公司的安全防护系统被黑客攻破，C 公司的数据被泄露，包括客户的联系方式、采购偏好等敏感信息。这导致 C 公司的客户遭受骚扰，部分客户流失，企业声誉受损，同时也面临客户的投诉和法律风险。

2. 上云中

上云过程中的数据安全风险，适用于工业企业进行数据上云的实际操作阶段。例如，电子制造企业在将研发数据、生产工艺数据上云时，由于数据量庞大、传输过程复杂，容易出现传输安全问题和迁移操作失误。从数据传输安全隐患看，数据在从企业本地传输到云平台的过程中，若未采用加密传输协议，如使用普通的 HTTP 协议而非更安全的 HTTPS 协议，数据容易被窃取或篡改。同时，如果传输过程中的网络稳定性和带宽不足，也可能导致数据传输中断或丢失，影响数据的完整性。从数据迁移操作失误看，在数据迁移过程中，若企业操作人员缺乏专业技能和经验，可能会出现数据丢失、重复迁移、迁移不完全等问题。例如，在数据库迁移过程中，由于配置错误，部分关键业务数据未能成功迁移到云平台，影响企业正常业务开展。例如，2020 年，一家大型电子制造企业 E 公司，在将企业的核心研发数据迁移至云平台的过程中，为了节省成本，选择了价格较低的网络传输服务，未采用加密传输协议。在数据传输过程中，被黑客截获了部分数据，其中包括新型电子产品的设计图纸和关键技术参数。竞争对手获取这些数据后，加速了同类产品的研发进程,抢占了 E 公司的市场先机,给 E 公司带来了巨大的经济损失。同时,由于数据迁移操作失误,部分研发数据丢失,研发项目进度延误,研发成本增加。

3. 上云后

该类数据安全风险主要发生在工业企业数据已成功上云并开始在云平台上开展业务的阶段。例如,化工企业在云平台上与上下游供应商共享原材料采购数据、产品销售数据时,容易面临数据共享与合规风险。从云平台安全管理漏洞看,云平台自身可能存在安全管理漏洞,如身份认证与授权机制不完善、安全监控与审计不到位等。攻击者可利用这些漏洞,获取企业数据的访问权限,进行数据窃取、篡改等恶意操作。例如,云平台的访问控制策略存在缺陷,使得未经授权的用户能够访问企业存储在云平台上的数据。从数据共享与合规风险看,企业在云平台上与合作伙伴共享数据时,若未建立有效的数据共享机制和合规审查流程,可能导致数据泄露和合规风险。例如,在共享数据时,未明确数据使用范围和权限,合作伙伴将数据用于其他非法目的,给企业带来法律风险。例如,2021 年,一家化工企业 F 公司,将企业的原材料采购数据、产品销售数据存储在云平台上,并与多家供应商共享这些数据。由于云平台的访问控制策略存在漏洞,一名外部黑客通过漏洞获取了供应商的账号权限,进而访问了 F 公司存储在云平台上的数据。

(六)内部员工不当操作

随着数字化转型的推进,企业内部数据安全威胁的核心逐渐从外部攻击转向内部人员行为。内部员工不当操作已成为数据泄露与非法访问的主要风险源之一,其危害不仅涉及经济损失,更可能威胁产业链安全乃至国家安全。内部员工不当操作指企业员工因主观故意或客观疏忽,违反数据安全规范,导致敏感数据被非法访问、泄露或滥用的行为。近年来,由于内部员工不当操作引发的数据安全事件频发,如员工误操作导致 SCADA 系统控制参数被修改,引发设备异常运行甚至生产事故;研发人员通过代码托管平台(如 GitHub)上传含密钥的代码,或通过聊天软件传输敏感文件等泄露企业内部文件或大量客户资料。究其原因,主要由于技术防护不足、员工意识与培训缺失、权限管理薄弱、供应链与第三方管理不当等方面造成。

首先,在技术防护方面,工业场景中,大量设备仍采用未加密的专有协议(如 Modbus、OPC UA),数据在传输过程中易被截获。例如,某能源企业因传感器协议未加密,实时监测数据被非法回传至境外服务器。此外,权限管理系统的漏洞(如静态密码、未启用多因素认证)为内部人员非法访问提供可乘之机。其次,在员工意识与培训方面,数据显示,88%的泄露事件与员工错误或疏忽相关。例如,某科技公司技术员误将未公开产品数据包发送至竞争对手邮箱,导致关键技术外泄。此类事件反映企业对员工的保密教育不足,尤其是对技术岗、销售岗等高风险岗位缺乏针对性培训。此外,在权限管理方面,权限分配"宽泛化"是主要诱因。某互联网公司因未及时回收离职员工权限,导致其持续访问内部系统 79000 余次,窃取核心技术资料。部分企业还存在"重业务轻安全"的文化倾向,忽视数据分类分级管理,导致敏感数据与普通数据混存,防护资源错配。

可见,内部员工不当操作引发的数据安全风险,本质是技术缺陷、管理漏洞与人性弱点的交织产物。在工业场景中,其危害已从单一数据泄露演变为威胁产业链安全的系统性风险。未来,需构建"技术-管理-文化"三位一体的防护体系:技术上强化动态加密与权限控制,管理上完善数据分类与合规审查,文化上培育全员参与的保密意识。唯有如此,方能筑牢工业数据安全的"内生防线",应对数字化转型中的复杂挑战。

(七)技术服务外包

当前,技术服务外包作为一种优化资源配置、提升核心竞争力的有效手段,被越来越多的工业企业所采用。然而,随着外包业务的深入发展，数据泄露与非法访问等风险也日益凸显，成为企业不可忽视的重大挑战。

技术服务外包，简而言之，是指企业将原本由内部完成的技术研发、维护、运营等任务，委托给专业的第三方服务商来完成。这种模式有助于企业集中资源于核心业务，提高运营效率，但同时也带来了数据安全方面的隐患。

数据泄露与非法访问风险的发生，往往源于多个方面。首先，外包服务商的安全防护能力参差不齐，部分服务商可能缺乏足够的技术实力和安全管理经验，导致数据在传输、存储和处理过程中存在漏洞。其次，企业与外包服务商之间的合作协议可能不够严密，数据访问权限的划分不明确，为非法访问提供了可乘之机。此外，外包服务商的员工管理、系统维护等方面也可能存在安全隐患，一旦这些环节出现问题，就可能引发数据泄露事件。

从适用工业场景来看，技术服务外包几乎涵盖了所有需要技术支持的领域，如智能制造、工业互联网、智慧交通等。这些领域往往涉及大量的敏感数据，如生产数据、用户信息、交易记录等，一旦泄露或被非法访问，将对企业造成巨大的经济损失和声誉损害。

近年来，相关工业企业因技术服务外包而引发的数据安全事件屡见不鲜。例如，2023年，某汽车制造企业因外包服务提供商的系统漏洞，导致大量客户个人信息和车辆数据泄露；2024年，某化工企业因外包方人员操作不当，导致生产数据被篡改，影响了生产流程和产品质量。这些事件不仅暴露了外包服务商在数据安全方面的不足，也提醒了企业在外包过程中必须高度重视数据安全风险。

可见，技术服务外包在提升企业运营效率的同时，也带来了数据泄露和非法访问的风险。工业企业应高度重视外包过程中的数据安全问题，通过完善管理制度、加强外包方考察、签订严格合同、强化技术与管理措施以及定期监督评估，有效降低数据安全风险，保障工业数据的安全与完整。

（八）数据违规跨境

随着全球供应链的紧密交织以及我国智能制造、工业互联网、大数据分析等技术的广泛应用，数据跨境需求正以前所未有的速度增长，这一趋势不仅体现了技术革新与数字化转型的深刻影响，也暴露出保障数据安全的迫切需求。

第一，跨国业务的快速发展对数据跨境传输提出了更高要求。随着国内工业企业在境外设立分支机构或国外企业在境内建立分支机构，业务数据的跨境传输已成为常态。同时，随着全球经济的深度融合，跨国融资并购活动也日益频繁，这些活动往往伴随着大量管理类数据的跨境传输。然而，当前数据出境过程中存在的安全漏洞和防护机制的不足，使得数据泄露等安全事件频发。因此，完善数据跨境流动机制，加强数据传输的安全防护，已成为保障工业跨国业务顺利开展和数据安全的迫切需求。

第二，工业装备数据的跨境传输风险不容忽视。部分工业企业采购的国外高端装备可能存在未知漏洞或"后门"程序，这些漏洞和"后门"可能被利用来窃取敏感数据或发动攻击。同时，这些企业往往运维管理自主性不足，核心软硬件高度依赖国外进口或集成，进一步增加了数据出境的风险。为了保障国家安全和工业企业的核心利益，必须完善数据跨境流动机制，加强对工业装备数据的监管和保护。

第三，企业海外上市数据披露引发安全隐患。在赴美等海外国家上市的过程中，工业领域数据处理者需要向海外证券监管机构提供大量管理类数据。然而，这些数据出境后可能被海外机构利用进行深入分析，进而预测我国战略动作、精准画像特定主体等，对国家安全构成潜在威胁。因此，完善数据跨境流动机制，加强对企业海外上市过程中数据披露的监管，是维护国家安全和利益的必然要求。

第四，跨境司法纠纷涉及数据泄露风险。在境外发生司法纠纷时，数据处理者可能需要提交与诉讼案件紧密相关的数据。然而，这一过程中潜藏着数据再转移及敏感数据遭挖掘分析等风险。为了保障数据安全和司法公正，加强对司法纠纷中数据出境的监管和控制，将是完善数据跨境流动机制的重要内容。

第五，跨境数据交易成为数据滥用和违规传输的避风港。在数据交易所运营的交易平台上，国外采购商会发布采购数据产品的需求，平台则利用推荐算法、智能匹配等检索技术，为供需双方搭建桥梁，并在双方议价达成一致后，通过数据包交付、API交付或数据托管等模式完成数据交付。由于数据生产链条涉及多个参与者，权责界定困难，数据安全风险事件难以溯源追责，数据交易后在境外的访问和使用情况难以得到有效控制，跨境数据交易成为数据滥用和违规传输的避风港。

规制篇：
夯基垒台，系统理解工业领域数据安全保护之规

第三章

世界主要国家及地区战略布局

数字经济成为推动新型全球化的重要特征,数据是数字经济中的关键要素。随着全球从工业经济迈向数字经济,数据成为各国竞相争夺的资源。大国对于数据的监管模式各异,分歧巨大,数字领域的规则博弈成为全球治理中的新焦点。近年来,全球经济发展放缓,出于维护本国利益,各国保护主义规制抬头,导致国际贸易受到负面影响。对于数据要素的治理关乎数据生产、流通、使用、处理过程中的诸多政策与制度安排,已成为当前各国面临的共同课题。

一、美国

(一)立法现状

美国没有统一的数据安全或隐私领域的监管法律。相反,美国有适用于某些行业和实体的行业性法律,以及每个州有自己独立的法律,这些法律管理每个特定州居民和实体的数据安全等。

1. 联邦立法层面

美国宪法中没有明确规定隐私权,但宪法第四修正案中规定"任何公民的人身、住宅、文件和财产不受无理搜查和查封"。该项修正案保护了个人财产范围内的隐私，作为兜底性条款保护私人财产范围内的数据，对广泛数据没有保护力度。1974年颁布的《美国隐私法》（US Privacy Act）旨在保护个人隐私免遭滥用，纳入数据最小化、访问权、更正权等，但仅适用于美国政府收集公民数据，对私有企业收集数据没有限制。自20世纪70年代后，美国国内数据立法专注于垂直领域，主要集中于健康、金融、电信、儿童保护、教育等领域。

截至2025年1月，美国联邦层面的隐私草案《数据隐私和保护法案》（ADPPA）仍在审议中。值得注意的是，ADPPA标志着第一个获得两党和两院制支持的联邦隐私法案。如果颁布，它将取代大多数州和地方法律，使其中的任何类似规定无效。

2. 州立法层面

美国虽然在联邦立法层面没有针对数据单独立法，但部分州已经有了进一步保护数据安全的法律法规。

2020年，加州通过了《加州隐私权利法》（CPRA），扩大了消费者的权利并增加了企业的合规义务。2021年，弗吉尼亚州通过了《消费者数据保护法》（Virginia CDPA），成为继加州之后第二个通过全面数据隐私法的州。紧接着，科罗拉多州通过了《科罗拉多隐私法》（Colorado Privacy Act）。2022年，犹他州通过了《犹他消费者隐私法》（Utah Consumer Privacy Act），康涅狄格州通过了《关于个人数据隐私和在线监控的法案》（Connecticut Privacy Act）。2023年，特拉华州、佛罗里达州、印第安纳州、艾奥瓦州、蒙大拿州、俄勒冈州、田纳西州和得克萨斯州均通过了州全面消费者数据隐私法。2024年，肯塔基州、新罕布什尔州和新泽西州也通过了此类法律。由于联邦层面缺乏数据隐私框架，各州亟须推进立法。此外，州监管机构也在积极制定规则以实施这些法律，例如来自加州和科罗拉多州的最终规则制定于2023年生效。截至2024年10月1日，加州、科罗拉多州、康涅狄格州、佛罗里达州、俄勒冈州、得克萨斯州、犹他州、蒙大拿州和弗吉尼亚州的法律均已生效。

2020年实施的《加州消费者隐私法》（CCPA）吸收了部分欧盟

《通用数据保护条例》(GDPR)数据保护内容。马萨诸塞州的数据立法还在当事人违反州数据法案情况下,为消费者在没有遭受财产损失时设立了诉权。纽约州数据立法加强了数据信托的作用,并给予消费者纠正数据错误的权利。美国的州数据立法更符合当前互联网产业的发展,对广泛的数据安全进行了规范。

3. 域外立法层面

(1) 基于行政令建立监听法律体系

第一,美国通过行政令建立了庞大的情报系统。美国的情报系统是根据总统授权并通过1981年的第12333号行政令而成立的。该命令建立起了由国家安全局(NSA)、中央情报局(CIA)、联邦调查局(FBI)等16个机构组成的情报系统,并确认了情报机关最重要的任务之一就是从事广泛的监听,包括从企业和商业组织收集情报信息,并强调旨在加强境外情报收集技术。第12333号行政令授权NSA通过访问大西洋海底电缆,在数据抵达美国之前收集和保留这些数据,且NSA根据该令开展的活动不受成文法约束。2020年7月16日,欧盟法院正是考虑到12333号行政令,认为美国企业即使加入美欧跨大西洋传输数据的《隐私盾协议》(Privacy Shield),欧盟数据也仍然要受这些美国监控法律的约束,美国情报机关也依然可以访问,故成为监控目标的欧盟公民缺乏隐私保障,欧盟法院据此认定美欧数据跨境转移机制《隐私盾协议》无效。欧盟时间2023年7月10日,欧盟与美国达成《关于欧盟-美国数据隐私框架的充分性决定》(EU-US Data Privacy Framework),这是欧美之间就数据跨境流动的第三次尝试,这一充分性决定的达成,意味着因欧盟法院判决"隐私盾"框架无效而受阻的跨大西洋数据流动重新恢复。

第二,通过《外国情报监视法》(FISA,1978)、《电子通信隐私法》(ECPA,1986)、《执法通信协助法》(CALEA,1994)建立监听法律体系。FISA第一次将国家安全监听行为从刑事诉讼领域剥离出来单独立法,其内容涵盖电子监听、物理性搜查、通信记录与通信追踪、使用商务记录等秘密调查手段。为配合该法的顺利实施,美国联邦司法系统特地创建了一类特殊法院,即外国情报监视法院。与美国其他法院相比,外国情报监视法院的显著特殊性在于其程序单方面进行,当局申请的监视对象没有机会在法院为自己辩护,多数监听判令都由一名法官单独签署,判决结果不对外公开。ECPA 则将口头交流、有线通信、电子通信通通归入监听法律范畴;CALEA 则进一步明确了电信运营商的执法协助义务,在法律体系上完善了全方位的监听保障。此外,2001 年"9·11"恐怖袭击后,美国迅速推出了《爱国者法》(PATRIOT Act),授予美国 NSA、FBI 等机构 3 项反恐监听特权,包括截取和长期存储公民通信数据、使用"漫游窃听装置"监听嫌疑人通话、追踪"独狼"恐怖嫌疑人等。《爱国者法》第二章"加强监视程序"大大扩大了政府情报监听的权力与范围。根据《爱国者法》第二百一十五条,美执法部门有权对任何与恐怖活动有关的信息进行调查,该条款是 NSA 大规模搜集公民通话数据的法律依据。但该条款此后引发广泛批评,最终导致该条款于 2015 年 6 月 1 日后未能再继续。

第三,立法为实施境外监听大开绿灯。FISA 的一个重要原则就是"内外有别",涉及美国人时,要求情报机关谨慎使用技术侦查措施,遵循严格的目标确定原则,制定和采用严格的最低限度规程,以及向 FISA 法院申请令状并接受监督;而一旦对象换成非美国人,条件与程序都变得相当简便,甚至无须事先得到司法令状的批准。在 FISA 的 702 条款下,授权司法部部长和国家情报总监收集涉外情报信息,只要有合理理由怀疑对方是位于美国境外的非美国人,就可以共同授权 NSA 实施 1 年期限的情报收集活动,而无须 FISA 法院批准。NSA 自 2007 年开始实施的"棱镜"监听项目,就是依据上述第 702 条的授权。《爱国者法》第二百零六条授权执法机构在外国情报调查中可以对个人进行机动性监听,将对特定线路的监听改成了对特定人的监听,增加了情报监听的灵活性和机动性。

第四,对抗各国的互联网数据保护要求,强化域外执法能力。2013 年,美国纽约联邦地区法院签发了一份搜查令,要求微软公司协助一起案件调查,并将一名用户的电子邮件内容和其他账户信息提交给 FBI。由于该名用户的电子邮件数据存储在微软位于爱尔兰的数据中心而非美国境内,微软表示,根据欧盟及爱尔兰的数据保护要求,无法向 FBI

提供数据,并提出了废除搜查令的动议。随后,美国司法部正式起诉微软。在经历了为期 5 年的"马拉松"诉讼后,该案无疾而终。2018 年 3 月,美国通过了《云法案》(CLOUD Act),司法部表示,该法解决了微软案件核心的法律问题,此案件的继续审理"现在已没有实际意义"。因为《云法案》修订了 1986 年《存储通信法》(Stored Communication Act),其规定:美国执法机关有权通过传票或令状要求受美国"长臂管辖"的企业提供位于美国境外的数据(包括电子邮件内容、聊天记录、姓名、地址、元数据、服务时长、话费记录等)。为了进一步减轻美国获取境外数据的技术难度,美国政府长期以来激烈反对其他国家的数据本地化存储要求,DHS《数据安全商业咨询》中对中国的批评之一便来源于此。

第五,为商业利益服务。2019 年 1 月 22 日,美国发布了最新的《国家情报战略》,明确了 7 大任务目标,包括战略情报、预期情报、当前行动情报、网络威胁情报、反恐情报、反扩散情报、反间谍和安全。但实际上,自美国情报机关诞生时起,就有为商业利益服务的职能。2020 年 11 月,丹麦公共广播公司援引匿名消息来源透露,美国 NSA 对丹麦财政和外交部实施了监听,目的是收集有关丹麦的战斗机采购计划信息,以确保哥本哈根采购洛克希德·马丁公司的 F-35。据德国《明镜》周刊报道,NSA 监听对象还包括国际的金融交易,尤其是信用卡交易,全球知名的信用卡品牌 Visa 公司和总部设在布鲁塞尔的环球银行金融电信协会均在其监视范围之内。

(2) 通过互联网基础资源优势扩大数据安全域外执法能力

第一,掌握互联网基础资源的分配权力。全世界共有 13 台互联网根域名服务器,其中一台为主根服务器,其余 12 台为辅根服务器。主根服务器设在美国,12 台辅根服务器中有 9 台设在美国,其余分别设在英国、瑞典、日本。这些根服务器的管理者是由美国政府授权的互联网域名与号码分配机构(ICANN)。虽然 ICANN 自称是非营利性组织,但它实际上受美国控制。因此,美国政府通过 ICANN 掌握了对互联网域名和地址的资源分配,由此管理和控制着全球互联网运行。如果美国想对任一国家进行打压,可以停止对该国顶级域名的解析,使该国的互联网访问中断,被迫从互联网世界"蒸发"。例如,伊拉克战争期间,"iq"（伊拉克顶级域名）的申请和解析工作被终止,伊拉克被美国在互联网世界中"消灭"了。美国这种对互联网的超级垄断能力引起了其他国家的强烈不安,近年来 ICANN 国际化改革始终在推进。

第二,主导各种网络基础设施部署和网络内容生成。美国控制着互联网通信干线。1988 年 12 月,第一条跨洋海底光缆（TAT-8）进入商业服务,从那时起直到 2008 年,欧美公司垄断了全球光缆市场,其铺设的海底光缆普遍发端于欧美发达国家,或者以欧美发达国家为中枢桥接点。虽然 2008 年后,相关公司将投资方向转向了基础设施薄弱的非洲等地区,但欧美公司垄断海底光缆的事实没有改变。目前,全球网络空间的海底光缆线路是以美国为核心节点连接起来的,跨境数据从一边到另一边,几乎必然经由美国。正如斯诺登泄露的文件所显示的,美国 NSA 与一些特定的美国科技和电信公司保持着"企业合作关系",让 NSA 能够"访问分布在全球各地的高容量国际光缆、交换机路由器",进而使美国可以在全球开展不受节制的大范围监听。美国还控制着互联网的信息源。美国拥有世界上最大的网站访问量,如全球访问量最大的搜索引擎 Google、最大的视频网站 YouTube、最有影响力的社交网站 Facebook 和 Twitter。通过纷繁芜杂的情报法律体系,这些网站收集存储的数据都被美国情报机关收入囊中。

第三,控制了 IT 产业链上的每一个关键环节。美国是全球信息通信设备的最大供给者,产业链上的每个关键环节基本上都由美国所主宰。从基础网络设施（思科、Juniper）、云（亚马逊）、数据库（Oracle）、操作系统（微软、安卓系统、iOS 系统）、芯片设计（Intel、高通）到内容服务提供商（Facebook、Twitter、Google）再到软件和终端（苹果）等在内,美国制造商垄断了全球信息技术产品硬件和软件核心部分的研发、生产,并在全球广泛部署,几乎渗透了全球网络的每一个环节。不仅如此,为了维护其在产业链上的绝对优势,美国还不断通过并购交易,直接或间接地实现对原产他国的核心技术的掌控。此外,美国还通过国家安全审查措施,阻止外国投资者获取关键技术。2018 年 8 月,美国发布《外国投资风险审查现代化法》（FIRRMA）,将"重要技术"的范围从"对美国国家安全必不可少或重要的科学技术"扩展至包含"新兴技术与基础技术"。但凡涉及这些领域的外国投资,美国几乎都通过国家安全审查手段予以否决,通过严防死守来维护其在核心技术领域的垄断。

第四,以"网络安全""清洁网络"为由打压供应链上的"异己",意在维持其全球网络监听能力。凭借其在产业链关键环节的主导权,美国在网络空间拥有了绝对的监听优势。然而,近年来中国通信企业的崛起使美国的利益受到挑战。如果美国 NSA 想通过修改路由器或交换机来进行监听,一家中国公司不会与其合作,美国颠覆和渗透目标网络的难度将大大增加。其结果将是华为等中国企业的设备在全球电信网络中部署得越多,美国"收集一切信息"就越难。每部署一台,美国的监听版图便后退一步。讽刺的是,美国政客的"清洁网络"行动却声称要通过排除"不受信任的中国供应商"来促进隐私和数据安全。很明显,美国掌控下的安全网络并不存在,因为其能够随意渗透。美国试图"清洁"中国企业的真正原因不是出于合理的安全理由,而是极力维持其全球网络监听能力。

(二)数据安全监管机构

在美国,数据安全监管机构的运作依赖于一系列法律法规和政策框架。这些机构不仅承担着保护消费者隐私和数据安全的职责,也在不断适应快速变化的技术环境和日益复杂的网络安全威胁。以下将详细介绍美国主要数据安全监管机构的司法依据、职能以及法规影响。

1. 联邦贸易委员会(FTC)

职能:负责调查和起诉不当的商业行为,促进公平竞争和保护消费者权益。FTC 还发布数据安全和隐私保护的指南,帮助企业了解合规要求。

司法依据:FTC 的主要法律依据为《联邦贸易委员会法》(Federal Trade Commission Act),该法案赋予 FTC 监管商业行为的权力,特别是禁止不公平或欺骗性行为。此外，FTC 还依据《儿童在线隐私保护法》（COPPA）和《公平信用报告法》（FCRA）等法规进行特定领域的监管。

法规影响：这些法律为 FTC 提供了广泛的执法权力，使其能够对企业在数据处理和隐私保护方面的不当行为进行调查和起诉。

2. 国家网络安全局（CISA）

职能：负责保护国家的网络安全基础设施，监测网络威胁，提供技术支持和培训，促进信息共享与合作，提升全社会的网络安全意识。

司法依据：CISA 的运作依据主要是《网络安全法》（Cybersecurity Act）和《国土安全法》（Homeland Security Act），这两部法律为 CISA 的成立和职责提供了法律框架。

法规影响：CISA 的法律依据使其能够与其他联邦、州和地方机构合作，开展网络安全评估、威胁分析和信息共享等活动。

3. 证券交易委员会（SEC）

职能：监管证券市场，确保投资者获得准确的信息披露，特别是与数据安全相关的风险。此外，SEC 还对涉及数据泄露的公司进行调查，确保其遵守相关法律。

司法依据：SEC 依据《证券法》（Securities Act）和《证券交易法》（Securities Exchange Act）进行监管，要求上市公司遵守信息披露的相关规定。

法规影响：这些法律确保 SEC 能够要求公司披露与数据安全相关的风险和事件，从而保护投资者的利益。

4. 卫生与公众服务部（HHS）

职能：监管医疗数据的安全性，确保医疗机构遵守 HIPAA 和 HITECH 法案的相关规定，保护患者隐私，处理与医疗数据泄露相关的投诉和调查。

司法依据：HHS 主要依据《健康保险流通与问责法案》（HIPAA）

和《健康信息技术经济与临床健康法案》（HITECH Act）进行医疗数据的监管。

法规影响：这些法律为保护患者隐私和确保医疗数据安全提供了法律基础，HHS通过制定相关规定来指导医疗机构的合规行为。

（三）数据跨境规则

1. 数据跨境安全审查机制

近年来，美国持续推进跨境数据治理体系升级，着力构建以国家安全为核心、战略竞争对手为重点的新型监管架构。该国通过确立国家安全优先于个人隐私的基本原则，逐步形成多部门协同的数据安全治理网络，重点针对特定国家实施差异化监管策略。在操作层面，美国监管机构已系统部署三大战略性措施：首先是建立数据主权屏障体系，通过"数据调取限制与阻断机制"强化对敏感数据的管控能力；其次将高科技产品出口限制与外资安全审查机制进行深度整合；最后着力构建以美国技术标准为主导的跨境数据流动联盟。这种监管范式转型呈现出显著的体系化特征：其一，通过重构数据主权边界，将数据资源控制力转化为数字竞争优势；其二，在监管对象选择上，重点锁定具有战略价值的数据处理主体，包括跨国科技集团、数字生态系统运营商及数据交易中介机构；其三，在治理架构层面，推动形成以国家情报机构和数据监管机构为主导的全球数据治理联盟。

值得关注的是，美国新一届政府正计划实施更为激进的数据战略，其政策导向呈现双重特征：一方面通过强化"数字保护主义"政策巩固规则制定主导权，另一方面构建针对特定国家的数据防御体系。这种战略部署的深层目标在于掌控全球核心数据资源，确立数字时代的新型控制范式。在此背景下，涉及国家安全的核心数据要素将成为国际竞争的关键领域，而数据治理规则的制定权争夺将深刻影响未来全球数字秩序的重构进程。

2. 出口管制中的数据出境

美国出口管制基础文件包括 1979 年《出口管制法案》（EAA）、1977 年《国际紧急经济权利法案》（IEEPA）和《出口管制条例》（EAR）。EAR 管制的物项包括军民两用的货物、软件和技术。技术包括产品发展、制造和使用所必需的具体信息，可以是以技术数据或技术援助的形式。技术数据包括蓝图、计划、图表、模型、公式、表格、工程设计和说明、手册及编写或记录在媒体或设备上的说明等。技术援助可以采取指导、技能培训、工作知识和咨询服务等形式。EAR 中的"出口"是指 EAR 管制物项从美国的实际运输或传输，"非公开数据的传输"是出口，美国公司同国外子/分公司的交易或信息传递也是出口。EAR 还规定了"视同出口"，即指向外国国民披露受控技术或软件将被视为出口，即使该披露行为仅发生在美国境内。EAR 中"物项"和"出口"囊括的范围过于广泛，许多数据出口或传输行为都需要获得商务部产业与安全局（BIS）的出口许可。EAR 不仅规范了针对违反出口管制行为的行政处罚和刑事处罚，还要求出口者对此承担严格责任。2018 年《出口管制改革法案》（ECRA）生效，ECRA 是当前美国出口管制最主要的上位法，重点关注新型基础技术的出口管制，涉及新型基础技术和数据出口或披露将会受到更严格的管制。

3. 外商投资中的数据出境

2018 年，《外国投资风险评估现代法案》（FIRRMA）与 ECRA 建立联动机制，收紧美国对外国投资的国家安全审查程序，将个人隐私和数据安全上升到国家安全的层面。FIRRMA 将涉及敏感个人数据、关键基础设施和关键技术的美国企业的任何投资（包括非控制性外商投资）纳入管辖，这些交易也需要受到美国外商投资委员会（CFIUS）的审查，其中关键技术的认定则涉及 ECRA 中新型基础技术的范围。2019 年美国参议员向参议院提交了《国家安全和个人数据保护法案》（NSPDPA），以国家安全为由管制科技公司向关注国家进行数据传输。根据 NSPDPA，关注国家包括中国、俄罗斯和美国国务卿指定的在保护数据隐私和安全方面需要受到关注的任何其他国家。科技公司包括特别关注科技公司（CTC）和其他科技公司，CTC 受到的限制更多，主要指在跨州或跨境商务中提供网站或互联网应用程序等数据服务的公司，并且该公司根据关注国法律成立，关注国在该公司拥有多数或控股股权。基于上述规定，大部分互联网企业都会被认定为 CTC 而受到管制。NSPDPA 全面限制 CTC 数据收集、使用、储存和出境行为。首先，法案规定了 CTC 在数据收集上最小化原则和二次使用限制，公司在收集用户数据时不得超过公司网站、服务或程序运行所需要的范围，公司不得将用户数据用于运营操作无关的次要用途，包括提供定向广告、在不必要的情况下与第三方共享用户数据或促进人脸识别技术发展等。其次，法案在数据存储方面禁止 CTC 将从美国公民或居民处收集到的任何用户数据或解密数据需要的信息存储在美国或与美国签订协议共享数据的国家以外的服务器或其他数据存储设备上。除 CTC 以外的其他公司虽然不受强制本地化的限制，但不能从美国公民或居民处收集的任何用户数据储存于特别关注国家的服务器或其他数据存储设备上。此外，法案在数据出境方面规定，无论是 CTC 还是其他科技公司都不得向任何关注国家传输任何用户数据或解密数据需要的信息，禁止情况还包括通过非关注国家的第三方间接转移。该禁止情形存在例外情况，即仅在为了满足非关注国家的执法或军事协助要求或实现个人用户间的数据分享时，其他科技公司才能被允许数据传输。最后，为了防止外国公司通过交易控股美国公司以掌握美国用户数据，法案规定对于涉及收集、购买、出售或处理用户数据，主营业务为数据传输的美国公司，或经营社交媒体平台或网站的美国公司，其进行的特定交易需要经过 CFIUS 的审批。NSPDPA 通过数据出境限制、数据存储限制、最小化要求和目的限制，限制 CTC 数据收集和使用，大大缩小 CTC 能够获得美国用户数据的范围、数量和类型，提升其运营成本。严格本地化要求和禁止向关注国家数据传输规则与美国在国际立法层面表现出的，以自由流动为原则、禁止本地化措施的一贯主张相背离。该法案将导致 CTC 在美国境外获取的美国用户数据不得本地化储存，必须回传美国，同时切断向关注国家数据传输路径。特定交易审批方面，NSPDPA 与 FIRRMA 保持一致。

4. 敏感个人数据和政府数据出境

2024年2月28日，美国总统正式签署了《关于防止受关注国家获取美国公民大量敏感个人数据和美国政府相关数据的行政命令》（以下简称《行政命令》），限制受关注国家访问和利用美国公民的敏感数据与政府相关数据，包括基因组数据、生物识别数据、个人健康数据、地理位置数据、财务数据和特定种类的个人识别信息，以及与政府有关的敏感数据。美国司法部于同日发布关于该《行政命令》拟议规则制定预通知（ANPRM）的情况说明（Fact Sheet）（以下简称《情况说明》），简要概述了 ANPRM 可能涉及的细化内容。《行政命令》指出，受关注国家直接获取或通过数据经纪人获取美国大量敏感个人数据和美国政府相关数据，会带来严重的隐私、反间谍、勒索风险和其他国家安全风险，因此出于国家安全考虑，禁止向受关注国家转移大量敏感个人数据和美国政府相关数据。

其中，"受关注国家"指中国、俄罗斯、伊朗、朝鲜、古巴和委内瑞拉6个国家以及与其有关的实体/人员。限制对象包括：（1）受关注国家拥有、控制或受其司法管辖或指导的实体；（2）上述类型实体的外国雇员或承包商；（3）受关注国家的外国雇员或承包商；（4）主要居住在受关注国家管辖领土的外国人；（5）由司法部判定的由受关注国家拥有、控制或受其司法管辖或指导，作为代表或声称代表受关注国家或其他"受管制对象"行事；或在知情的情况下直接或间接参与或指导违反《敏感个人数据行政命令》或《敏感个人数据行政命令》后续规定行为的任何个人或实体。限制传输的数据类型包括达到由司法部确定体量标准的敏感个人数据和美国政府相关数据。其中，"敏感个人数据"是指特定个人标识符、地理位置及相关传感器数据、生物识别标识符、个人健康数据、人类组学数据、个人财务数据，特定个人标识符，或者任何这些数据的组合。且这些数据若与任何可识别的美国个人或一组特定且可识别的美国个人相关联或可关联，可能被受关注国家利用并会损害美国国家安全。"美国政府相关数据"包含三种类型：（1）交易方识别为联邦政府（包括军队）当前或近期前雇员或承包商，或前高级官员的类别有关或可关联；（2）与可能用于识别联邦政府（包括军队）的当前或近期前雇员或承包商，或前高级官员的数据类别有关；（3）与某些敏感位置有关或可关联（包括由联邦政府/军队控制的特定区域）。为保护这些数据，《行政命令》要求美国司法部、国土安全部以及相关机构协商负责颁布规定，限制美国人士从事任何获取、持有、使用、转移、运输或出口，或处理满足下列条件的涉及外国或其国民的交易：（1）涉及大量敏感个人数据或美国政府相关数据；（2）由司法部明确的因交易可能使"受关注国家"或"受管制对象"访问大量敏感个人数据或美国政府相关数据，从而对美国国家安全构成风险的交易类别；（3）未被司法部规定豁免或许可授权的交易。美国司法部在其发布的要点列举中提到，在其即将制定的后续细则拟对下列数据交易做出豁免：（1）金融服务、支付处理和监管合规相关的交易；（2）美国跨国公司内部辅助业务运营（如工资和人力资源）相关交易；（3）美国政府及其承包商、雇员和资助者的活动（如联邦资助的医疗和研究活动）；（4）联邦法律或国际协议要求或授权的交易。2024年12月27日，美国司法部发布了《防止受关注国家及相关人员访问美国敏感个人数据和政府相关数据的规定》的最终规则（以下简称《最终规则》），对《行政命令》中关于禁止或限制美国主体进行会导致中国、俄罗斯等6个"受关注国家"和相关主体访问美国人敏感个人数据与美国政府相关数据的交易规则进一步细化，从而可能导致中国企业与居民在开展涉美业务或寻求美国企业工作机会时遇到相当程度的阻碍。

（四）执法现状

FTC在隐私执法方面的活动显著增加。最新一份关于商业监控和数据安全松懈做法的广泛报告表明，该机构正准备在其监管议程上进一步深入。2024年9月19日，FTC发布了其报告《屏幕背后的真相》（A Look Behind the Screens），概述了2020年社交媒体和流媒体平台的数据收集实践。该报告基于2020年根据《联邦贸易委员会法》第6（b）条发布的命令，要求亚马逊（Amazon）、字节跳动（ByteDance）、Discord、脸书（Facebook）、Reddit、Snap、WhatsApp、YouTube以及社交平台 X 提供有关数据保留和收集标准的信息。FTC 隐私与身份保护部门助理主任本·怀斯曼（Ben Wiseman）表示，该报告旨在加入围绕数据经济中消费者隐私损害问题的"持续对话"。该报告从该机构的深入调查中得出四个主要发现，包括未经同意或未告知的数据收集、对个人数据的高度依赖以进行定向广告、将算法应用于个人信息，以及针对青少年的隐私和安全措施不足。

近年来，CFIUS 批准的交易中约有 30% 需要签署某种国家安全协议，以约束交易双方采取某些行动和承诺，从而降低已被发现、可能存在的国家安全风险。2024 年 8 月 15 日，CFIUS 宣布针对 T-Mobile US Inc. 的 6000 万美元罚款，该罚款源于 T-Mobile 在 2018 年与 Sprint 合并时，与 CFIUS 签署了一份国家安全协议，其中规定了确保敏感数据安全的义务，但 T-Mobile 未能履行部分条款，未能采取适当措施防止未经授权访问某些敏感数据，也未能及时向 CFIUS 报告某些未经授权访问的事件，从而延误了 CFIUS 调查和减轻任何潜在危害的努力。因此，CFIUS 认为这些违规行为损害了美国的国家安全利益，从而导致了此次罚款。同时，此次罚款决定也是 CFIUS 迄今为止因未能"防止和报告未经授权访问敏感数据"而开出的最大罚单，也是唯一一次公开点名罚款对象，这一前所未有的举措表明，未来执法行动可能不再保持匿名，CFIUS 在执法上采取了更强硬的态度，以此来震慑未来可能出现的违规行为。

二、欧盟

（一）数据安全治理立法体系

1. 立法进程

纵观欧盟的数据立法进程，欧盟的数据立法可大致划分为三个阶段，如表 3-1 所示。

表 3-1　欧盟数据立法进程

阶段划分	标志事件
启蒙阶段 （1970—1990 年）	➢ 1980 年 9 月 23 日，欧洲经济与合作组织（OECD）颁布了《关于保护隐私和个人数据国际流通的指南》(OECD Guidelines on the Protection of Privacy and Transborder Flows of Personal Data)，创立了数据控制者在处理个人数据时需遵循的安全保障、公开、个人参与等一系列原则 ➢ 1981 年 1 月 28 日，欧洲理事会成员国签署《关于个人数据自动化处理中的个人保护公约》（108 号公约）。该公约为世界上首个关于个人数据保护的国际公约，要求签署国需通过国内立法落实公约所规定的个人数据处理原则
雏形阶段 （1995—2012 年）	➢ 1995 年 10 月 24 日，欧洲议会与欧盟理事会颁布《关于个人数据处理中的个人保护和所涉数据自由流通的指令》（DPD，95 指令），在 108 公约的基础上，规定了公平合法、目的限制、信息准确、知情同意、特殊数据的处理、安全保障等原则，欧盟数据保护立法框架至此已初具雏形
立法体系化阶段 （2012 年至今）	➢ 2016 年 4 月 14 日，《通用数据保护条例》（GDPR）经欧洲议会投票通过，并于 2018 年 5 月 25 日起施行，取代 95 指令，成为欧盟境内个人数据保护的统一规则 ➢ 当前，欧盟在数据保护、网络安全、数据流通、数字平台监管等领域，陆续制定、出台专门立法，欧盟数据立法已进入精细化、专门化阶段

（1）启蒙阶段（1970—1990 年）

欧盟的数据保护意识萌芽于 20 世纪 70 年代，当时一些成员国数据保护的规定仅存在于各国的国内法中。例如，1970 年，德国黑森州颁布了《黑森州数据保护法》（Hessisches Datenschutzgesetz），这部法律的出台开创了全球数据保护立法的新篇章。紧接着，1973 年 5 月 11 日，瑞典颁布了《瑞典数据法案》（Swedish Data Act），成为世界上首部国家级的数据保护立法。1984 年，英国议会也通过了《数据保护法案》（Data Protection Act）。

由于各国法律存在差异，欧盟范围内的数据保护水平参差不齐。随着时间的推移，越来越多的欧洲国家认识到，需要制定一套统一的规则，甚至超越国内法的国际或区域性数据保护框架。

1980 年，经济合作与发展组织（OECD）制定了《关于保护隐私和个人数据国际流通的指南》。该指南基于 OECD 提出的 7 项原则，即通知、目的限制、同意、安全保障、信息披露、访问权以及问责制，旨在鼓励各国政府将这些原则融入其未来的数据保护体系中，成为现代数据保护法的重要基础。然而，这些原则并不具有法律约束力。欧洲委员会意识到，由于欧盟成员国之间国内法的差异，数据的跨境流动仍然面临障碍。

1981年，欧洲理事会通过了108号公约，这是世界上首个数据保护领域的国际条约，旨在协调成员国的数据保护法律。

（2）雏形阶段（1995—2012年）

1995年，欧盟发布了《关于个人数据处理中的个人保护和所涉数据自由流通的指令》（简称数据保护指令，DPD），这是欧盟首个统一的数据保护法规。数据保护指令在一定程度上继承了108号公约中的部分规定，例如继续坚持合法性原则，并赋予数据主体一系列保障性权利，如拒绝权、访问权、知情权和更正权等。同时，数据保护指令在108号公约的基础上进行了进一步扩展，例如将"同意"作为数据处理的依据之一，并明确了5种合法处理个人数据的情形。此外，该指令对特殊个人数据制定了更加严格的保护规则，并在欧盟层面设立了专门的工作组，以确保数据保护指令的有效实施。该指令在协调个人数据保护与数据自由流通方面起到了重要作用。虽然DPD在当时是一个重大进步，但随着互联网和技术的迅猛发展，它逐渐显现出局限性，如对跨境数据流动的规制不足、执法力度不够等。

（3）立法体系化阶段（2012年至今）

2012年，欧盟委员会提出GDPR的立法草案，旨在替代1995年的数据保护指令（DPD）。此举标志着欧盟数据保护立法向更高统一性和更强执行力的转变。

2016年，经过数年的讨论和修订，欧盟最终通过了GDPR。该条例不仅加强了对个人数据的保护，还在法律适用范围、跨境数据流动、数据主体权利、数据控制者和处理者的责任等方面作出了更为严格和全面的规定。

2018年，GDPR正式生效，取代了1995年的DPD。GDPR以条例形式直接适用于所有欧盟成员国，无须各国再进行转化，这确保了欧盟范围内数据保护的统一性和一致性。条例的适用范围不仅限于欧盟境内，还包括处理欧盟居民数据的全球企业。

GDPR的实施对全球数据保护产生了深远影响，许多国家和地区参考GDPR的标准制定或修改了本国的数据保护法，如巴西的《通用数据保护法》（LGPD）和加州的《消费者隐私法案》（CCPA）。

另外，尽管 GDPR 是一部覆盖范围广泛的法律，但它只是欧盟层面数据保护法律的一部分。此外，还有多部法律涉及数据保护，适用于不同的主体和情境，如 2002 年 7 月 12 日颁布的《数字隐私指令》、2000 年 12 月 18 日发布的《第 45/2001 号条例》以及 2016 年 4 月 27 日生效的《法律执行指令》等。

由上可见，欧盟的数据保护立法经历了从零散的国家立法到统一的欧盟指令，再到具有全球影响力的 GDPR 的演变过程。这一发展历程不仅反映了数据保护的重要性日益提升，也体现了欧盟在全球数据治理中的引领地位。

2. 涉及领域

随着数据立法的体系化、精细化程度不断加深，欧盟当前已形成一个单行立法多、覆盖领域广且仍在持续更新的复杂数据监管体系。基于数据监管的领域细分，我们对欧盟当前的数据立法涉及的领域进行了简要总结，具体如表 3-2 所示。

表 3-2 欧盟数据立法涉及领域

领域	立法
数据保护	➢《通用数据保护条例》(GDPR) ➢《欧盟机构个人数据保护及自由流动条例》(Regulation on the Protection of Natural Persons with Regard to the Processing of Personal Data by the Union Institutions, Bodies, Offices and Agencies and on the Free Movement of such Data) ➢《电子隐私条例(草案)》(ePrivacy Regulation) ➢《GDPR 执行协调规则(草案)》[Procedural Rules Relating to the Enforcement of Regulation(EU)2016/679]
数据流通	➢《数据法》(Data Act) ➢《数据治理法》(Data Governance Act, DGA) ➢《非个人数据自由流动框架条例》(Regulation on a framework for the free flow of non-personal data in the European Union) ➢《开放数据指令》(Directive on Open Data and the Reuse of Public Sector Information) ➢《欧盟健康数据空间》(Regulation on the European Health Data Space) ➢《短期租赁数据收集和共享条例》(Regulation on Data Collection and Sharing Relating to Short-term Accommodation Rental Services) ➢《欧洲互操作性法案》(Interoperable Europe Act)

续表

领域	立法
网络安全	➢《网络安全法》(Cyber Security Act) ➢《关于在欧盟全境实现高度统一网络安全措施的指令》(NIS 2 指令) ➢《网络弹性法》(Cyber Resilience Act) ➢《网络团结法》(Cyber Solidarity Act)
竞争与平台治理	➢《数字市场法》(Digital Market Act) ➢《数字服务法》(Digital Service Act)
人工智能	➢《人工智能法》(Artificial Intelligence Act)

（1）数据保护

在数据保护领域，当前欧盟以 GDPR 为基础，出台了《欧盟机构个人数据保护及自由流动条例》，并正在制定《电子隐私条例》和《GDPR 执行协调规则（草案）》，不断夯实数据保护基础。其中，GDPR 为欧盟境内个人数据保护的一般规则；《欧盟机构个人数据保护及自由流动条例》和《电子隐私条例》分别针对政府机构和电子通信领域的个人数据保护进行了细化规定；《GDPR 执行协调规则（草案）》则是针对如何在跨欧盟成员国案件中适用 GDPR 的程序性立法。具体内容如下：

GDPR 旨在规范欧盟境内的个人数据收集、处理活动，适用于任何收集、传输、保留和处理涉及欧盟的个人数据的组织。GDPR 明确了个人数据的相关定义和处理原则，并规定了个人数据主体所享有的权利及数据处理者、数据控制者的义务，设立了欧洲数据保护委员会（EDPB），是当前欧盟数据保护领域的顶层立法。

《欧盟机构个人数据保护及自由流动条例》旨在规范欧盟政府机构的个人数据处理行为，是对 GDPR 中未明确的政府机构处理个人数据的补充规定。该条例沿用了 GDPR 所设置的合法性原则、最小必要原则等基本原则，明确了欧盟机构在向非欧盟机构传输个人数据时需对数据接收方进行合法性审核，特别强调了对于用户访问政府网站、APP 等行为数据的保护，并规定了当欧盟机构存在违法处理个人数据行为时的法律责任和救济措施。

《电子隐私指令》（ePrivacy Directive）针对的是与在欧盟公共通信网络环境下提供公共电子通信服务相关的个人数据保护事宜。《电子隐私指令》要求数字营销（包括电子邮件、短信和彩信以及传真等）以事先获得用户同意（opt-in）为原则，以事后获得用户要求退出（opt-out）为例外，该条规定在欧盟的使用场景十分广泛，且影响深远。2017 年，欧盟委员会公布了《电子隐私条例》（ePrivacy Regulation）草案，进一步强调网络通信服务中的用户隐私保护以及终端用户对于自身电子通信相关数据的控制权。然而，该条例已经过近十轮讨论和修改，目前仍未形成最终文本。欧盟委员会在 2025 年 2 月 12 日通过的 2025 年工作计划中，正式宣布放弃《电子隐私条例》的立法程序，理由是"无法达成协议"且提案"技术和法律上已过时"。这意味着自 2017 年提出的《电子隐私条例》草案未能取代 2002 年《电子隐私指令》，后者将继续作为欧盟电子通信隐私保护的核心法律框架。

《GDPR 执行协调规则（草案）》是对跨欧盟成员国案件中适用 GDPR 的细化立法，明确了跨境案件中投诉人的权利、被调查方（包括控制者和处理者）的权利以及成员国数据保护机构的合作机制。该法草案于 2023 年 7 月 4 日首次发布，目前仍处于立法讨论阶段。

（2）数据流通

在数据流动方面，欧盟近年立法高度活跃，已出台《数据治理法》《非个人数据自由流动框架条例》《开放数据指令》等多部法规，并正在制定《数据法》《欧盟健康数据空间》《短期租赁数据收集和共享条例》《欧洲互操作性法案》，旨在通过立法不断消除数据流通共享过程中的各种障碍，持续强化个人数据和非个人数据共享流通机制，推进欧洲单一数据市场战略的落地实施。

值得关注的是，尽管《数据治理法》《数据法》《非个人数据自由流动框架条例》《开放数据指令》均旨在规范数据流动利用、释放数据价值，但其在适用范围和适用对象上有所不同，需予以厘清：

《数据治理法》专注于非个人数据，旨在推动公共数据的再利用和经济主体间的横向数据共享。针对上述目标，该法围绕公共部门持有数据的再利用机制、数据中介服务的基本框架以及数据利他主义，对数据流通利用进行了宏观层面的框架建构。

《数据法》的全称为《关于公平获取和使用数据的统一规则》，适用于基于互联网产品或服务产生的个人数据和非个人数据。与《数据治理法》关注公共利益并聚焦数据利用制度框架的建构不同，该法聚焦私营部门，主要明确了谁有权去利用这些数据、如何利用数据以及私营经济的数据在何种情况下能被公共部门利用等问题。2023 年年底，《数据法》正式生效。

《开放数据指令》的全称为《关于开放数据和公共部门信息再利用的指令》，适用于公共部门和接受接收政府资助的科研项目数据。依据该指令，欧盟通过统一平台开放上述数据，并通过开放 API 接口方式实时共享数据。此外，该指令还明确了公共数据开放利用的执行机构（欧盟委员会）和开放数据收费规则，并提出了开放数据格式及接口要求，建立了公共数据专有权授予机制，通过多种手段推动公共数据的开发利用。

《非个人数据自由流动框架条例》仅适用于非个人数据，旨在促进非个人数据在欧盟境内的自由流动，明确要求欧盟成员国废除数据本地化存储要求并建立成员国政府机构间的数据交换合作机制，保障非个人数据在各成员国之间的跨境自由流动。此外，该法还针对用户切换服务商的数据迁移进行了规定，明确服务提供商应当消除技术障碍，确保用户在不同服务间的有效切换和数据迁移。

(3) 网络安全

在网络安全领域，欧盟当前已出台《网络安全法》、《关于在欧盟全境实现高度统一网络安全措施的指令》（NIS 2 指令）、《网络弹性法》、《网络团结法》等法规。

《网络安全法》将欧盟网络和信息安全局从负责网络和信息安全的临时机构调整为永久性机构，并以该机构为基础，为信息和通信技术（ICT）产品创制了欧盟网络安全认证框架，旨在通过通用的网络安全认证框架，缩小各类产品、各网络节点之间的安全差距，强化消费者对相关认证产品的信任。

NIS 2 指令针对欧盟境内特定行业领域中的特定企业实体提出了细化的网络安全要求，旨在消除各欧盟成员国间针对企业网络安全措施的立法差异和冲突。依据 NIS 2 指令，企业按照所属部门和规模大小被划分为"基本实体"和"重要实体"，并对基本实体提出了更为严格的网络安全要求。NIS 2 指令明确了相关企业需采取的网络安全措施，规定了公司管理机构对于网络安全措施部署不到位的法律责任，并对企业的重大网络安全事件报告义务进行了细化规定。该指令于2023年1月13日生效，欧盟成员国需在21个月内将其转化为国内法。

《网络弹性法》适用于所有数字产品，包括软件、联网硬件产品及其远程数据处理解决方案，以及单独投放市场的软件或硬件组件，对数字产品从设计到投入市场到淘汰使用的全生命周期提出了网络安全要求。依据该法，数字产品的制造商及其授权代理商、进口商、分销商等经济主体均受该法规制，并负有不同的网络安全保护义务，如违反相关义务，可能面临最高1500万欧元或上年度全球营业额5%的罚款（以较高者为准）。2024年3月12日，欧盟议会表决通过该法。

《网络团结法》旨在建立由欧盟各成员国和欧盟跨境安全运营中心组成的欧洲网络护盾（Cyber Shield），强调欧盟层面对于网络安全风险的协同应对，以更好地监测、准备和应对网络安全风险及相关事件。依据该法，欧盟将对各关键部门（如医疗保健、交通、能源等部门）进行测试，检测评估是否存在安全漏洞，并将建立欧盟网络安全企业储备池，为应对网络安全事件做好事前准备。

（4）竞争与平台治理

在竞争与平台治理层面，欧盟出台了《数字市场法》《数字服务法》，对维护数字市场竞争秩序和推动数字服务合法合规开展分别提出了细化要求，为欧盟数字平台市场创建了一套涵盖内容管理、维护竞争秩序、落实平台主体责任等内容的统一规则。

《数字市场法》旨在打击数字市场中科技巨头垄断和不正当竞争问题，适用于被欧盟委员会指定的大型数字平台，即"守门人"。在欧盟现有竞争法规则之外，为"守门人"创制了一套前置式的行为规则，列出了守门人"应当"和"不得"实施的行为清单，以维护数字市场的竞争公平和竞争自由。2023年9月，欧盟委员会公布了首批"守门人"及其核心平台服务清单，如守门人违反该法规定，将最高面临全球总营业额10%的罚款，屡次违规的罚款最高可达20%。

《数字服务法》适用于在欧盟范围内提供数字服务的网络媒介服务提供者，包括在线购物网站、社交网络、在线搜索引擎等。该法采用了阶梯式的监管模式，对于"单纯的管道"服务、"缓存"服务、"托管"服务设置了不同的监管措施，并对达到特定规模的超大型在线平台和超大型在线搜索引擎设置了特殊的合规义务，旨在确保用户的在线安全，阻止有害内容的传播，保护用户隐私和言论自由等基本权利。2023年5月，欧盟委员会指定了首批17个超大型在线平台和2个超大型在线搜索引擎，相关企业如未能及时履行相应合规义务，可能面临最高全球营业额6%的罚款。

(5) 人工智能

在人工智能领域，有《人工智能法》《人工智能责任指令（草案）》，其中《人工智能法》已发布，《人工智能责任指令（草案）》目前仍仅公布了首版草案。

《人工智能法》是全球首部针对人工智能的系统化专门立法，旨在通过制定欧盟层面的统一监管规则，规范人工智能技术在欧盟范围内的开发利用。该法适用范围广泛，覆盖人工智能系统的提供者、部署者、分销商、进口商、授权代表，以及受到影响的个人，并建立了一套针对人工智能的分级监管框架，将人工智能系统分为不可接受的风险、高风险、有限风险和低风险四个级别，又将通用式人工智能模型细分为具有系统风险的通用式人工智能模型和一般的通用式人工智能模型。针对不同级别的人工智能系统/模型量身定制了不同的监管措施。2024年5月21日，欧盟理事会正式批准通过《人工智能法》。

《人工智能责任指令（草案）》系针对人工智能产生的非合同性民事责任的专门立法，旨在确保因人工智能系统受到损害的受害人在承担较轻的举证责任前提下，获得等同于在没有人工智能系统参与的情况下能够取得的损害赔偿水平。依据当前版本的草案，"高风险人工智能系统"应适用严格责任（无过错责任），但该法并未明确哪些系统是"高风险人工智能系统"，未来人工智能系统具体采取何种责任制度，仍有待进一步讨论明确。

（二）数据安全监管机构

欧盟在数据安全执法机构的建设方面，近年来取得了显著进展。随着GDPR等一系列法规的实施，欧盟各成员国纷纷建立和完善相应的国家数据保护机构,以确保数据安全法律的有效执行和合规。

1. 国家数据保护机构

根据 GDPR 的规定,每个欧盟成员国必须设立一个独立的数据保护机构(DPA),负责监督和执行数据保护法律。这些机构的主要职责包括处理个人数据保护投诉、进行调查、发布指导性意见以及对违反数据保护规定的行为进行处罚。例如,德国的联邦数据保护和信息自由专员(BfDI)、法国的国家信息与自由委员会(CNIL)等,都是各自国家的主要数据保护机构。

2. 欧洲数据保护委员会(EDPB)

EDPB 是 GDPR 实施后成立的一个重要机构,旨在确保各国数据保护机构之间的协调与合作。EDPB 负责制定统一的指导方针,处理跨国数据保护问题,并在成员国之间促进最佳实践的分享。EDPB 的决策和建议对于确保各国在数据保护执法上的一致性和有效性至关重要。

3. 跨国合作机制

随着数字经济的全球化,数据流动跨越国界,欧盟各国的数据保护机构之间建立了紧密的合作机制。通过信息共享、联合调查等方式,提升了对跨国数据保护问题的应对能力。例如,在处理涉及多个成员国的跨境数据泄露事件时,相关国家的数据保护机构会共同协作,确保案件得到及时和有效的处理。

(三)执法现状

1. 执法动态

自 GDPR 于 2018 年生效以来,各国数据保护机构已开始对企业和组织进行实质性执法。整体执法特点如下:

首先,GDPR 执法力度持续加大,罚款金额屡创新高。据 GDPR 执法跟踪器数据显示,2018 年 5 月至 2023 年 7 月,GDPR 行政执法总计 1768 次，罚款总额 40.5 亿欧元（折合人民币约 319 亿元）。自 2021 年 7 月至 2023 年 7 月，欧盟罚款金额呈稳步乃至直线式上升趋势。截至 2023 年 7 月，2023 年罚款金额已较 2022 年增长一倍。2023 年 5 月 12 日，Meta 因向美国跨境传输欧盟用户数据，被处以 12 亿欧元罚款（约 95 亿元人民币），创 GDPR 最高罚款纪录。

其次，当前三大主要处罚原因包括：数据处理不合法、违反个人数据处理原则、安全措施不足。据 GDPR 执法跟踪数据显示，数据处理不合法（违反 GDPR 第 6 条）、违反个人数据处理原则（违反 GDPR 第 5 条）、确保信息安全的技术与组织措施不足是排名前三的数据安全执法主要处罚原因，占比依次为 32.5%、26%、19%。仅少数案件是因与监管机构合作不足（占比 4%）、未充分履行数据泄露通知义务（占比 2%）、数据保护官的参与不足（占比 0.9%）或缺少数据处理协议（占比 0.6%）而被处罚。

各国数据保护机构不仅关注大型科技公司，也开始对医疗、金融等行业进行专项执法，以确保这些行业在处理敏感个人数据时遵循 GDPR 的规定。例如，2022 年，意大利数据保护机构对一家医疗机构进行了调查，因其未能妥善保护患者的个人健康信息，最终处以高额罚款。同时，工业和电信行业已成为欧盟数据安全重点执法对象。据 GDPR 执法跟踪器数据显示，"工商业"的罚款次数最多（402 次，占比约 22.7%），"媒体、电信和广播业"的罚款总金额最高（约 29.7 亿欧元，占比约 73.3%）。其中，工商业罚款次数多的原因在于，工商业企业数量多，且前期工商业企业的数据安全保护措施不足，违规处理个人数据、数据泄露事件较多。电信业罚款总额高的原因在于，欧盟针对美国互联网巨头的特别罚款畸高。截至目前，GDPR 单笔罚款金额排名前十的处罚对象包括 Meta（元宇宙）公司、亚马逊公司、谷歌公司，均为美国互联网巨头。

各国数据保护机构对数据泄露事件积极响应，要求企业及时报告数据泄露情况，并采取必要的补救措施。例如，2023 年，某知名社交媒体平台因数据泄露事件被多个国家的数据保护机构联合调查，最终被要求对受影响用户进行赔偿，并加强数据安全措施。随着人工智能和大数据技术的发展，欧盟数据保护机构也在不断调整执法策略，以应对新技术带来的挑战。例如，针对 AI 系统的透明性和公平性问题，EDPB 发布了相关指导方针，要求企业在使用 AI 时确保用户的知情权和选择权。

2. 数据安全执法难题

当前数字经济迅速发展的背景下，欧盟的数据安全执法虽然取得了一定的进展，但仍面临诸多问题和挑战。这些问题不仅影响了数据保护法律的有效实施，也对欧盟各国的数据保护机构的运作提出了更高的要求。

首先，现有处罚标准的不统一和不透明，以及执法力度的明显不均衡，成为主要问题。处罚标准不统一的原因在于，欧盟各成员国享有独立立法权、GDPR 的解释和执行权，导致各国罚款标准不一，企业难以应对。例如，德国依据《德国联邦和州独立数据保护机构关于确定企业罚款数额的指南》，采用基于企业营业额的线性计算模型进行罚款，而荷兰则依据《荷兰 GDPR 实施法案》进行不同的罚款计算。此外，除了德国和荷兰等国外，其他欧盟成员国尚未公布通用的官方罚款计算方法，造成了处罚标准的不透明。执法力度的不均衡也十分明显，不同国家监管机构的处罚案件数与罚款金额存在较大差距。例如，西班牙的处罚案件数达到 705 例，占 GDPR 行政执法总案件数的 35%；而法国仅处罚 37 例，占 GDPR 行政执法总案件数的 2.1%；爱尔兰的平均罚款额高达 9654 万欧元，而西班牙的平均罚款额仅为 8.6 万欧元。

其次，执法运作方式的复杂性、力量的不足以及处罚效率的低下也是亟待解决的问题。跨境执法合作机制烦琐且耗时低效，尽管 GDPR 建立了一站式执法和执法互助机制，以促进成员国数据保护机构之间的合作，但由于成员国对跨境执法合作的条件和程序尚未达成一致意见，跨境执法机制推进困难。同时，数据保护机构普遍缺乏足够的人力和财力资源，导致大量投诉案件积压，裁决效率不足，且难以有效开展联合执法。此外，合规令的运用也严重不足，近五年来官方运用合规令进行执法的案例仅有 50 起，这使得欧洲民权组织对 GDPR 的执法力度表示抗议，尤其是针对大型科技公司的执法力度不强。

为了解决这些问题，EDPB 将"支持有效执法与高效执法合作"作为 2023—2024 年工作计划的重点之一。加强执法力度和开展执法合作成为首要任务。2022 年 2 月 23 日，欧盟委员会公布《数据法案》，引入政府索取企业数据的规则，规定欧盟政府可在紧急情况下访问私营公司控制和生成的数据，进一步扩大了欧盟的长臂管辖范围，增强了其全球监管影响力。2022 年 4 月 28 日，EDPB 发布了《关于执法合作的声明》，强调加强跨境执法合作，开展联合调查执法活动，并定期发布具有战略重要性的跨境执法合作案件。2022 年 6 月 16 日至 17 日，EDPB 还举办了"数据保护的未来：数字世界中的有效执法"会议，以强化联合执法，增进数据保护的法律确定性。

此外，出台行政罚款指南以统一罚款标准也是重要措施之一。为进一步细化欧盟行政处罚规定，EDPB 于 2023 年 5 月 24 日通过了《GDPR 下行政罚款计算的 04/2022 号指南 2.0 版本》。该指南主要规定了罚款金额的计算表、实践应用案例和具体计算步骤，包括根据侵权行为类型和严重性确定罚款金额范围，分为高、中、低三个等级；依据企业营业额确定法定最高和最低罚款限额，并根据八类法定减轻或加重情节酌情调整罚款金额；审核罚款金额是否符合有效性、相称性和劝诫性的处罚原则。通过这些措施，欧盟希望能够逐步克服当前数据安全执法中存在的局限性，提升数据保护法律的实施效果，从而更好地保护公民的隐私权和数据安全。

三、英国

（一）数据安全治理立法体系

英国较早地意识到数据安全的重要性，1984 年颁布的《数据保护法》（Data Protection Act）明确提出个人数据隐私保护的原则。1998 年，英国议会根据欧盟《个人数据保护指令》（Data Protection Directive）的要求颁布了新版《数据保护法》，在此之后英国又陆续起草、修订并公布了《个人数据保护指令》《国家网络安全战略》《网络和信息系统安全法规》《自由保护法》等一系列纲领性法律和政策，如表3-3所示。由此可见，英国从国家层面对数据安全已经形成一整套治理经验，对英国国家数据安全治理研究具有重要现实意义。

表3-3 英国数据安全立法进程

时间	法律法规
1984年	《通信法案》《数据保护法》
1992年	《环境信息条例》
1998年	修订《数据保护法》
2000年	《信息自由法》 《电子通信法》
2002年	《电子签名条例》
2003年	《隐私与电子通信条例》（欧盟指令）
2005年	《公共部门信息再利用条例》
2007年	《英国数据存留条例》（欧盟指令）
2010年	《数字经济法》 《政府许可框架》 《战略防御与安全评估：保护不确定时代的英国安全》
2011年	《电子通信和无线电报条例》 《简化英国公共部门信息的再利用：英国政务许可框架与政务公开许可》
2012年	《自由保护法》 《公共数据原则》 《政府开放数据5星评分标准》
2013年	《开放数据宪章》 《抓住数据机遇：英国数据能力策略》 《开放政府合作组织英国国家行动计划2013—2015》 《数据保护监管行动政策》
2015年	《国家信息基础设施框架NII》 《监管沙盒报告》
2016年	《通用数据保护条例》（欧盟指令） 《机器人和机器系统的伦理设计和应用指南》 《机器人技术和人工智能》 《人工智能：未来决策的机会与影响》
2017年	《在英国发展人工智能》
2018年	《政府开放标准指南》 《英国人工智能发展的计划、能力与志向》

续表

时间	法律法规
2020年	《国家数据战略》 《适龄设计规范》
2021年	《算法透明度标准》 《算法透明度数据标准》
2022年	《政府网络安全战略:2022—2030年》
2023年	《在线安全法》 《数据保护和数字信息法案》 《人工智能安全:我们的方法》 《人工智能安全峰会:布莱切利宣言》
2024年	《数据使用和访问法案》 《人工智能管理体系标准》

1. 数据安全治理制度体系

自20世纪80年代以来，英国历届政府和议会颁布了一系列的法律法规和条例等，形成了较为系统的数据安全治理制度体系。自2013年计划脱欧到2020年正式脱欧，英国半数以上数据治理政策是基于欧盟各项指令制定的，经过几十年的相互交流和密集合作，英国和欧盟的数据保护现在已经通过渗透而实现了内在联系。虽然欧盟制定的制度仍适用于英国，但随着英国正式脱欧，制度演进逐渐趋于英国自身。

英国国家数据安全治理制度体系具有以关键法为核心制度、重视个人数据安全与人权、制度涉及领域广、制度演进由外及里等较为典型的特征。

（1）以关键法为核心制度，形成较为健全的数据安全治理制度体系。《数据保护法》和《信息自由法》贯穿国家数据安全治理始终，随着技术的发展和数据的增长，两部关键法与时俱进，不断进行修订，其在英国国家数据安全治理制度体系起着核心作用。

（2）重视个人数据安全与人权。在英国国家数据安全治理方面，对于个人数据安全和个人权益保护受欧盟治理制度影响较深，其认为只有确保个人数据安全和赋予公民足够的法制权利，才能更好地保护国家数据安全。因此，英国在出台的《数据保护法》《数据保护监管行动政策》等制度中均突出个人数据安全和公民权利。

（3）制度涉及领域广。英国国家数据安全治理涉及电子通信、数字经济、政务开放、个人数据安全等领域，如《通信法》《电子通信法》《数字经济法》《公共部门信息再利用条例》《开放数据宪章》《政府开放标准指南》等。除此之外，英国在 2021 年发布全球首部未成年人数据保护法《适龄设计规范》，其主要为欧盟 GDPR 适用儿童使用数字服务场景时设立标准和提供解释，各类组织需遵守该准则，并证明其服务遵守《数据保护法》，公平、有效地使用儿童数据。

（4）制度演进由外及里。英国数据安全治理由欧盟的个人数据保护演进而来，形成的数据安全治理理念和体系深受欧盟影响，如重视个人数据保护与人权、网络安全治理、警惕人工智能技术发展带来的风险等。总体来说，当下英国数据的安全治理仍处于脱欧过渡期，很多英国脱欧前欧盟发布的相关制度仍适用于英国，如《通用数据保护条例》《隐私和电子通信条例》等。整体上，英国国家数据安全治理演进过程为：从遵循欧盟数据安全相关指令，到起草适用于本国的法律法规，再到及时根据国际环境变化、国家现实需求与时俱进地更新制度以适应大数据、人工智能时代的转变。英国数据安全治理制度体系如图 3-1 所示。

2. 个人数据保护

个人数据安全是国家数据安全的前提与基础，英国遵循了欧盟数据处理全流程控制与个人赋权的方式开展个人数据保护，以新版《数据保护法》和欧盟 GDPR 确定了个人数据保护的总体思路，其个人数据保护制度具有颁布时间早、关键法迭代快、覆盖面广等特点。英国 GDPR 和欧盟 GDPR 在许多方面相似，但由于英国脱欧，两者之间也存在一些关键区别：

（1）适用范围

欧盟 GDPR 适用于欧盟成员国以及处理欧盟公民个人数据的组织，无论这些组织位于何处。这意味着，即使组织不在欧盟境内，但如果向欧盟公民提供商品、服务，或监控其行为，也必须遵守欧盟 GDPR。英国 GDPR 适用于英国境内的组织以及处理英国公民个人数据的组织，无论这些组织位于何处。与欧盟 GDPR 类似，如果组织向英国公民提

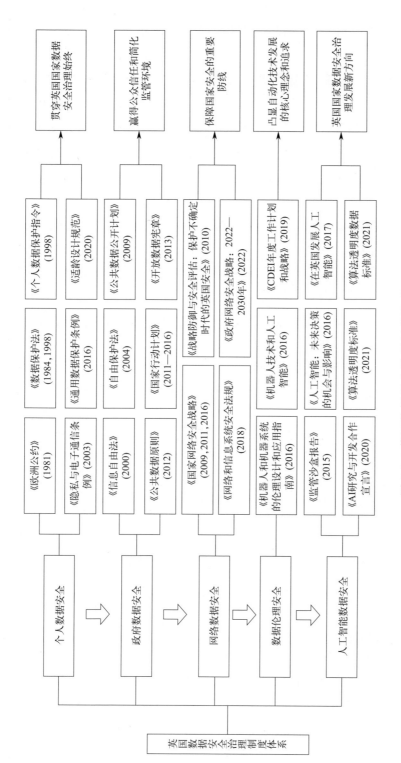

图 3-1 英国数据安全治理制度体系

供商品、服务，或监控其行为，也必须遵守英国GDPR。

(2) 监管机构

欧盟GDPR由欧洲数据保护委员会（EDPB）协调，各成员国设有自己的数据保护机构，如法国的CNIL、德国的BfDI等，这些机构负责监督GDPR的实施和执行。在英国，GDPR由英国信息专员办公室（ICO）负责监管和执行，ICO是英国独立的监督机构，负责数据保护和信息自由等事务。

(3) 数据跨境传输

欧盟GDPR允许在欧盟内部自由传输个人数据，但在向第三国传输数据时，需要确保接收国有足够的数据保护水平，或采取其他保障措施，如标准合同条款等。英国脱欧后，英国与欧盟之间的数据传输被视为第三国传输。英国政府需要与欧盟协商数据充分性认定，以确保数据传输的合法性。目前，英国和欧盟之间已达成一定的数据传输协议，但具体情况可能会随着政策变化而调整。

(4) 一站式机制（OSS）

欧盟GDPR设有OSS机制，允许企业在其欧盟总部所在国的数据保护机构进行注册和合规，该机构将作为主要监管机构，协调其他成员国的数据保护机构，简化了企业在多国运营时的合规流程。在英国，GDPR没有OSS机制，企业在英国的数据保护事务由ICO统一监管，不存在与其他欧盟国家数据保护机构的协调机制。

(5) 罚款金额

欧盟GDPR对于违反GDPR的行为，罚款金额最高可达2000万欧元或企业全球年营业额的4%（以较高者为准）。英国GDPR罚款金额最高可达1750万英镑或企业全球年营业额的4%（以较高者为准）。

3. 政府数据安全

政府数据开放是开展国家数据治理的重要组成部分，在确保数据安全，保护公众隐私的前提下推进政府数据开放，有利于赢得公共信任和简化监管环境。英国自2000年已开始关注政府数据开放领域，对公民在数据利用方面赋权，提出和颁布了一系列的法律、政策及倡议。

4. 网络数据安全

随着技术的交汇融合促使数据海量增长,网络攻击、数据泄露等安全事件频发,确保网络数据安全是保障国家数据安全的重要防线。根据联合国《2021年数字经济报告指出》,受新冠疫情影响,2022年当年全球互联网协议流量将超过2016年前互联网流量总和。因此,加强网络数据安全建设是英国脱欧后面临的又一重大挑战。

5. 数据伦理安全

数据伦理是指在收集、管理或使用数据时,为保护公民自由、最大限度地降低个人和社会的数据使用风险、实现公共利益最大化等目的,进行适当判断和问责的依据。但随着进入大数据和人工智能时代,数据伦理复杂度和难度呈指数增长,如何在整个数据生命周期内作出符合伦理的决策并进行责任追究,是自动化技术发展亟须解决的问题。

6. 人工智能数据安全

随着数据爆炸式增长,智能算法不断优化,计算能力持续提升,不断驱动人工智能加速发展,而人工智能发展过程中带来的数据安全风险,如决策风险、失实风险等是英国未来一段时期国家数据安全治理的新方向。

(二)数据安全监管机构

英国的监管体系以多个机构协同为核心,覆盖数据保护、网络安全、反垄断等不同领域。

1. 信息专员办公室(ICO)

ICO是英国数据保护的核心监管机构,负责执行GDPR及脱欧后修订的《数据保护和数字信息法案》。该法案通过减轻企业跨境数据合规成本(预计十年内节省47亿英镑),并允许在遵守英国数据法前提下进行自动化决策，同时要求对完全自动化决策提供人工审查机制，以保障个人权益。

2. 通信管理局（Ofcom）

Ofcom 在网络安全领域扮演关键角色，负责实施《网络安全法》（Online Safety Act），要求科技公司对非法内容（如恐怖主义、儿童性虐待材料）采取严格措施。2024 年 12 月，Ofcom 发布首套行为准则，要求 Meta、谷歌等企业在 2025 年 3 月前完成风险评估，并引入年龄检查、算法透明度等措施，违者可能面临全球收入 10% 的罚款或 1800 万英镑的处罚。

3. 竞争与市场管理局（CMA）

CMA 专注于反垄断与市场公平，2023 年起对微软 Azure、亚马逊 AWS 等云服务商展开调查，关注其通过数据迁移费用和折扣捆绑导致的垄断问题，计划于 2025 年 4 月完成调查并可能强制业务拆分。

（三）执法现状

英国信息专员办公室（ICO）近年显著加大处罚力度，罚款金额与案件数量均呈上升趋势。

在企业违规方面，重点打击数据泄露、非法营销、儿童隐私保护缺失等问题。例如，2023 年，TikTok 因未有效验证儿童用户年龄，导致 13 岁以下儿童账户被不当追踪，罚款 1270 万英镑；2022 年，Clearview AI 非法采集英国公民面部数据用于商业用途，罚款 755 万英镑并勒令删除数据；2020 年，British Airways 因系统漏洞泄露 50 万客户数据，罚款 2000 万英镑（原定 1.83 亿英镑，因疫情与整改减免）。

政府机构也存在数据泄露问题，如：2021 年，NHS Digital 共享 550 万患者数据时未充分脱敏，被暂停与第三方研究合作；2023 年，曼彻斯特警察局因 U 盘丢失泄露反恐行动数据，遭 ICO 公开谴责。

针对儿童隐私与弱势群体保护，2020 年《适龄设计规范》（Age-

Appropriate Design Code）生效，要求平台默认关闭儿童账户的定位、追踪功能，违者重罚。2023 年，Meta 因允许儿童用户公开个人资料与联系方式，被调查并面临潜在高额罚款。在游戏与教育领域，2023 年，ICO 对 3 家儿童在线教育平台罚款，因其未经家长同意收集生物识别数据。

人工智能与新兴技术快速发展的同时也引发新型风险，ICO 发布《AI 与数据保护指南》，要求企业证明训练数据来源合法（如版权、隐私合规）。2023 年，Stability AI 因使用未经授权的个人数据训练模型被调查。在生物识别技术上禁止企业未经明确同意采集面部、指纹数据，如 2023 年叫停某零售商的"无感支付"人脸识别试点。

在跨境数据传输合规方面，尽管英国与欧盟达成"充分性认定"，ICO 仍加强对欧盟-英国数据传输的监控。例如，2023 年，起诉 3 家违规使用美国云服务的企业，因其未落实补充协议（如 SCCs）。同时推动企业采用"数据本地化＋加密"方案来降低风险。

四、其他国家

（一）新加坡

新加坡的数据安全保护政策以《个人数据保护法》（PDPA）为核心，自 2012 年实施以来历经多次修订，2020 年引入数据泄露强制通知义务，要求企业在发现数据泄露后 72 小时内向个人数据保护委员会（PDPC）报告，并对违规企业最高处以年营业额 10% 或 100 万新元（以较高者为准）的罚款。2023 年，新加坡进一步推出《生成式人工智能治理框架》，强调 AI 开发需遵循可解释性、安全性和问责制原则，要求企业建立 AI 模型透明度报告机制，例如星展银行已采用 AI Verify 工具包对信贷评估系统进行合规性测试。

数据安全监管由个人数据保护委员会（PDPC）主导，该机构成立于 2013 年，直接隶属通讯及新闻部，拥有立法解释、执法和制定行业指南的全链条权力。PDPC 近年推动《可信数据共享框架》（2022 年），要求金融、医疗领域企业使用区块链技术实现数据溯源，并与网络安全局（CSA）联合开发 AI 沙盒，测试人脸识别系统的偏见问题。执法方面，2023 年，PDPC 对某跨国银行因云存储配置错误泄露 12 万客户财务记录开出 270 万新元罚单，并首次引用《人工智能治理框架》对某招聘平台算法性别歧视问题发出整改令。近年来，PDPC 加大对金融、医疗行业的监管力度，如 2022 年对某物流公司因未加密员工数据库导致 50 万用户信息泄露处以 90 万新元罚款，2023 年针对某电商平台算法歧视案件开出首张 AI 相关罚单。政府还通过《网络安全法》要求 11 个关键信息基础设施行业实施动态数据加密和实时威胁监测，并与东盟国家共建跨境数据流通认证体系。此外，PDPC 与东盟国家合作建立跨境数据流通认证机制（ASEAN Cross-Border Data Certification），截至 2024 年已有 47 家企业通过认证。

（二）日本

日本以《个人信息保护法》（APPI）为基石，2020 年修订后引入"假名加工信息"概念，允许企业在满足匿名化标准的前提下使用脱敏数据开发 AI 模型。2022 年发布的《AI 系统安全指南》，要求高风险 AI 系统（如自动驾驶、医疗诊断）必须通过第三方机构认证，并建立事故报告数据库。2023 年 4 月，日本内阁通过《生成式 AI 开发与利用原则》，规定训练数据需标注来源并设置版权过滤机制，OpenAI 等企业在日本服务器必须存储用户交互日志至少 6 个月。

日本的监管核心是个人信息保护委员会（PPC），该机构 2016 年升级为独立行政委员会后，可跨部门协调经济产业省、总务省等机构。PPC 于 2023 年发布《AI 与个人信息处理指南》，明确生成式 AI 训练数据若包含个人信息需进行"三重匿名化"（删除直接标识符、模糊化间接标识符、限制使用场景）。执法中，PPC 联合金融厅对三菱 UFJ 银行因 AI 信贷模型误用用户职业数据罚款 3.5 亿日元，并责令其重建数据脱敏流程。2023 年，对雅虎日本未经用户同意将 200 万条搜索数据用于广告推荐算法开出 2.3 亿日元罚单，同年查处某智能家居厂商因物联网设备漏洞导致 70 万用户生物特征数据泄露事件。2024 年，PPC 启动"数据信托平台"，授权三井住友信托银行等机构管理医疗研究数据，仅允许经认证的 AI 企业访问。在国际合作上，PPC 主导的日美数据互认协议（2023 年生效）允许双方企业免申请传输金融和电商数据。值得关注的是，日本正推进"可信数据自由流通区"（DFFT）计划，在 G7 框架下与欧美协调跨境数据规则，2024 年将在横滨建立亚洲首个 AI 安全测试认证中心。

（三）韩国

韩国实施全球最严苛的《个人信息保护法》（PIPA），2023 年修订后规定，处理超过 100 万条个人信息的企业必须设立专职数据保护官（DPO），且 AI 训练数据采集需单独获得用户明示同意。科学技术信息通信部（MSIT）2021 年发布《AI 伦理标准》，要求公共部门 AI 系统必须通过 K-ICS 认证（韩国智能网络安全认证），私营企业则需每半年提交算法影响评估报告。2023 年 8 月生效的《数据法》创设数据信托制度，规定自动驾驶、智慧城市等领域的数据共享必须通过政府监管平台进行去标识化处理。

韩国的个人信息保护委员会（PIPC）是亚洲首个拥有刑事检控权的数据监管机构，其 2021 年重组后增设 AI 稽查局。PIPC 强制实施"数据安全影响评估（DPIA）"制度，2023 年对三星电子未评估生物识别数据风险即部署工厂 AI 安检系统处以 180 亿韩元罚款，2022 年对 Naver 因深度学习模型违规使用医疗数据罚款 46 亿韩元，2023 年针对 Kakao Talk 的 AI 客服非法收集声纹数据开出历史最高 83 亿韩元罚单。韩国还率先建立 AI 事故应急机制，要求金融、能源等关键领域 AI 系统必须配备实时监控模块，2024 年，韩国首尔市政府主导的 AI 安全控制塔投入运行，实时监测本市 400 余个公共部门 AI 系统的运行状态，重点关注社会福利、公共安全等领域的算法风险。韩国中央政府同期通过国家 AI 安全院对全国高风险私营 AI 系统实施抽查。2024 年，PIPC

联合科技部发布《生成式 AI 数据安全标准》，要求 ChatGPT 类服务必须部署"版权过滤器"屏蔽受版权保护的训练数据，并设立国家 AI 安全中心（NISC）监控深伪技术滥用。执法方面，PIPC 2023 年查处 Kakao 的 AI 语音助手非法收集儿童声纹数据案件，创下 127 亿韩元罚款纪录。韩国还通过《数据经济框架法》（2024 年）授权 PIPC 直接接管重大数据泄露企业的服务器取证。

第四章

我国数据安全法律法规

随着数据的价值被不断认知,数据的应用场景不断拓宽,数据的安全问题也不断放大,数据泄露、勒索攻击、个人信息滥用等数据安全问题日益加剧,给社会各领域数字化转型的持续深化带来了严重威胁。为保障国家数字经济健康有序发展和个人及组织的合法权益,提高数据安全保障能力,我国数据安全相关法律政策相继颁布,如图4-1所示。

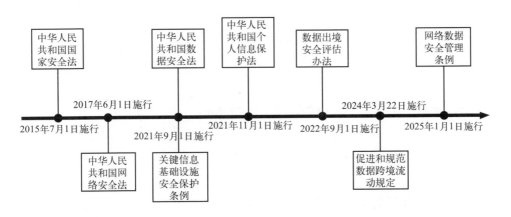

图 4-1　我国数据安全相关法律法规

一、《中华人民共和国国家安全法》解读

国家安全是国家生存发展最重要、最基本的前提和基础。没有国家安全,任何经济、民生和民主,任何改革、发展和建设都无从谈起。正因如此,所有国家都把维护本国国家安全作为国家的头等大事。通过法律维护国家安全是维护国家安全的必由之路和有效途径,是各国维护国家安全的通行做法和国际惯例。2014年4月15日,习近平总书记在中央国家安全委员会第一次全体会议上的讲话中提出了总体国家安全观这一全新的战略思想,这是新时期中国共产党维护国家安全的根本方针政策。2015年7月1日,第十二届全国人民代表大会常务委员会第十五次会议通过,中华人民共和国主席令第29号公布《中华人民共和国国家安全法》(以下简称《国家安全法》),自公布之日起施行。《国家安全法》对政治安全、国土安全、军事安全、文化安全、科技安全等11个领域进行了明确,就是要把党中央维护国家安全的这一方针政策法律化、制度化,赋予其法律约束力。总体国家安全观就是制定国家安全法的根本指导思想。

《国家安全法》中与数据安全相关的内容涉及以下方面:

第一,数据安全是总体国家安全观的重要组成部分。《国家安全法》第二十五条规定:"国家建设网络与信息安全保障体系,提升网络与信息安全保护能力,加强网络和信息技术的创新研究和开发应用,实现网络和信息核心技术、关键基础设施和重要领域信息系统及数据的安全可控;加强网络管理,防范、制止和依法惩治网络攻击、网络入侵、网络窃密、散布违法有害信息等网络违法犯罪行为,维护国家网络空间主权、安全和发展利益。"《国家安全法》贯彻吸收了"总体国家安全观"的理念和精神,将"统筹外部安全和内部安全、国土安全和国民安全、传统安全和非传统安全、自身安全和共同安全"作为安全工作的重要内容,数据安全源于《国家安全法》,属于总体国家安全观中的非传统安全,是国家安全体系建设中的重要组成部分。总体国家安全观强调全方位的国家安全,在数据作为新型生产资料和国家重要战略资源的今天,

广泛涉及政治、经济、文化、社会等各个领域，必须在总体国家安全观的框架下对这些领域的数据安全进行保护，数据安全的重要价值和意义愈加凸显。同时，关键信息基础设施（如能源、交通、金融等领域）的数据安全是国家安全的核心内容之一。

总体国家安全观自2014年首次提出以来，经历了不断丰富和发展的过程。最初，它涵盖了政治安全、国土安全、军事安全、经济安全、文化安全、社会安全、科技安全、信息安全、生态安全、资源安全、核安全等11个关键领域。这种对总体国家安全的细分，有助于精准识别安全风险的源头，实现有的放矢和专业化的安全管理。随着国家安全形势的演变，总体国家安全观的内涵也在不断扩展。2021年11月，党的十九届六中全会通过的《中共中央关于党的百年奋斗重大成就和历史经验的决议》中，明确指出总体国家安全观已涵盖政治、军事、国土、经济、文化、社会、科技、网络、生态、资源、核、海外利益、太空、深海、极地、生物等16个领域。这一扩展体现了国家安全利益的新疆域，如太空、深海、极地等新兴领域安全的重要性日益凸显。此后，国家安全体系继续深化和拓展。2022年4月，中共中央宣传部、中央国家安全委员会办公室组织编写的《总体国家安全观学习纲要》中，进一步增列了人工智能和数据安全两个领域。这一调整反映了数据安全在数字时代背景下的重要性，以及人工智能技术在国家安全领域的广泛应用和潜在风险。表明数据安全已经成为国家安全的新疆域，需要得到高度重视和有效保障。2024年7月18日，党的二十届三中全会通过《中共中央关于进一步全面深化改革、推进中国式现代化的决定》，再次明确了总体国家安全观的涵盖领域，包括政治、军事、国土、经济、金融、文化、社会、科技、网络、粮食、生态、资源、核、海外利益、太空、深海、极地、生物、人工智能、数据等共计20个领域。这一最新表述全面体现了新时代国家安全的复杂性和多样性，为构建全方位、多层次、立体化的国家安全体系（图4-2）提供了重要指导。

第二，《国家安全法》为数据安全的目标制定提供了重要的法律依据。《国家安全法》第八条明确规定："维护国家安全，应当与经济社会发展相协调。"这一原则不仅体现了国家安全的全面性，也为数据安全

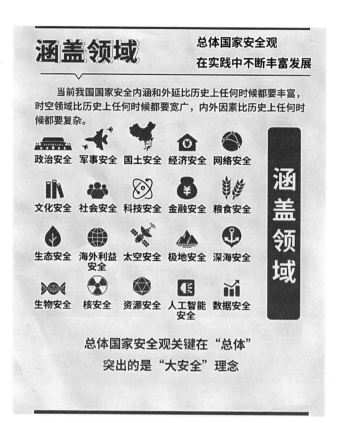

图 4-2 总体国家安全观

的发展指明了方向,要求在追求数据安全和经济社会发展的同时,必须找到两者之间的平衡点,实现相互促进、共同发展的目标。数据安全坚持以数据开发利用和产业发展促进数据安全,同时也要以数据安全保障数据开发利用和产业发展。数据安全与经济社会发展的两大领域,实现了两者之间的良性互动和共赢发展。

第三,《国家安全法》明确建立数据安全工作协调机制的构想。第四十五条提出:"国家建立国家安全重点领域工作协调机制,统筹协调中央有关职能部门推进相关工作。"这为后续建立数据安全工作协调机制奠定基础,形成跨部门、跨领域的协同治理格局,更好地整合各方资源和力量,提高数据安全工作的统筹协调性,更好地保障国家的数据安全。

第四,《国家安全法》为建立国家数据安全审查制度提供依据。 "国家安全审查"是我国《国家安全法》最先确立的一项国家安全审查与监管制度。《国家安全法》第五十九条规定:"国家建立国家安全审查和监管的制度和机制,对影响或者可能影响国家安全的外商投资、特定物项和关键技术、网络信息技术产品和服务、涉及国家安全事项的建设项目,以及其他重大事项和活动,进行国家安全审查,有效预防和化解国家安全风险。"数据安全审查制度是依法确立的国家安全审查制度中一项重要的安全审查制度,这为后续《中华人民共和国数据安全法》中数据安全审查制度的建立提供了依据,《中华人民共和国数据安全法》第二十四条也提出:"国家建立数据安全审查制度,对影响或者可能影响国家安全的数据处理活动进行国家安全审查。"

此外,《国家安全法》也为建立数据安全风险评估、监测预警制度提供依据。 根据《国家安全法》第五十六条规定:"国家建立国家安全风险评估机制,定期开展各领域国家安全风险调查评估。有关部门应当定期向中央国家安全领导机构提交国家安全风险评估报告。"第五十七条规定:"国家健全国家安全风险监测预警制度,根据国家安全风险程度,及时发布相应风险预警。"这些规定为《中华人民共和国数据安全法》中相关制度的建立提供了有力支撑。

二、《中华人民共和国网络安全法》解读

网络安全已经成为关系国家安全和发展、关系广大人民群众切身利益的重大问题。在信息化时代,网络已经深刻地融入了经济社会生活的各个方面,网络安全威胁也随之向经济社会的各个层面渗透,网络安全的重要性随之不断提高。在这样的形势下,制定网络安全法是维护国家广大人民群众切身利益的需要,是维护网络安全的客观需要,是落实总体国家安全观的重要举措。2016年11月7日,第十二届全国人民代表大会常务委员会第二十四次会议通过了《中华人民共和国网络安全法》(以下简称《网络安全法》),自2017年6月1日起施行。2022年9月14日,国家互联网信息办公室发布《关于修改〈中华人民共和国网络

安全法〉的决定（征求意见稿）》，正式开启首次修订，加强与新实施的《中华人民共和国行政处罚法》《中华人民共和国数据安全法》《中华人民共和国个人信息保护法》等法律之间衔接协调，完善法律责任制度，进一步保障网络安全。

《网络安全法》主要内容见表 4-1。

表 4-1 《网络安全法》主要内容

法律章节	内容简介
第一章 总则	简述法律目的、范围、总则、部门职责、总体要求等
第二章 网络安全支持与促进	定义国家直属部门和政府在推动网络安全工作上的职责
第三章 网络运行安全	定义网络运营者与关键信息基础设施的运行安全规定
第一节 一般规定	针对网络运营者的网络运行安全要求与职责规定
第二节 关键信息基础设施的运行安全	针对关键信息基础设施的安全规定与保护措施要求
第四章 网络信息安全	定义个人信息保护的规定
第五章 监测预警与应急处置	定义国家网络安全监测预警与汇报机制
第六章 法律责任	定义处罚规定
第七章 附则	相关名词释义与其他附则

《网络安全法》中与数据安全相关的内容包含以下方面：

第一，明确网络数据定义。《网络安全法》明确网络安全是指，通过采取必要措施，防范对网络的攻击、侵入、干扰、破坏和非法使用以及意外事故，使网络处于稳定可靠运行的状态，以及保障网络数据的完整性、保密性、可用性的能力；提出网络数据是指，通过网络收集、存储、传输、处理和产生的各种电子数据。

第二，明确数据安全保护要求。《网络安全法》第十条提出，建设、运营网络或者通过网络提供服务，应当依照法律、行政法规的规定和国家标准的强制性要求，采取技术措施和其他必要措施，保障网络安全、稳定运行，有效应对网络安全事件，防范网络违法犯罪活动，维护网络数据的完整性、保密性和可用性。

第三，明确数据安全保护与开发利用要求。《网络安全法》第十八条提出，国家鼓励开发网络数据安全保护和利用技术，促进公共数据资源开放，推动技术创新和经济社会发展。

第四，明确网络安全等级保护制度下的数据安全保护要求。《网络安全法》第二十一条提出，国家实行网络安全等级保护制度。网络运营者应当按照网络安全等级保护制度的要求，履行下列安全保护义务，保障网络免受干扰、破坏或者未经授权的访问，防止网络数据泄露或者被窃取、篡改：（四）采取数据分类、重要数据备份和加密等措施。

第五，明确关键信息基础设施的数据安全相关要求。《网络安全法》第三十四条提出，除本法第二十一条的规定外，关键信息基础设施的运营者还应当履行下列安全保护义务：（三）对重要系统和数据库进行容灾备份。《网络安全法》第三十七条提出，关键信息基础设施的运营者在中华人民共和国境内运营中收集和产生的个人信息和重要数据应当在境内存储。因业务需要，确需向境外提供的，应当按照国家网信部门会同国务院有关部门制定的办法进行安全评估；法律、行政法规另有规定的，依照其规定。

三、《中华人民共和国数据安全法》解读

随着信息技术和人类生产生活的交汇融合，各类数据迅猛增长、海量聚集，对经济发展、人民生活都产生了重大而深刻的影响。数据安全已成为事关国家安全与经济社会发展的重大问题，制定一部数据安全领域的基础性法律十分必要。按照党中央决策部署和贯彻总体国家安全观的要求，全国人大常委会积极推动数据安全立法工作。2021年6月10日，第十三届全国人民代表大会常务委员会第二十九次会议通过《中华人民共和国数据安全法》（以下简称《数据安全法》），自2021年9月1日起施行。

《数据安全法》的出台完善了我国的国家安全法治体系，填补了我国数据安全保护立法的空白，彰显了维护国家主权和利益的决心和立场，为充分释放数据要素价值、护航数字经济高质量发展提供了有力的法治保障。

首先,制定数据安全法是维护国家安全的必然要求。数据是国家基础性战略资源,没有数据安全就没有国家安全。数据安全法贯彻落实总体国家安全观,聚焦数据安全领域的风险隐患,加强国家数据安全工作的统筹协调,确立了数据分类分级管理,数据安全审查,数据安全风险评估、监测预警和应急处置等基本制度。通过建立健全各项制度措施,提升国家数据安全保障能力,有效应对数据这一非传统领域的国家安全风险与挑战,切实维护国家主权、安全和发展利益。

其次,制定数据安全法是维护人民群众合法权益的客观需要。数字经济为人民群众生产生活提供了很多便利,同时各类数据的拥有主体更加多样,处理活动更加复杂,一些企业、机构忽视数据安全保护、利用数据侵害人民群众合法权益的问题也十分突出,社会反映强烈。数据安全法明确了相关主体依法依规开展数据活动,建立健全数据安全管理制度,加强风险监测和及时处置数据安全事件等义务和责任,通过严格规范数据处理活动,切实加强数据安全保护,让广大人民群众在数字化发展中获得更多幸福感、安全感。

最后,制定数据安全法是促进数字经济健康发展的重要举措。近年来,我国不断推进网络强国、数字中国、智慧社会建设,以数据为新生产要素的数字经济蓬勃发展,数据的竞争已成为国际竞争的重要领域。数据安全法坚持安全与发展并重,在规范数据活动的同时,对支持促进数据安全与发展的措施、推进政务数据开放利用等作出相应规定,通过促进数据依法合理有效利用,充分发挥数据的基础资源作用和创新引擎作用,加快形成以创新为主要引领和支撑的数字经济,更好地服务我国经济社会发展。

《数据安全法》内容架构如图4-3所示,提出的数据安全相关制度如图4-4所示。

《数据安全法》的主要内容包括以下方面:

第一,完善了国家数据安全工作体制机制,规定中央国家安全领导机构负责国家数据安全工作的决策和议事协调等职责,并提出建立国家数据安全工作协调机制。在网络数据安全工作方面,专门明确国家网信部门依照本法和有关法律、行政法规的规定,负责统筹协调网络数据安全和相关监管工作。

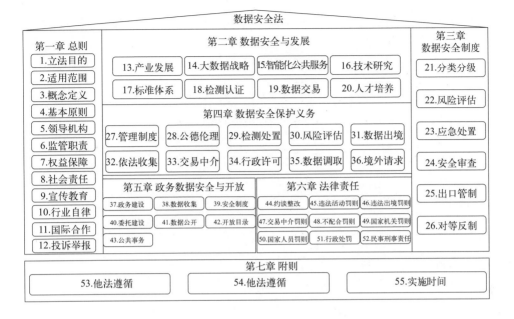

图 4-3 《数据安全法》内容架构

第二，对数据分类分级制度进行了探索。《数据安全法》第二十一条规定，根据数据在经济社会发展中的重要程度，以及一旦遭到篡改、破坏、泄露或者非法获取、非法利用，对国家安全、公共利益或者个人、组织合法权益造成的危害程度，对数据实行分类分级保护，并明确加强对重要数据的保护，对关系国家安全、国民经济命脉、重要民生、重大公共利益等内容的国家核心数据，实行更加严格的管理制度。《数据安全法》针对重要数据在管理形式和保护要求上提出了严格和明确的保护制度。在管理形式上，《数据安全法》采用目录管理的方式，明确将"确定重要数据目录"纳入国家层面管理事项，国家数据安全工作协调机制统筹协调有关部门制定重要数据目录。而各地区、各部门制定本地区、本部门及相关行业、领域的重要数据具体目录，有利于形成国家与各地方、各部门管理权限之间的合理协调机制，推动重要数据统一认定标准的建立。在保护要求上，《数据安全法》在一般保护之外，强化了重要数据、核心数据的保护要求：一是规定了数据处理者开展数据处理活动应当依照法律法规的规定，建立健全全流程数据安全管理制度，

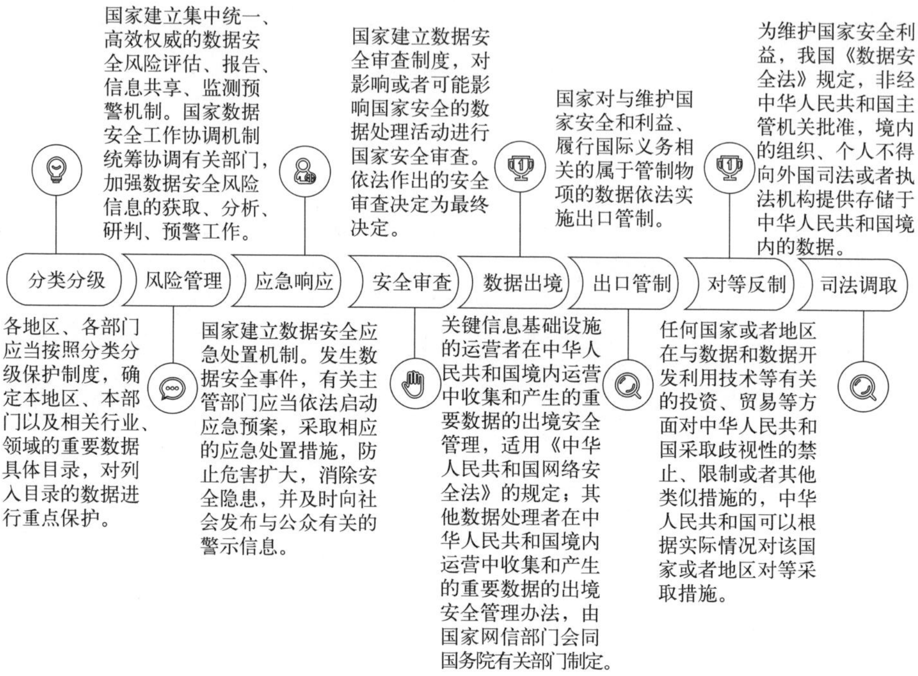

图 4-4 《数据安全法》中提出的数据安全相关制度

分类分级：各地区、各部门应当按照分类分级保护制度，确定本地区、本部门以及相关行业、领域的重要数据具体目录，对列入目录的数据进行重点保护。

风险管理：国家建立集中统一、高效权威的数据风险评估、报告、信息共享、监测预警机制。国家数据安全工作协调机制统筹协调有关部门，加强数据安全风险信息的获取、分析、研判、预警工作。

应急响应：国家建立数据安全应急处置机制。发生数据安全事件，有关主管部门应当依法启动应急预案，采取相应的应急处置措施，防止危害扩大，消除安全隐患，并及时向社会发布与公众有关的警示信息。

安全审查：国家建立数据安全审查制度，对影响或者可能影响国家安全的数据处理活动进行国家安全审查。依法作出的安全审查决定为最终决定。

数据出境：关键信息基础设施的运营者在中华人民共和国境内运营中收集和产生的重要数据的出境安全管理，适用《中华人民共和国网络安全法》的规定；其他数据处理者在中华人民共和国境内运营中收集和产生的重要数据的出境安全管理办法，由国家网信部门会同国务院有关部门制定。

出口管制：国家对与维护国家安全和利益、履行国际义务相关的属于管制物项的数据依法实施出口管制。

对等反制：任何国家或者地区在与数据和数据开发利用技术等有关的投资、贸易等方面对中华人民共和国采取歧视性的禁止、限制或者其他类似措施的，中华人民共和国可以根据实际情况对该国家或者地区对等采取措施。

司法调取：为维护国家安全利益，我国《数据安全法》规定，非经中华人民共和国主管机关批准，境内的组织、个人不得向外国司法或者执法机构提供存储于中华人民共和国境内的数据。

组织开展数据安全教育培训，采取相应的技术措施和其他必要措施，保障数据安全；二是规定了重要数据处理者"明确数据安全负责人和管理机构"的义务，要求重要数据处理者在内部作出明确的责任划分，落实数据安全保护责任；三是规定了重要数据处理者进行风险评估的要求，重要数据处理者应当按照规定对其数据处理活动定期开展风险评估，并向有关主管部门报送风险评估报告。风险评估报告应当包括处理的重要数据的种类、数量，开展数据处理活动的情况，面临的数据安全风险及其应对措施等。数据安全保护总体要求如图 4-5 所示。

第三，建立数据安全风险评估、报告、信息共享、监测预警和应急处置机制，通过对数据安全风险信息的获取、分析、研判、预警以及数据安全事件发生后的应急处置，实现数据安全事前、事中和事后的全流程保障。《数据安全法》第二十二条规定："国家建立集中统一、高效权威的数据安全风险评估、报告、信息共享、监测预警机制。国家数据安

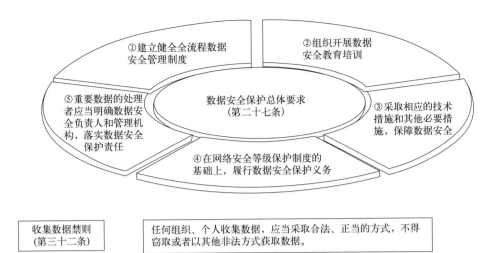

图 4-5　数据安全保护总体要求

全工作协调机制统筹协调有关部门加强数据安全风险信息的获取、分析、研判、预警工作。"第二十九条规定:"开展数据处理活动应当加强风险监测,发现数据安全缺陷、漏洞等风险时,应当立即采取补救措施……"从制度衔接上看,数据安全风险评估、报告、信息共享、监测预警机制是国家安全制度的组成部分。《国家安全法》第四章第三节建立了风险预防、评估和预警的相关制度,规定国家制定完善应对各领域国家安全风险预案。数据安全风险评估、报告、信息共享、监测预警机制是《国家安全法》规定的风险预防、评估和预警相关制度在数据安全领域的具体落实。从保护阶段上看,数据安全风险评估、报告和信息共享构成了数据安全保护的事前保护义务,监测预警机制构成了数据安全保护的事中保护义务,数据安全事件的应急处置机制形成了对数据安全的事后保护。数据安全保护基本责任义务如图 4-6 所示。

第四,对数据的出境管理进行了补充和完善。首先,针对重要数据完善了跨境数据流动制度,《数据安全法》在《网络安全法》第三十七条的基础之上,规定:"其他数据处理者在中华人民共和国境内运营中收集和产生的重要数据的出境安全管理办法,由国家网信部门会同国务院有关部门制定。"既与《网络安全法》相衔接,也实现了对所有重要

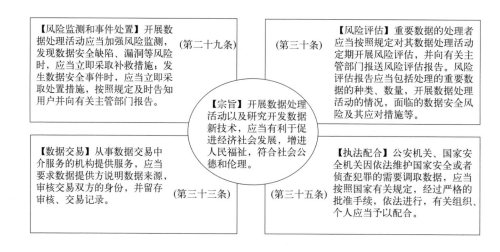

图 4-6　数据安全保护基本责任义务

数据出境的安全保障。其次，通过出口管制的形式限制了管制物项数据的出口，《数据安全法》第二十五条规定："国家对与维护国家安全和利益、履行国际义务相关的属于管制物项的数据依法实施出口管制。"明确将数据出口管制纳入数据安全管理工作中，实现了与《中华人民共和国出口管制法》的衔接，有利于从维护国家安全的角度限制相关数据的出境，对整体跨境数据流动制度进行补充。再次，对外国司法、执法机构调取我国数据的情况进行了规定。《数据安全法》第三十六条首先明确："中华人民共和国主管机关根据有关法律和中华人民共和国缔结或者参加的国际条约、协定，或者按照平等互惠原则，处理外国司法或者执法机构关于提供数据的请求。"同时规定，非经中华人民共和国主管机关批准，境内的组织个人不得向境外执法或司法机构提供境内数据，并对违法违规提供数据的行为，明确了包括警告、罚款等在内的行政处罚措施。这一制度的设置体现了对于合法合规向外国司法或者执法机构提供数据的重视，明确了我国处理外国司法或者执法机构关于提供数据请求的一般原则，同时也是依法应对少数国家肆意滥用"长臂管辖"，防范我国境内数据被外国司法或执法机构不当获取。

第五，使得数据依法有序流动成为现实。数据是数字经济时代的重要生产要素，而数据交易则是满足数据供给和需要的最主要方式，明确数据交易的法律地位,是满足现实需求、助力数字经济发展的重要表现,是当前数据交易制度发展的制度基础。《数据安全法》第十九条规定:"国家建立健全数据交易管理制度,规范数据交易行为,培育数据交易市场。"此外,《数据安全法》还在第三十三条规定了数据交易中介服务机构的主要义务,规定:"从事数据交易中介服务的机构在提供交易中介服务时,应当要求数据提供方说明数据来源,审核交易双方的身份,并留存审核、交易记录。"《数据安全法》为数据交易制度提供了兼顾安全和发展的原则性规定,有利于在保障安全基础上,促进数据有序流动,激励相关主体参与到数据交易活动中来,充分释放数据红利。

数据安全相关法律责任见表4-2。

表4-2 数据安全相关法律责任

序号	法律责任	法律规定
1	数据分类分级保护	《数据安全法》第二十一条
2	数据安全风险评估和监测	《数据安全法》第二十二条、第二十九条、第三十条
3	数据安全应急处置	《数据安全法》第二十三条、第二十九条
4	数据安全人才培养	《数据安全法》第二十条
5	数据安全保护责任义务	《数据安全法》第二十七条
6	数据出境	《数据安全法》第三十一条
7	数据交易安全	《数据安全法》第十九条、第三十三条
8	拒不配合数据调取	《数据安全法》第三十五条
9	境外司法调取	《数据安全法》第三十六条
10	维护国家数据主权和数据安全	《数据安全法》第二十六条

四、《中华人民共和国个人信息保护法》解读

随着数字经济的蓬勃发展,世界各国日益重视个人信息的多重价值属性,纷纷出台个人信息保护的专门立法。从欧盟GDPR、美国《加州消费者隐私保护法案》到日本、韩国、巴西、印度乃至阿联酋等国新近出台的诸多法律文件,无不透射出个人信息保护的重要战略意义,可以说,个人信息法律保护已经成为衡量一国法治文明和法治水平的重要指

针。当下我国正处于全面数字化转型的高质量发展新阶段，在新技术、新应用层出不穷的生态语境下，个人信息的处理已经成为社会进步和产业升级新的驱动力，而广大民众对于加大个人信息保护力度也有着空前的关切和期待，可以说，个人信息保护法的制定和颁布是保障公民个人信息权益、促进个人信息合理利用的必然举措。2021年8月20日，第十三届全国人民代表大会常务委员会第三十次会议表决通过《中华人民共和国个人信息保护法》（以下简称《个人信息保护法》），自2021年11月1日起施行。

《个人信息保护法》内容架构如图4-7所示，主要内容见表4-3。

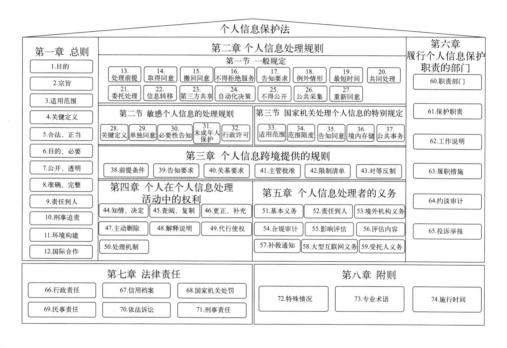

图4-7 《个人信息保护法》内容架构

表4-3 《个人信息保护法》主要内容

主题	对应条款	
制定内部制度	第五十一条	管理制度＋操作流程＋分类分级＋加密/去标识化技术＋合理权限＋定期培训
设立负责人	第五十二条	数量达标应制定负责人
	第五十三条	境外处理者处理境内个人信息（第三条），应设立境内代表

续表

主题	对应条款
定期审计	第五十四条 应组织定期审计
事先风险评估	第五十五条 敏感信息、自动化决策、委托处理/第三方提供、境外提供、重大影响条件下需评估。评估报告及处理记录需存三年
数据泄露响应	第五十七条 应通知原因、危害、已采取措施、个人可采取之措施、联系方式、有效避免损害可豁免告知
大型平台责任	第五十八条 建立合规保护体系、独立机构监督、制定平台规则、停止对严重违规方提供服务、发布社会责任报告
被委托方的协助义务	第五十九条 协助处理者履行本法义务

《个人信息保护法》主要包括以下内容：

第一，确立个人信息保护原则。个人信息保护的原则是收集、使用个人信息的基本遵循，是构建个人信息保护具体规则的制度基础。《个人信息保护法》借鉴国际经验并立足我国实际，确立了个人信息处理应遵循的原则，强调处理个人信息应当遵循合法、正当、必要和诚信原则，具有明确、合理的目的并与处理目的直接相关，采取对个人权益影响最小的方式，限于实现处理目的的最小范围，公开处理规则，保证信息质量，采取安全保护措施等。

第二，规范处理活动保障权益。《个人信息保护法》紧紧围绕规范个人信息处理活动、保障个人信息权益，构建了以"告知-同意"为核心的个人信息处理规则。《个人信息保护法》要求，处理个人信息应当在事先充分告知的前提下取得个人同意，个人信息处理的重要事项发生变更的应当重新向个人告知并取得同意。同时，针对现实生活中社会反映强烈的一揽子授权、强制同意等问题，《个人信息保护法》特别要求，个人信息处理者在处理敏感个人信息、向他人提供或公开个人信息、跨境转移个人信息等环节应取得个人的单独同意，明确个人信息处理者不得过度收集个人信息，不得以个人不同意为由拒绝提供产品或者服务，并赋予个人撤回同意的权利，在个人撤回同意后，个人信息处理者应当停止处理或及时删除其个人信息。此外，考虑到经济社会生活的复杂性，个人信息处理的场景日益多样，《个人信息保护法》从维护公共利益和保障社会正常生产生活的角度，还对取得个人同意以外可以合法处理个人信息的特定情形作了规定。此外，《个人信息保护法》还分别对共同处理、委托处理等实践中较为常见的处理情形作出有针对性规定。

第三，禁止"大数据杀熟"规范自动化决策。当前，越来越多的企业利用大数据分析、评估消费者的个人特征用于商业营销。有一些企业通过掌握消费者的经济状况、消费习惯、对价格的敏感程度等信息，对消费者在交易价格等方面实行歧视性的差别待遇，误导、欺诈消费者。其中，最典型的就是社会反映突出的"大数据杀熟"。对此，《个人信息保护法》明确规定：个人信息处理者利用个人信息进行自动化决策，应当保证决策的透明度和结果公平、公正，不得对个人在交易价格等交易条件上实行不合理的差别待遇。

第四，严格保护敏感个人信息。《个人信息保护法》将生物识别、宗教信仰、特定身份、医疗健康、金融账户、行踪轨迹等信息列为敏感个人信息。《个人信息保护法》要求，只有在具有特定的目的和充分的必要性，并采取严格保护措施的情形下，方可处理敏感个人信息，同时应当事前进行影响评估，并向个人告知处理的必要性以及对个人权益的影响。为保护未成年人的个人信息权益和身心健康，《个人信息保护法》特别将不满十四周岁未成年人的个人信息确定为敏感个人信息予以严格保护。同时，与未成年人保护法有关规定相衔接，要求处理不满十四周岁未成年人个人信息应当取得未成年人的父母或者其他监护人的同意，并应当对此制定专门的个人信息处理规则。

第五，规范国家机关处理活动。为履行维护国家安全、惩治犯罪、管理经济社会事务等职责，国家机关需要处理大量个人信息。保护个人信息权益、保障个人信息安全是国家机关应尽的义务和责任。但近年来，一些个人信息泄露事件也反映出有些国家机关存在个人信息保护意识不强、处理流程不规范、安全保护措施不到位等问题。对此，《个人信息保护法》对国家机关处理个人信息的活动作出专门规定，特别强调国家机关处理个人信息的活动适用本法，并且处理个人信息应当依照法律、行政法规规定的权限和程序进行，不得超出履行法定职责所必需的范围和限度。

第六，赋予个人充分权利。《个人信息保护法》将个人在个人信息处理活动中的各项权利，包括知悉个人信息处理规则和处理事项、同意和撤回同意，以及个人信息的查询、复制、更正、删除等总结提升为知情权、决定权，明确个人有权限制个人信息的处理。同时，为了适应互联网应用和服务多样化的实际，满足日益增长的跨平台转移个人信息的需求，《个人信息保护法》对个人信息可携带权作了原则规定，要求在符合国家网信部门规定条件的情形下，个人信息处理者应当为个人提供转移其个人信息的途径。此外，《个人信息保护法》还对死者个人信息的保护作了专门规定，明确在尊重死者生前安排的前提下，其近亲属为自身合法、正当利益，可以对死者个人信息行使查阅、复制、更正、删除等权利。

第七，强化个人信息处理者义务。个人信息处理者是个人信息保护的第一责任人。据此，《个人信息保护法》强调，个人信息处理者应当对其个人信息处理活动负责，并采取必要措施保障所处理的个人信息的安全。在此基础上，《个人信息保护法》设专章明确了个人信息处理者的合规管理和保障个人信息安全等义务，要求个人信息处理者按照规定制定内部管理制度和操作规程，采取相应的安全技术措施，指定负责人对其个人信息处理活动进行监督，定期对其个人信息活动进行合规审计，对处理敏感个人信息、利用个人进行自动化决策、对外提供或公开个人信息等高风险处理活动进行事前影响评估，履行个人信息泄露通知和补救义务等。

第八，赋予大型网络平台特别义务。互联网平台服务是数字经济区别于传统经济的显著特征。互联网平台为商品和服务的交易提供技术支持、交易场所、信息发布和交易撮合等服务。《个人信息保护法》对这些大型互联网平台设定了特别的个人信息保护义务，包括：按照国家规定建立健全个人信息保护合规制度体系，成立主要由外部成员组成的独立机构对个人信息保护情况进行监督；遵循公开、公平、公正的原则，制定平台规则；对严重违法处理个人信息的平台内产品或者服务提供者，停止提供服务；定期发布个人信息保护社会责任报告，接受社会监督。《个人信息保护法》的上述规定是为了提高大型互联网平台经营业务的透明度，完善平台治理，强化外部监督，形成全社会共同参与的个人信息保护机制。

第九，规范个人信息跨境流动。随着经济全球化、数字化的不断推进以及我国对外开放的不断扩大，个人信息的跨境流动日益频繁，但由于遥远的地理距离以及不同国家法律制度、保护水平之间的差异，个人信息跨境流动风险更加难以控制。《个人信息保护法》构建了一套清晰、系统的个人信息跨境流动规则，以满足保障个人信息权益和安全的客观要求，适应国际经贸往来的现实需要。一是明确以向境内自然人提供产品或者服务为目的，或者分析、评估境内自然人的行为等，在我国境外处理境内自然人个人信息的活动适用本法，并要求符合上述情形的境外个人信息处理者在我国境内设立专门机构或者指定代表，负责个人信息保护相关事务；二是明确向境外提供个人信息的途径，包括通过国家网信部门组织的安全评估、经专业机构认证、订立标准合同、按照我国缔结或参加的国际条约和协定等；三是要求个人信息处理者采取必要措施保障境外接收方的处理活动达到本法规定的保护标准；四是对跨境提供个人信息的"告知-同意"作出更严格的要求，切实保障个人的知情权、决定权等权利；五是为维护国家主权、安全和发展利益，对跨境提供个人信息的安全评估、向境外司法或执法机构提供个人信息、限制跨境提供个人信息的措施、对外国歧视性措施的反制等作了规定。

第十，健全个人信息保护工作机制。个人信息保护涉及的领域广，相关制度措施的落实有赖于完善的监管执法机制。根据个人信息保护工作实际，《个人信息保护法》明确，国家网信部门和国务院有关部门在各自职责范围内负责个人信息保护和监督管理工作，同时，对个人信息保护和监管职责作出规定，包括开展个人信息保护宣传教育、指导监督个人信息保护工作、接受处理相关投诉举报、组织对应用程序等进行测评、调查处理违法个人信息处理活动等。此外，为了加强个人信息保护监管执法的协同配合，《个人信息保护法》还进一步明确了国家网信部门在个人信息保护监管方面的统筹协调作用，并对其统筹协调职责作出具体规定。

五、《关键信息基础设施安全保护条例》解读

关键信息基础设施是经济社会运行的神经中枢，是网络安全的重中之重。保障关键信息基础设施安全，对于维护国家网络空间主权和国家

安全、保障经济社会健康发展、维护公共利益和公民合法权益具有重大意义。当前，关键信息基础设施面临的网络安全形势日趋严峻，网络攻击威胁上升，事故隐患易发多发，安全保护工作还存在法规制度不完善、工作基础薄弱、资源力量分散、技术产业支撑不足等突出问题，亟待建立专门制度，明确各方责任，加快提升关键信息基础设施安全保护能力。2017年施行的《网络安全法》规定，关键信息基础设施的具体范围和安全保护办法由国务院制定。2021年7月30日，国务院公布中华人民共和国国务院令第745号《关键信息基础设施安全保护条例》（以下简称《条例》），自2021年9月1日起施行。出台《条例》旨在落实《网络安全法》有关要求，将为我国深入开展关键信息基础设施安全保护工作提供有力的法治保障。

《条例》涉及数据安全相关内容主要包括以下两方面：

一方面，明确关键信息基础设施与数据安全保护的关系。《条例》在总则部分对运营者责任作了原则规定，要求运营者依照本条例和有关法律、行政法规的规定以及国家标准的强制性要求，在网络安全等级保护的基础上，采取技术保护措施和其他必要措施，应对网络安全事件，防范网络攻击和违法犯罪活动，保障关键信息基础设施安全稳定运行，维护数据的完整性、保密性和可用性。

另一方面，对关键信息基础设施的重要数据出境提出明确要求。《数据安全法》于2021年9月1日起实施。其中，第三十一条规定："关键信息基础设施的运营者在中华人民共和国境内运营中收集和产生的重要数据的出境安全管理，适用《中华人民共和国网络安全法》的规定。"《网络安全法》第三十七条规定："关键信息基础设施的运营者在中华人民共和国境内运营中收集和产生的个人信息和重要数据应当在境内存储。因业务需要，确需向境外提供的，应当按照国家网信部门会同国务院有关部门制定的办法进行安全评估；法律、行政法规另有规定的，依照其规定执行。"

六、《网络数据安全管理条例》解读

党的二十届三中全会强调，提升数据安全治理监管能力，建立高效便利安全的数据跨境流动机制。近年来，随着信息技术和人们生产生活交汇融合，数据处理活动更加频繁，数据安全风险日益聚焦在网络数据领域，违法处理网络数据活动时有发生，给经济社会发展和国家安全带来严峻挑战。《网络安全法》《数据安全法》《个人信息保护法》对数据安全和个人信息保护制度作了基本规定。为做好法律实施，规范网络数据处理活动，保障网络数据安全，促进网络数据依法合理有效利用，保护个人、组织的合法权益，维护国家安全和公共利益，有必要制定配套行政法规。国家互联网信息办公室在总结近年来网络数据安全管理实践经验、征求有关方面意见并向社会公开征求意见的基础上，向国务院报送了《网络数据安全管理条例（草案送审稿）》。司法部在立法审查中，广泛征求有关中央单位、地方人民政府、企事业单位、行业协会和专家学者意见，赴地方开展实地调研，多次召开企业和行业协会座谈会听取意见，会同国家互联网信息办公室反复研究修改，形成了《网络数据安全管理条例（草案）》。2024 年 8 月 30 日，国务院常务会议审议通过了《网络数据安全管理条例（草案）》。2024 年 9 月 24 日，国务院公布第 790 号国务院令《网络数据安全管理条例》（以下简称《管理条例》），自 2025 年 1 月 1 日起施行，其内容架构如图 4-8 所示。

《管理条例》旨在规范网络数据处理活动，保障网络数据安全，促进网络数据依法合理有效利用，保护个人、组织的合法权益，维护国家安全和公共利益。《管理条例》共 9 章 64 条，主要规定了以下内容：

第一，提出网络数据安全管理总体要求和一般规定。明确鼓励网络数据在各行业、各领域的创新应用，对网络数据实行分类分级保护，积极参与网络数据安全相关国际规则和标准的制定，加强行业自律，禁止非法网络数据处理活动。要求网络数据处理者履行建立健全网络数据安全管理制度、安全风险报告、安全事件处置等义务。

第二，明确网络数据安全管理工作的部门职责分工。《管理条例》规定，国家网信部门负责统筹协调网络数据安全和相关监督管理工作。公安机关、国家安全机关依照有关法律、行政法规和本条例的规定，在各自职责范围内承担网络数据安全监督管理职责，依法防范和打击危害网络数据安全的违法犯罪活动。国家数据管理部门在具体承担数据管理工作中履行相应的网络数据安全职责。各地区、各部门对本地区、本部

图4-8 《网络数据安全管理条例》内容架构

门工作中收集和产生的网络数据及网络数据安全负责。各有关主管部门承担本行业、本领域网络数据安全监督管理职责。

第三，对个人信息保护提出规定。《管理条例》重点细化了《个人信息保护法》关于告知、同意、个人行使权利等方面的规定：一是明确通过制定个人信息处理规则履行告知义务的内容、形式等要求；二是明确基于个人同意处理个人信息应当遵守的基本要求；三是明确行使个人信息查阅、复制、更正、补充、删除等权利的要求，细化个人信息转移的具体条件；四是明确按照《个人信息保护法》第五十三条规定在境内设立专门机构或者指定代表的要求；五是明确网络数据处理者处理1000万人以上个人信息时应当履行的义务。

第四，完善重要数据安全制度。《管理条例》所规定的重要数据是指特定领域、特定群体、特定区域或者达到一定精度和规模，一旦遭到篡改、破坏、泄露或者非法获取、非法利用，可能直接危害国家安全、经济运行、社会稳定、公共健康和安全的数据。为了保障重要数据安全，《管理条例》一是明确制定重要数据目录的要求，规定网络数据处理者识别、申报重要数据义务；二是规定网络数据安全负责人和网络数据安全管理机构责任；三是要求提供、委托处理、共同处理重要数据前进行风险评估，并明确重点评估内容；四是要求重要数据的处理者每年度对其网络数据处理活动开展风险评估，并明确风险评估报告内容。

第五，优化网络数据跨境安全管理规定。《管理条例》在总结《数据出境安全评估办法》《个人信息出境标准合同办法》《促进和规范数据跨境流动规定》等规章制定实施经验基础上，进一步优化数据跨境流动机制：一是明确国家网信部门统筹协调有关部门建立国家数据出境安全管理专项工作机制，研究制定国家网络数据出境安全管理相关政策，协调处理网络数据出境安全重大事项；二是规定网络数据处理者可以向境外提供个人信息的条件，明确未被相关地区、部门告知或者公开发布为重要数据的，不需要将其作为重要数据申报数据出境安全评估；三是明确网络数据处理者通过数据出境安全评估后向境外提供个人信息和重要数据的，不得超出评估时明确的数据出境目的、方式、范围和种类、规模等。此外，还规定国家采取措施，防范、处置网络数据跨境安全风险和威胁。

第六，明确网络平台服务提供者义务。网络平台服务提供者面向大量用户和平台内经营者提供服务，一些网络平台服务提供者还向政府部门提供服务，对于促进数字经济发展、优化公共服务发挥了重要作用。同时，实践中存在网络平台服务提供者不履行网络数据安全义务，滥用数据优势从事法律、行政法规禁止的活动等情况。国内外相关立法对此作了实践探索。为此，《管理条例》一是规定了网络平台服务提供者、第三方产品和服务提供者、预装应用程序的智能终端等设备生产者的网络数据安全保护义务，并要求提供应用程序分发服务的网络平台服务提供者建立应用程序核验规则并开展网络数据安全相关核验；二是针对当前个性化推荐服务关闭难、收集个人信息类型多、个人精准画像数据滥用等问题，明确网络平台服务提供者应当设置易于理解、便于访问和操作的个性化推荐关闭选项，为用户提供拒绝接收推送信息、删除针对其个人特征的用户标签等功能；三是明确国家推进网络身份认证公共服务建设，按照政府引导、用户自愿原则进行推广应用，鼓励网络平台服务提供者支持用户使用国家网络身份认证公共服务登记、核验真实身份信息；四是规定大型网络平台服务提供者每年度发布个人信息保护社会责任报告、防范网络数据跨境安全风险的要求，以及明确不得利用网络数据、算法、平台规则等从事相关活动的义务。

七、《数据出境安全评估办法》解读

我国积极促进数据依法有序自由流动，相继制定实施《网络安全法》《数据安全法》《个人信息保护法》，对数据出境活动作出明确规定。《网络安全法》规定，关键信息基础设施的运营者在中华人民共和国境内运营中收集和产生的个人信息和重要数据应当在境内存储。因业务需要，确需向境外提供的，应当按照国家网信部门会同国务院有关部门制定的办法进行安全评估；法律、行政法规另有规定的，依照其规定执行。《数据安全法》规定，关键信息基础设施的运营者在中华人民共和国境内运营中收集和产生的重要数据的出境安全管理，适用《网络安全法》的规定；其他数据处理者在中华人民共和国境内运营中收集和产生的重要数据的出境安全管理办法，由国家网信部门会同国务院有关部门制定。《个人信息保护法》规定，个人信息处理者因业务等需要，确需向中华人民共和国境外提供个人信息的，应当具备通过国家网信部门组织的安全评估、按照国家网信部门的规定经专业机构进行个人信息保护认证、按照国家网信部门制定的标准合同与境外接收方订立合同等条件之一。中华人民共和国缔结或者参加的国际条约、协定对向中华人民共和国境外提供个人信息的条件等有规定的，可以按照其规定执行。法律作出这样的规定，是为了切实保护人民群众利益，维护国家网络和数据安全，促进数据依法有序自由流动。数据出境安全管理不是对于所有数据，只限于重要数据和个人信息，这里的重要数据是针对国家而言，而不是针对企业和个人。

2022年5月19日国家互联网信息办公室发布《数据出境安全评估办法》（以下简称《办法》），自2022年9月1日起施行。制定出台

《办法》是落实《网络安全法》《数据安全法》《个人信息保护法》有关数据出境规定的重要举措，目的是进一步规范数据出境活动，保护个人信息权益，维护国家安全和社会公共利益，促进数据跨境安全、自由流动。其内容架构如图4-9所示。

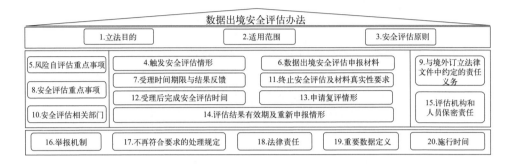

图4-9 《数据出境安全评估办法》内容架构

《办法》主要内容包括：

第一，明确数据出境活动定义。《办法》所称数据出境活动主要包括：一是数据处理者将在境内运营中收集和产生的数据传输、存储至境外；二是数据处理者收集和产生的数据存储在境内，境外的机构、组织或者个人可以访问或者调用。

第二，明确需要申报数据出境安全评估的情形。《办法》明确了4种应当申报数据出境安全评估的情形：一是数据处理者向境外提供重要数据；二是关键信息基础设施运营者和处理100万人以上个人信息的数据处理者向境外提供个人信息；三是自上年1月1日起累计向境外提供10万人个人信息或者1万人敏感个人信息的数据处理者向境外提供个人信息；四是国家网信部门规定的其他需要申报数据出境安全评估的情形。

第三，明确数据出境安全评估主要内容。数据出境安全评估重点评估数据出境活动可能对国家安全、公共利益、个人或者组织合法权益带来的风险，主要包括以下事项：一是数据出境的目的、范围、方式等的合法性、正当性、必要性；二是境外接收方所在国家或者地区的数据安全保护政策法规和网络安全环境对出境数据安全的影响，境外接收方的数据保护水平是否达到中华人民共和国法律、行政法规的规定和强制性国家标准的要求；三是出境数据的规模、范围、种类、敏感程度，出境中和出境后遭到篡改、破坏、泄露、丢失、转移或者被非法获取、非法利用等风险；四是数据安全和个人信息权益是否能够得到充分有效保障；五是数据处理者与境外接收方拟订立的法律文件中是否充分约定了数据安全保护责任义务；六是遵守中国法律、行政法规、部门规章情况；七是国家网信部门认为需要评估的其他事项。

第四，明确数据出境安全评估的具体流程（图4-10）。一是事前评估，数据处理者在向境外提供数据前，应首先开展数据出境风险自评估。二是申报评估，符合申报数据出境安全评估情形的，数据处理者应通过所在地省级网信部门向国家网信部门申报数据出境安全评估。三是开展评估，国家网信部门自收到申报材料之日起7个工作日内确定是否受理评估；自出具书面受理通知书之日起45个工作日内完成数据出境安全评估；情况复杂或者需要补充、更正材料的，可以适当延长并告知数据处理者预计延长的时间。四是重新评估和终止出境，评估结果有效期届满或者在有效期内出现本办法中规定重新评估情形的，数据处理者应当重新申报数据出境安全评估。已经通过评估的数据出境活动在实际处理过程中不再符合数据出境安全管理要求的，在收到国家网信部门书面通知后，数据处理者应终止数据出境活动。数据处理者需要继续开展数据出境活动的，应当按照要求整改，整改完成后重新申报评估。

第五，明确数据处理相关合法权益以及其他规定。《办法》规定了参与安全评估工作的相关机构和人员对在履行职责中知悉的国家秘密、个人隐私、个人信息、商业秘密、保密商务信息等数据应当依法予以保密，不得泄露或者非法向他人提供、非法使用。还明确了国家网信部门负责决定是否受理安全评估，并根据申报情况组织国务院有关部门、省级网信部门、专门机构等开展安全评估。省级网信部门负责接收数据出境安全评估申请材料，并完成完备性查验。任何组织和个人发现数据处理者违反本办法向境外提供数据的，可以向省级以上网信部门举报。

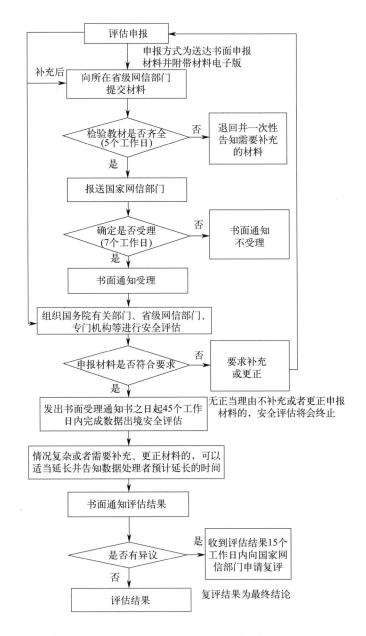

图 4-10 数据出境安全评估流程

第六，明确通过数据出境安全评估的有效期。通过数据出境安全评估的结果有效期为 2 年，自评估结果出具之日起计算。有效期届满，需要继续开展数据出境活动的，数据处理者应当在有效期届满 60 个工作日前重新申报评估。

八、《促进和规范数据跨境流动规定》解读

国家互联网信息办公室结合数据出境安全管理工作实际，制定《促进和规范数据跨境流动规定》（以下简称《规定》），对现有数据出境安全评估、个人信息出境标准合同、个人信息保护认证等数据出境制度的实施和衔接作出进一步明确，适当放宽数据跨境流动条件，适度收窄数据出境安全评估范围，在保障国家数据安全的前提下，便利数据跨境流动，降低企业合规成本，充分释放数据要素价值，扩大高水平对外开放，为数字经济高质量发展提供法律保障。2024年3月22日，国家互联网信息办公室公布《规定》，自公布之日起施行。

《数据出境安全评估办法》《个人信息出境标准合同办法》相关规定与《规定》不一致的，适用《规定》。《规定》主要对下列内容进行了规定：

第一，明确重要数据定义以及重要数据申报出境安全评估的标准。根据《数据出境安全评估办法》，重要数据是指一旦遭到篡改、破坏、泄露或者非法获取、非法利用等，可能危害国家安全、经济运行、社会稳定、公共健康和安全等的数据。《数据安全法》规定，国家数据安全工作协调机制统筹协调有关部门制定重要数据目录，加强对重要数据的保护。各地区、各部门应当按照数据分类分级保护制度，确定本地区、本部门以及相关行业、领域的重要数据具体目录，对列入目录的数据进行重点保护。根据《规定》，数据处理者应当按照相关规定识别、申报重要数据。未被相关部门、地区告知或者公开发布为重要数据的，数据处理者不需要作为重要数据申报数据出境安全评估。

第二，明确免予申报数据出境安全评估、订立个人信息出境标准合同、通过个人信息保护认证的数据出境活动。一是国际贸易、跨境运输、学术合作、跨国生产制造和市场营销等活动中收集和产生的数据向境外提供，不包含个人信息或者重要数据的。二是在境外收集和产生的个人信息传输至境内处理后向境外提供，处理过程中没有引入境内个人

信息或者重要数据的。三是为订立、履行个人作为一方当事人的合同，如跨境购物、跨境寄递、跨境汇款、跨境支付、跨境开户、机票酒店预订、签证办理、考试服务等，确需向境外提供个人信息的。四是按照依法制定的劳动规章制度和依法签订的集体合同实施跨境人力资源管理，确需向境外提供员工个人信息的。五是紧急情况下为保护自然人的生命健康和财产安全，确需向境外提供个人信息的。六是关键信息基础设施运营者以外的数据处理者自当年 1 月 1 日起累计向境外提供不满 10 万人个人信息（不含敏感个人信息）的。其中，第三种至第六种条件所称向境外提供的个人信息，不包括被相关部门、地区告知或者公开发布为重要数据的个人信息。数据出境豁免情形如图 4-11 所示。

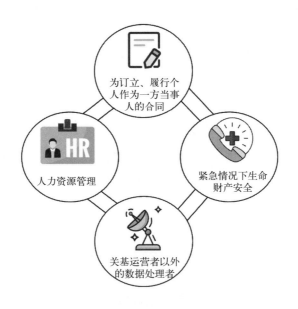

图 4-11　数据出境豁免情形

第三，明确申报数据出境安全评估的条件。《规定》对《数据出境安全评估办法》明确的应当申报数据出境安全评估的条件作了优化调整。《规定》明确了两种应当申报数据出境安全评估的条件：一是关键信息基础设施运营者向境外提供个人信息或者重要数据；二是关键信息基础设施运营者以外的数据处理者向境外提供重要数据，或者自当年 1 月 1 日起累计向境外提供 100 万人以上个人信息（不含敏感个人信息）

或者1万人以上敏感个人信息。属于《规定》第三条、第四条、第五条、第六条规定情形的，从其规定。数据出境安全评估的结果包括三种：申报不予受理、通过安全评估和未通过安全评估。对于不属于安全评估范围的，数据处理者接到国家网信部门不予受理的书面通知后，可以通过法律规定的其他合法途径开展数据出境活动。对于通过安全评估的，数据处理者可以在收到通过评估的书面通知后，严格按照申报事项开展数据出境活动。对于未通过数据出境安全评估的，数据处理者不得开展所申报的数据出境活动。数据出境安全评估的三种结果如图4-12所示。

图4-12　数据出境安全评估的三种结果

第五章

我国工业领域数据安全管理体系

2021年9月1日,《中华人民共和国数据安全法》正式实施,为开展数据安全监管和保护工作提供了法律依据和根本遵循,其中明确工业和信息化部承担工业、电信行业数据安全监管职责,并对数据处理者的安全保护义务提出了相关要求。近年来,工业和信息化部相继印发《工业和信息化领域数据安全管理办法(试行)》《工业领域数据安全能力提升实施方案(2024—2026年)》等政策文件,为监管部门、企业等各方履职尽责提供了有力政策指导,构建了行业数据安全工作体系。制定发布《工业领域数据安全标准体系建设指南(2023版)》,有序推进行业亟需重点标准研制。

一、《工业和信息化领域数据安全管理办法(试行)》解读

当前,数据已成为数字经济时代最为活跃的新型生产要素。与此同时,数据安全风险日益突出,成为关系个人权益、公共利益和国家安全的重要因素。工业和信息化领域是数字经济发展的主阵地和先导区,是推进数字经济做强做优做大的主力军。为贯彻落实《数据安全法》,加快推动工业和信息化领域数据安全管理工作制度化、规范化,2022年

12月8日,工业和信息化部印发《工业和信息化领域数据安全管理办法(试行)》(以下简称《管理办法》),自2023年1月1日起施行,其内容架构如图5-1所示。

图5-1 《管理办法》内容架构

《管理办法》作为工业和信息化领域数据安全管理顶层制度文件,共8章42条,重点解决工业和信息化领域数据安全"谁来管、管什么、怎么管"的问题。主要内容包括:

第一,界定工业和信息化领域数据和数据处理者概念,明确监管范围和监管职责(图5-2)。《管理办法》对工业和信息化领域数据处理活动进行安全监管,具体可以从处理对象、处理主体、处理活动三方面进行认识。

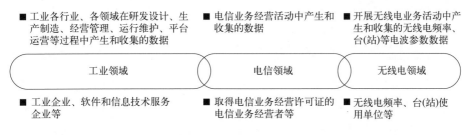

图5-2 工业和信息化领域数据及数据处理者定义

从处理主体看,工业和信息化领域数据处理者是指能够在工业和信息化领域数据处理活动中自主决定处理目的、处理方式的各类主体,主要包括工业数据处理者、电信数据处理者以及无线电数据处理者;从处理对象看,工业和信息化领域数据主要包括工业数据、电信数据和无线电数据等;从处理活动看,数据收集、存储、使用、加工、传输、提供、公开等活动都属于监管范围。

《管理办法》构建了"工业和信息化部、地方行业监管部门"两级监管机制。工业和信息化部统筹工业和电信领域数据安全监管工作,包括组织制定行业数据安全管理政策制度和标准规范,编制行业重要数据和核心数据目录,建立重要数据目录备案、监测预警、风险信息报送和共享、应急处置等工作机制,指导地方行业监管部门开展属地监管,督促全行业数据处理者加强数据安全保护工作。地方行业监管部门,包括各省、自治区、直辖市及计划单列市、新疆生产建设兵团工业和信息化主管部门,各省、自治区、直辖市通信管理局和无线电管理机构,分别负责对本地区工业、电信、无线电领域数据处理者进行监督管理,包括审核重要数据目录备案,编制重要数据和核心数据具体目录,开展监测预警、风险信息报送和共享、应急处置、风险评估、投诉举报受理等工作,并可结合工作实际,建立更加细化完善的工作机制。中央企业是国民经济的重要支柱和骨干力量,产生、汇聚了大量关系国计民生的重要数据。中央企业所属公司业务既受地方行业监管部门管理,也受集团公司管理。因此,《管理办法》对中央企业提出两项工作要求:一是督促所属公司按照属地行业监管部门要求,履行重要数据目录备案、风险信息上报等要求;二是做好集团本部数据安全保护工作,全面梳理汇总集团本部、所属公司相关情况,及时向工业和信息化部报送。工业和信息化领域数据安全监管机制如图 5-3 所示。

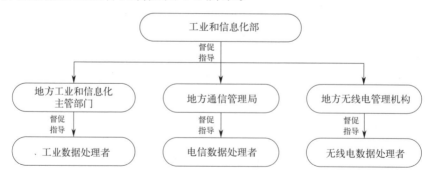

图 5-3　工业和信息化领域数据安全监管机制

第二，确定数据分类分级管理、重要数据识别与备案相关要求。《管理办法》以数据分级保护为总体原则，要求一般数据加强全生命周期安全管理，重要数据在一般数据保护的基础上进行重点保护，核心数据在重要数据保护的基础上实施更加严格的保护。对于不同级别数据同时被处理且难以分别采取保护措施的，采取"就高"原则，按照其中级别最高的要求实施保护。工业和信息化部结合国家数据安全保护要求和行业实际，组织制定工业和信息化领域重要数据和核心数据识别认定标准规范，明确识别规则和方法。数据处理者应当定期梳理本单位数据资产，按照所属行业标准规范识别重要数据后，向本地区行业监管部门备案重要数据目录。当备案内容发生重大变化后，数据处理者应当及时履行备案变更手续，保证目录备案的时效性、准确性与真实性。重要数据和核心数据目录备案流程如图5-4所示，重要数据和核心数据识别与目录备案流程如图5-5所示。

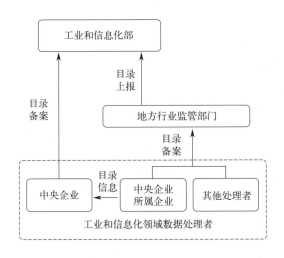

图 5-4　重要数据和核心数据目录备案流程

第三，明确数据全生命周期保障要求。针对不同级别的数据，围绕数据收集、存储、加工、传输、提供、公开、销毁、出境、转移、委托等环节，分别针对一般数据、重要数据、核心数据细化明确了安全保护要求，主要包括明确细化了协议约束、安全评估、审批等管理要求，以及校验与密码技术使用、数据访问控制等技术保护要求。工业和信息化

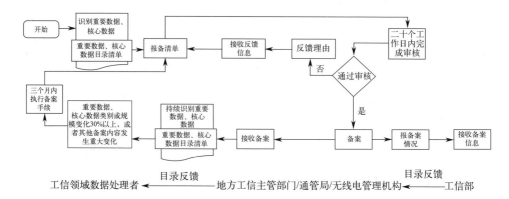

■ 中央企业集团公司所属企业应在完成属地备案后,同时将重要数据和核心数据目录报中央企业集团公司,中央企业集团公司全面梳理汇总企业集团本部、所属公司的重要数据和核心数据目录后及时报送工业和信息化部。

图 5-5 重要数据和核心数据识别与目录备案流程

领域数据全生命周期安全保护要求如图 5-6 所示。工业和信息化领域数据安全评估管理流程如图 5-7 所示。

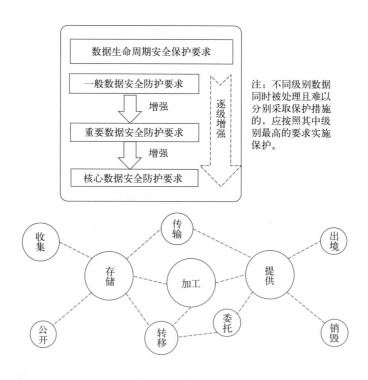

图 5-6 工业和信息化领域数据全生命周期安全保护要求

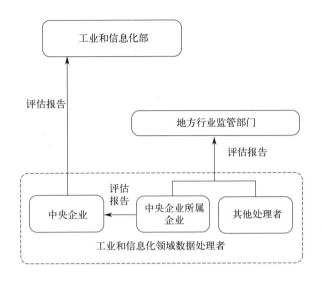

图 5-7 工业和信息化领域数据安全评估管理流程

第四，建立数据安全监测预警、风险信息报送和共享、应急处置、投诉举报受理等工作机制。《管理办法》明确了"部-省-企业"三级联动协同的数据安全风险监测预警工作机制：工业和信息化部统筹指导行业数据安全监测预警工作，建设行业数据安全风险监测预警技术手段，统一汇集、研判、通报数据安全风险信息；地方行业监管部门负责建立本地区本领域数据安全监测预警机制，组织管辖范围内的数据处理者开展数据安全风险监测和信息报送；数据处理者做好本单位数据安全风险监测，按照行业监管部门要求开展风险监测排查，及时防范化解风险隐患。《管理办法》明确建立工业和信息化领域数据安全应急处置工作机制，细化不同主体的责任与义务：工业和信息化部统筹行业数据安全应急处置管理工作，制定数据安全事件应急预案，组织协调行业重要数据和核心数据安全事件应急处置工作；地方行业监管部门负责组织开展本地区数据安全事件应急处置工作，及时上报涉及重要数据和核心数据的安全事件；数据处理者制定本单位数据安全事件应急预案并定期开展应急演练，在发生数据安全事件后及时进行处置，并按要求及时向行业监管部门报告。工业和信息化领域数据安全监测预警与应急管理流程如图5-8所示。

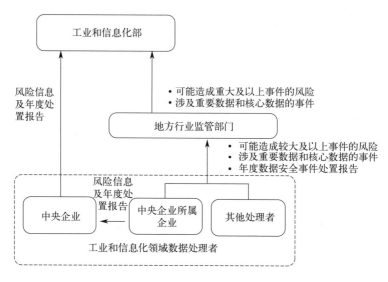

图 5-8 工业和信息化领域数据安全监测预警与应急管理流程

第五，明确相关违法违规行为的法律责任和惩罚措施。《管理办法》第七章明确了违反本办法的法律责任，由行业监管部门按照相关法律法规，根据情节严重程度给予没收违法所得、罚款、暂停业务、停业整顿、吊销业务许可证等行政处罚；构成犯罪的，依法追究刑事责任。同时，提出行业监管部门在履行数据安全监督管理职责中，发现数据处理活动存在较大安全风险的，可以按照规定权限和程序对工业和信息化领域数据处理者进行约谈，并要求采取措施进行整改，消除隐患。工业和信息化领域数据安全监督检查如图 5-9 所示，工业和信息化领域数据安全相关法律责任如图 5-10 所示。

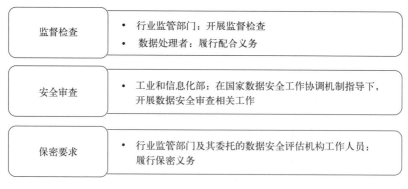

图 5-9 工业和信息化领域数据安全监督检查

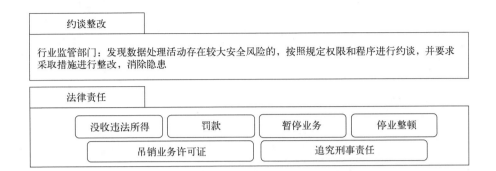

图 5-10　工业和信息化领域数据安全相关法律责任

二、《工业领域数据安全能力提升实施方案（2024—2026 年）》解读

数据是数字经济时代的关键新型生产要素，与国家经济运行、社会治理、公共服务等方面密切相关，保障数据安全已成为事关国家安全与经济社会发展的重大问题。2023 年 9 月，全国新型工业化推进大会召开，推动新型工业化发展迈向新征程，工业领域数字化、网络化、智能化加速提质升级，在促进工业数据流通共享和开发利用的同时，伴随而来的大规模数据泄露、勒索攻击等风险形势日趋严峻，工业企业数据安全意识和能力普遍薄弱、地方主管部门监管工作缺抓手缺队伍、技术产品和服务供给不足等问题亟待研究解决。总体来看，加强数据安全保障是新型工业化发展绕不过的坎，是推进新型工业化行稳致远的基础和前提。

党中央、国务院高度重视数据安全和新型工业化工作，习近平总书记多次作出重要指示，强调要"把安全贯穿数据治理全过程""把必须管住的坚决管到位""统筹发展和安全，深刻把握新时代新征程推进新型工业化的基本规律"。《数据安全法》《工业和信息化领域数据安全管理办法（试行）》等法律政策陆续出台，为工信领域数据安全监管和保护工作提供了指导和依据。为贯彻落实习近平总书记重要指示精神和党中央、国务院决策部署，将法律政策要求在工业领域再细化、再落实，切实提出符合行业特色、针对突出问题的任务举措，有效促进工业领域数据安全保护水平跃升，2024年2月23日，工业和信息化部印发《工业领域数据安全能力提升实施方案（2024—2026年）》（以下简称《实施方案》），分步骤、有重点地指导各方扎实推进工业领域数据安全工作。

《实施方案》坚持统筹发展和安全，坚持底线思维和极限思维，坚持目标导向和问题导向，以构建完善工业领域数据安全保障体系为主线，以落实企业主体责任为核心，以保护重要数据、提升监管能力、强化产业支撑等为重点，从总体要求、重点任务、保障措施三方面提出主要内容。

总体要求方面，明确了指导思想、基本原则和总体目标（图5-11），在总体目标中细化了各项关键任务指标。《实施方案》是指导未来三年工业领域数据安全工作的纲领性规划文件，以"到2026年年底基本建立工业领域数据安全保障体系"为总体目标，分别从企业侧、监管侧、产业侧等方面明确各工作目标，致力于实现企业保护水平大幅提升、监管能力和手段更加健全、产业供给稳步提升。一是从行业数据安全意识和能力普及覆盖考虑，提出基本实现各工业行业规上企业数据安全要求宣贯全覆盖。二是紧抓重点企业和规上企业，实现数据分类分级保护的企业

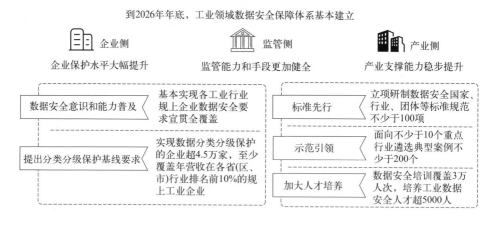

图5-11　总体目标

超 4.5 万家，至少覆盖年营收在各省（区、市）行业排名前 10% 的规上工业企业。三是标准先行、示范引领。立项研制国家、行业、团体等各类标准规范不少于 100 项，对企业履行数据安全保护责任义务加强细化标准指导。面向不少于 10 个重点行业遴选典型案例不少于 200 个，强化优秀应用实践的引领带动作用。四是加大人才培养，实现培训覆盖 3 万人次、培养人才超 5000 人。

重点任务方面，围绕提升工业企业数据保护、数据安全监管、数据安全产业支撑三类能力，明确提出 11 项任务。

关于提升工业企业数据保护能力，《实施方案》重点明确了提升工业企业数据保护能力的 4 项关键举措：一是增强数据安全意识，通过法律政策和标准宣贯培训等工作，普及提高企业安全意识。从明确责任人、建立健全管理体系和工作机制、配足岗位和人员队伍、定期开展教育培训等方面压实企业主体责任。引导企业将数据安全管理要求融入本单位发展战略和考核机制，同步推进业务发展和数据安全工作。二是开展重要数据保护，指导存在重要数据的企业落实建立健全管理制度、识别报备重要数据、实施分级防护、定期开展风险评估、开展风险事件监测与应急处置等要求，对重要数据进行重点保护。三是强化重点企业数据安全管理，滚动编制工业领域数据安全风险防控重点企业名录，对名录内企业既要督促其着重提升风险监测、态势感知、威胁研判和应急处置等能力，又要发挥各级技术力量加强技术支持。四是深化重点场景数据安全保护，聚焦数据处理场景、典型业务场景、易发频发风险场景和数据要素大规模流通交易场景，制定系列实践指南，指导企业精准施策。

数据安全保护重点场景如图 5-12 所示，数据安全保护主要内容如图 5-13 所示。

关于监管部门提升数据安全监管能力，《实施方案》从当前数据安全监管急需出发，重点明确了提升监管能力的 4 项关键举措：一是完善数据安全政策标准，具体包括建立健全政策制度、完善全流程监管机制、研制重点急需标准等任务，并鼓励地方积极制定相关政策。二是加强数据安全风险防控，在做好风险信息报送与共享、组建风险分析专家组、动态管理风险直报单位库、建立重大风险事件案例库、加强风险提

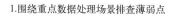

图 5-12　数据安全保护重点场景

图 5-13　数据安全保护主要内容

示等常态化工作（图 5-14）的基础上，打造"数安护航"专项行动（图 5-15）和"数安铸盾"应急演练（图 5-16）两个品牌活动，有效提升风险事件防范和处置水平。三是推进数据安全技术手段建设，统筹建设工业和信息化领域数据安全管理平台，加快推进"部-省-企业"三级监测应急等技术能力建设和协同联动。建立工业领域数据安全工具库，为高效开展监管和保护工作提供规范化、便捷式工具服务等支撑。四是锻造数据安全监管执法能力，明确提出规范事件调查程序，丰富取证方法和手段，完善执法流程机制和加强执法案例宣介与警示教育。推动地方主管部门将数据安全纳入行政执法事项清单，打造专业化、规范化监管执法队伍。

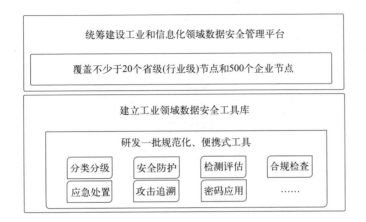

图 5-14　数据安全技术手段建设

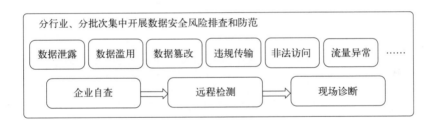

图 5-15　"数安护航"专项行动

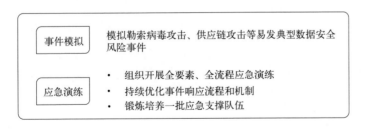

图 5-16　"数安铸盾"应急演练

关于提升数据安全产业支撑能力，《实施方案》推动政产学研用各方协同提升数据安全产业支撑能力，重点从以下三方面布局未来三年产业发展：一是加大技术产品和服务供给，提出共性技术优化升级、关键技术攻关和产品研发、新型安全架构设计、供给模式创新等任务。二是促进应用推广和供需对接，通过试点应用一批先进技术产品、打造一批解决方案、遴选推广一批典型案例以及组织一批沙龙等活动，充分盘活利用数据安全产业供需双方资源，激发产业创新活力。三是建立健全人才培养体系，围绕教材课程开发、人才资格认定、丰富人才培养形式、培养复合型管理人才与实战型技能人才、加强人才激励等方面不断培养壮大数据安全人才队伍。

保障措施方面，围绕《实施方案》落地实施的保障需求，提出了加强组织协调、加大资源保障、强化成效评估、做好宣传引导4项工作。

三、《工业和信息化领域数据安全风险评估实施细则（试行）》解读

为引导工业和信息化领域数据处理者规范开展数据安全风险评估工作，提升数据安全管理水平，维护国家安全和发展利益，根据《数据安全法》《网络安全法》等法律，按照《工业和信息化领域数据安全管理办法（试行）》有关要求，2024年5月10日，工业和信息化部制定出台了《工业和信息化领域数据安全风险评估实施细则（试行）》（以下简称《实施细则》），其内容架构如图5-17所示。

《实施细则》共19条，确定了部省两级数据安全风险评估工作体系，细化了重要数据和核心数据处理者的评估义务，明确了行业主管部门监督管理评估活动的机制流程，如图5-18所示。

主要内容包括：第一，关于适用范围及管理职责。界定《实施细则》适用于工业和信息化领域重要数据、核心数据处理者对其数据处理活动的安全风险评估，明确工业和信息化部、地方行业监管部门的职责分工，并确立风险评估工作原则。

第二，关于评估对象和内容。明确评估对象为数据处理活动中涉及

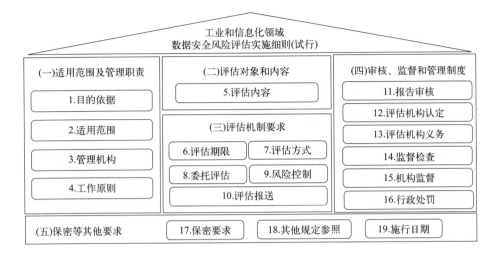

图 5-17 《实施细则》内容架构

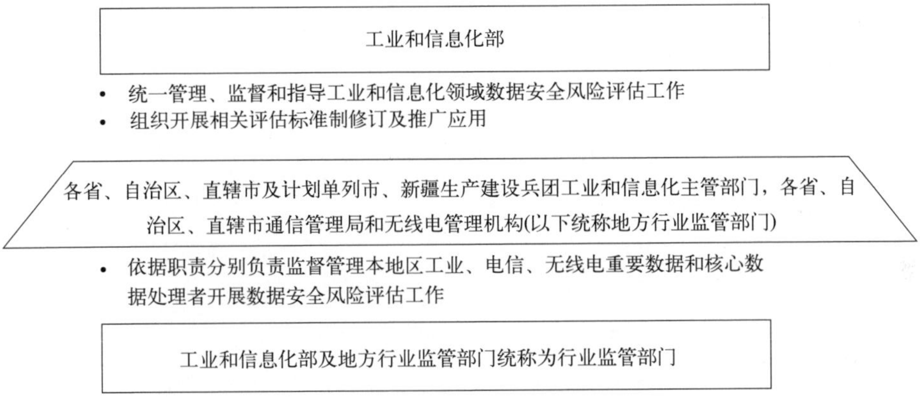

图 5-18 风险评估工作的管理机制

的目的和场景、管理体系、人员能力、技术工具、风险来源、安全影响等要素,并按照以上要素细化了具体评估内容。

第三,关于评估机制要求。提出了评估期限、重新申报评估的情形、可采取的评估方式,并对委托评估、评估协作、风险控制和评估报告报送等作出要求。其中,风险评估的评估方式如图 5-19 所示,委托评估的要求如图 5-20 所示,风险评估报告报送要求如图 5-21 所示。

第五章 我国工业领域数据安全管理体系

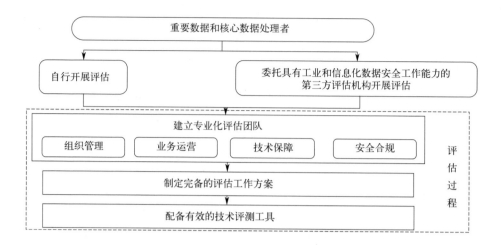

图 5-19 风险评估的评估方式

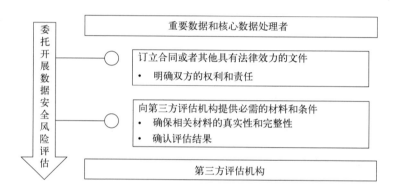

图 5-20 委托评估的要求

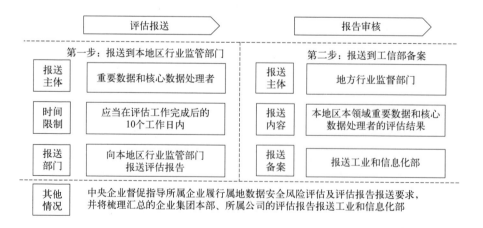

图 5-21 风险评估报告报送要求

第四，关于审核、监督和管理制度。明确评估报告审核、评估机构认定、评估机构义务、监督检查、机构监管等要求，并提出建立支撑行业监管工作的第三方评估机构库。其中，风险评估报告审核机制如图 5-22 所示，风险评估机构认定要求如图 5-23 所示，风险评估工作监督检查机制如图 5-24 所示，风险评估机构监管要求如图 5-25 所示。

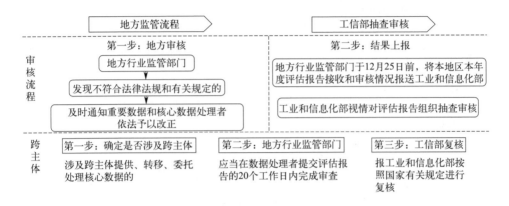

图 5-22　风险评估报告审核机制

图 5-23　风险评估机构认定要求

第五，关于保密等其他要求。明确行业监管部门及委托支撑机构的工作人员的保密义务，提出涉及军事、国家秘密信息等数据处理活动参照有关规定执行。

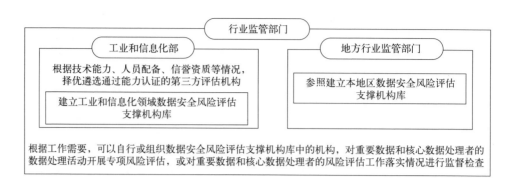

图 5-24　风险评估工作监督检查机制

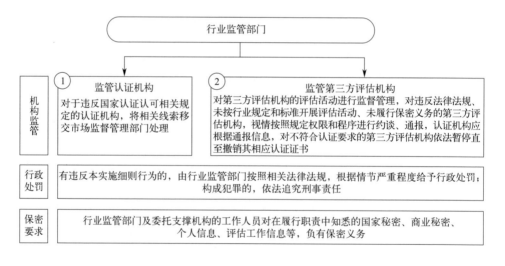

图 5-25　风险评估机构监管要求

四、《工业和信息化领域数据安全事件应急预案（试行）》解读

随着数字化转型步伐加快，新型工业化发展加速推进，数据规模急

剧增长，数据流动情况愈发纷繁复杂，伴随而来的数据安全风险事件时有发生，亟须加快构建数据安全事件应急管理体系，提升事件处置水平。为贯彻落实《数据安全法》《网络数据安全管理条例》《工业和信息化领域数据安全管理办法（试行）》等法律政策关于应急处置的相关要求，加快推动工业和信息化领域数据安全应急处置工作制度化、规范化开展，2024年10月29日，工业和信息化部制定出台了《工业和信息化领域数据安全事件应急预案（试行）》（以下简称《应急预案》），其内容架构如图5-26所示。

1	总　　则(1.1～1.6)	・编制目的　・编制依据　・适用范围　・事件定义　・事件分级　・工作原则
2	组织体系(2.1～2.5)	・领导机构与职责　・办事机构与职责　・其他相关单位职责
3	监测预警(3.1～3.5)	・预警监测和报告　・预警分级　・预警发布　・预警响应　・预警调整和解除
4	应急响应(4.1～5.2)	・响应分级　・事件监测报告　・先行处置　・应急响应　・舆情监测　・结束响应 ・事件总结上报　・事件警示
5	预防措施(6.1～6.5)	・预防保护　・应急演练　・宣传培训　・手段建设　・重要活动期间的预防措施
6	保障措施(7.1～7.7)	・落实责任　・奖惩问责　・经费保障　・工作协同　・物质保障　・国际合作　・保密管理
7	附　　则(8.1～8.4)	・预案修订　・排除条款　・预案解释　・实施日期
附(附1～附4)：工业和信息化领域数据安全事件分级等指引		

图 5-26　《应急预案》内容架构

《应急预案》作为工业和信息化领域数据安全事件处置工作的指导性政策文件，正文共8章40条，重点明确了以下内容：

第一，明确了工业和信息化领域数据安全应急处置工作的组织体系（图5-27），规定了领导机构、办事机构、地方行业监管部门、数据处理者、应急支撑机构等单位的构成及职责。《应急预案》明确了"工业和信息化部、地方行业监管部门、数据处理者、应急支撑机构"等各类主体的职责分工。其中，工业和信息化部职责主要由工业和信息化部网络安全和信息化领导小组及工业和信息化领域数据安全工作机制办公室承担，具体为工业和信息化部网络安全和信息化领导小组统一领导数据安全事件应急管理工作，负责特别重大数据安全事件的统一指挥和协调。工业和信息化领域数据安全工作机制办公室（具体工作由工业和信息化部网络安全管理局牵头承担）负责统筹开展工业和信息化领域数据安全应急处置工作；及时向工业和信息化部网络安全和信息化领导小组报告数据安全事件情况，提出特别重大数据安全事件应对措施建议；负责重大数据安全事件的统一指挥和协调处置；根据需要协调较大、一般数据安全事件应急处置工作。地方行业监管部门主要包括各省、自治区、直辖市及计划单列市、新疆生产建设兵团工业和信息化主管部门，各省、自治区、直辖市通信管理局和无线电管理机构，负责组织开展本地区本领域数据安全事件应急处置工作，结合实际，根据本预案分别制定本地区本领域数据安全事件应急预案。数据处理者负责本单位数据安全事件预防、监测、应急处置、报告等工作，应当根据应对数据安全事件的需要，制定本单位数据安全事件应急预案。其中，中央企业应当督促指导所属企业在数据安全事件应急处置工作中履行属地管理要求，并负责全面梳理汇总企业集团本部、所属企业的数据安全事件应急处置相关情况，按要求及时报送工业和信息化部。应急支撑机构负责数据安全事件预防保护、监测预警、应急处置、攻击溯源等工作。

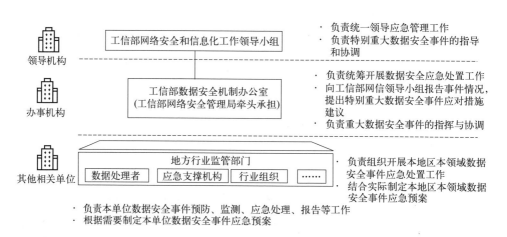

图 5-27　组织体系

第二，细化数据安全事件应急处置事前、事中、事后全流程各环节要求，提出分级预警、响应、处置、上报等各类机制，建立衔接有序、高效运行的工作闭环。按照《应急预案》，工业和信息化领域数据处理者应当根据《工业和信息化领域数据安全管理办法（试行）》、工业和信息化领域数据安全风险信息报送与共享等要求，加强数据安全风险监测、研判和上报，分析相关风险发生数据安全事件的可能性及其可能造成的影响，认为可能发生较大及以上数据安全事件的，应当立即向地方行业监管部门报告。其中，应急响应流程如图 5-28 所示，黄色和蓝色监测预警流程如图 5-29 所示，红色和橙色监测预警流程如图 5-30 所示。

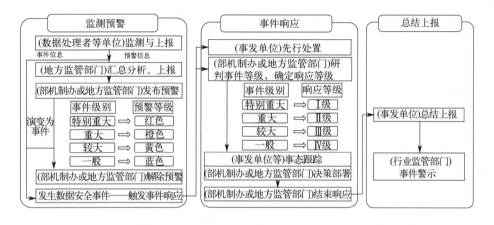

图 5-28　应急响应流程

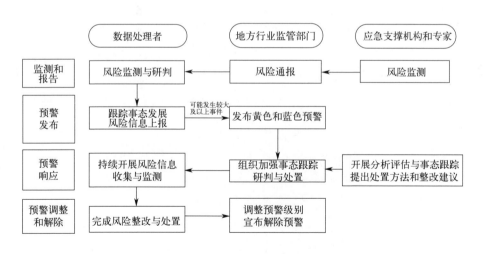

图 5-29　黄色和蓝色监测预警流程

第三，根据数据安全事件应急处置工作的需要，明确相关预防措施和保障措施。工业和信息化领域数据处理者应当按照《应急预案》，

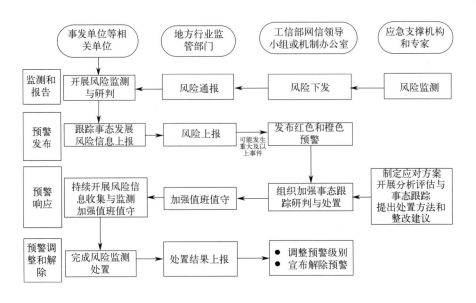

图 5-30　红色和橙色监测预警流程

有序开展事件处置：一是先行处置和报告。一旦发现数据安全事件，数据处理者应当立即根据数据安全事件对国家安全、企业网络设施和信息系统、生产运营、经济运行等造成的影响范围和危害程度，判定数据安全事件级别（包括特别重大、重大、较大和一般四个级别）。对自判为较大及以上事件的，应当立即向地方行业监管部门报告。二是启动应急响应。发现数据安全事件后，涉事数据处理者立即进入应急状态，根据事件级别分别采取相应的处置措施，开展数据恢复或追溯工作。同时，持续加强监测分析，跟踪事态发展，评估影响范围和事件原因，进一步采取有效整改处置措施，及时汇报工作进展和处置情况。三是事件总结上报。重大及以上数据安全事件应急处置工作结束后，涉事数据处理者应当及时调查事件的起因、经过、责任，评估事件造成的影响和损失，总结事件防范和应急处置工作的经验教训，提出处理意见和改进措施，形成总结报告报地方行业监管部门。不同级别数据安全事件响应流程如图 5-31、图 5-32 所示。

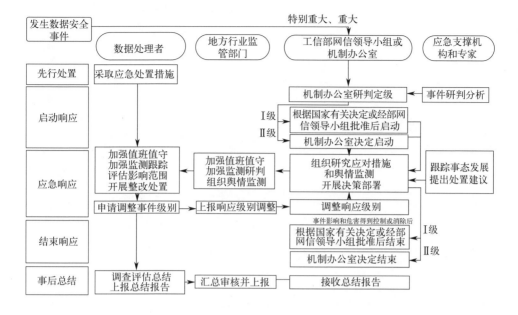

图 5-31 特别重大和重大事件响应流程

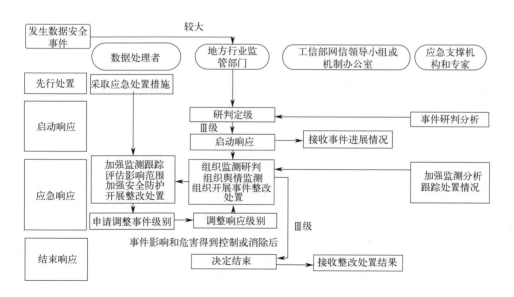

图 5-32 较大事件响应流程

第五章 我国工业领域数据安全管理体系

五、工业和信息化领域数据安全行政处罚

数据安全行政处罚是督促数据处理者依法依规落实数据安全保护责任义务、强化数据安全监管的重要手段。《数据安全法》专章明确法律责任，对数据处理者的违法行为提出系列处罚措施。《工业和信息化部行政执法事项清单（2022年版）》首次将15项数据安全违法行为纳入部执法事项清单（表5-1），体现了工业和信息化领域执法的时代新特点，回应了社会新关切。《工业和信息化领域数据安全管理办法（试行）》从行业监管角度细化监管要求。

表5-1 《工业和信息化部行政执法事项清单（2022年版）》中的15项数据安全违法行为

序号	内容
1	落实数据安全保护责任义务及管理措施落实的监督检查
2	开展数据处理活动未依照法律法规的规定,建立健全全流程数据安全管理制度的行政处罚
3	未依照法律法规的规定,组织开展数据安全教育培训的行政处罚
4	未依照法律法规的规定,采取相应的技术措施和其他必要措施,保障数据安全的行政处罚
5	利用互联网等信息网络开展数据处理活动,未在网络安全等级保护制度的基础上,履行第二十七条数据安全保护义务的行政处罚
6	未明确数据安全负责人和管理机构,落实数据安全保护责任的行政处罚
7	未加强风险监测,发现数据安全缺陷、漏洞等风险时,未立即采取补救措施的行政处罚
8	发生数据安全事件时,未立即采取处置措施的行政处罚
9	发生数据安全事件时,未按照规定及时告知用户并向有关主管部门报告的行政处罚
10	对工业和信息化领域重要数据处理者未按照规定对其数据处理活动定期开展风险评估,并向有关主管部门报送风险评估报告的行政处罚
11	对工业和信息化领域重要数据处理者报送的风险评估报告未包括处理的重要数据的种类、数量,开展数据处理活动的情况,面临的数据安全风险及其应对措施等的行政处罚
12	对工业和信息化领域关键信息基础设施的运营者在中华人民共和国境内运营中收集和产生的重要数据的出境安全管理,未落实《中华人民共和国网络安全法》的有关规定的行政处罚

续表

序号	内容
13	对工业和信息化领域非关键信息基础设施运营者的数据处理者在中华人民共和国境内运营中收集和产生的重要数据的出境安全管理,未落实《数据出境安全评估办法》等有关规定的行政处罚
14	对从事工业和信息化领域数据交易中介服务的机构,未要求数据提供方说明数据来源,审核交易双方的身份,并留存审核、交易记录的行政处罚
15	对境内的工业和信息化领域数据处理者未经工业、电信、无线电领域主管机关批准向外国司法或者执法机构提供存储于境内的数据的行政处罚

工信领域数据安全执法持续深入实践,整体工作仍在起步探索阶段。一方面,数据安全违法情形多,不同违法事件造成的后果影响程度差异大,在明确行政处罚种类、幅度等过程中可能产生"畸轻畸重""类案不同罚"等问题。监管执法规则需要不断适应工信领域新技术新业态带来的数据安全违法违规问题,亟须在制度层面对相关行政处罚情形、种类、幅度等内容进行细化,提供裁量基准参考。为进一步衔接细化《数据安全法》相关法则规定,构建行业数据安全行政处罚职权体系,统一数据安全行政处罚尺度,指导行业监管部门开展数据安全行政处罚工作,有效提升数据安全监管执法能力,2023年11月23日,工业和信息化部制定出台了《工业和信息化领域数据安全行政处罚裁量指引(试行)(征求意见稿)》,面向社会公开征求意见。工业和信息化领域数据安全行政处罚工作内容有:首先,明确职责分工,工业和信息化部制定修订工业和信息化领域数据安全行政处罚裁量相关制度规范,指导、监督、实施数据安全行政处罚工作。地方行业监管部门按职责分工分别负责指导、监督、实施本行政区域内工业、电信、无线电领域数据安全行政处罚工作。其次,明确工作原则,行政处罚工作承接《中华人民共和国行政处罚法》《工业和信息化行政处罚程序规定》的工作原则要求,遵循公正、公开,处罚与教育相结合,事实清楚、证据确凿、适用依据正确,程序合法、过罚相当等原则。再次,明确管辖范围,工业和信息化领域数据安全行政处罚由违法行为发生地的行政处罚机关管辖,法律、行政法规、部门规章另有规定的,从其规定。数据安全违法行为发生地包括违法行为人的住所地、实际经营地、网络接入地、取得电信和互联网信息服务相关许可所在地。最后,明确处罚流程,行政机

关在决定是否处罚，处以何种类型、幅度的处罚时，需要综合考虑违法行为的危害后果、事实、性质、情节。《国务院办公厅关于进一步规范行政裁量权基准制定和管理工作的意见》第六条规定，行政处罚裁量权基准要严格依照《中华人民共和国行政处罚法》有关规定，明确不予处罚、从轻处罚、减轻处罚、一般处罚、从重处罚等裁量阶次。行政处罚流程如图5-33所示。

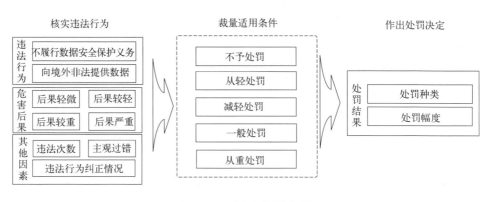

图 5-33　行政处罚流程

执法监管部门加快推动数据安全执法机制建设可考虑从以下方面入手：一是建立工作机制，推动将数据安全纳入行政执法事项清单，建立完善协调联动的执法工作机制。二是人才队伍建设，通过培训考核、执法练兵等持续强化执法人才队伍培养，不断促进执法人员提高专业技能，成为办案能手。三是配套手段建设，加快建立完善数据安全执法取证等技术手段，提高执法科学性、准确性、破解执法难题。四是加强执法实践，通过发布典型执法案例、开展公众警示教育等方式，加强执法实践宣传推广，引导各方知法守法，督促企业依法落实数据保护要求。

六、《工业领域数据安全标准体系建设指南（2023版）》解读

为建立健全工业领域数据安全标准体系，加快弥补关键基础标准短板，强化重点急需标准供给，着力推动标准应用实施和国际标准化工

作，有效支撑工业领域数字化转型，护航数字经济高质量发展，工业和信息化部、国家标准化管理委员会落实《数据安全法》《工业和信息化领域数据安全管理办法（试行）》等法律法规和政策文件要求，2023年12月19日，工业和信息化部、国家标准化管理委员会制定出台了《工业领域数据安全标准体系建设指南（2023版）》（以下简称《指南》），其框架如图5-34所示。

《指南》提出"到2024年，初步建立工业领域数据安全标准体系（图5-34），有效落实数据安全管理要求，基本满足工业领域数据安全需要，推进标准在重点行业、重点企业中的应用，研制数据安全国家、行业或团体标准30项以上。到2026年，形成较为完备的工业领域数据安全标准体系，全面落实数据安全相关法律法规和政策制度要求，标准的技术水平、应用效果和国际化程度显著提高，基础性、规范性、引领性作用凸显，有力支撑工业领域数据安全重点工作，研制数据安全国家、行业或团体标准100项以上。"

《指南》明确了总体框架，以及基础共性、安全管理、技术和产品、安全评估与产业评价、新兴融合领域、工业领域细分行业六个子体系内容。基础共性、安全管理、技术和产品、安全评估与产业评价子体系聚焦工业领域具有共性的数据安全标准，新兴融合领域、工业领域细分行业等两个子体系重点突出特定业务场景的数据安全标准。其中，基础共性标准用于明确工业数据安全术语，包括术语定义、分类分级规则、识别认定、分级防护标准，为各类标准研制提供基础支撑。安全管理标准用于开展数据安全风险监测与应急处置、数据处理安全和组织人员管理，提供了覆盖数据全生命周期的安全管理措施保障。技术和产品标准包括数据分类分级技术和产品、数据安全防护技术和产品、数据行为防控技术和产品、数据共享安全技术和产品标准，建立了工业领域数据安全的技术支撑体系。安全评估与产业评价标准用于支撑工业数据安全评估及数据安全产业评价工作，为相关数据安全评估与产业评价提供了标准依据。新兴融合领域标准旨在解决重点领域的数据安全问题，包括智能制造数据安全、工业互联网数据安全标准。工业领域细分行业标准面向重点工业行业、领域的数据特点和安全需求，制定行业数据安全管理和技术标准规范。

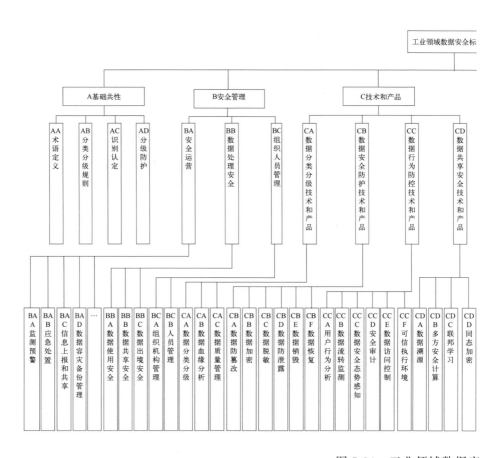

图 5-34 工业领域数据安全

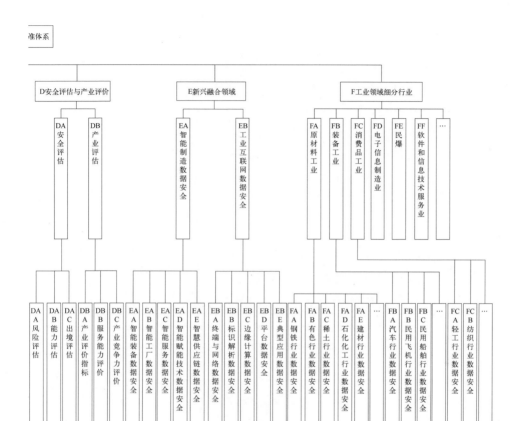

全标准体系框架

第五章 我国工业领域数据安全管理体系

七、《工业领域重要数据识别指南》 YD/T 4981—2024 行业标准解读

为贯彻落实《数据安全法》和国家数据安全工作协调机制重点任务，国家工业信息安全发展研究中心等多家单位研究制定《工业领域重要数据识别指南》，规范指引工业领域相关企业开展重要数据识别备案工作。该标准给出了工业数据处理者开展工业领域重要数据识别的基本原则、流程和考虑因素，适用于工业数据处理者开展工业领域重要数据识别工作，也可为行业监管部门制定工业领域重要数据目录提供参考。主要内容为：

一是规定了工业数据、工业领域、工业数据处理者等术语和定义。

二是规定了识别工业领域重要数据的基本原则，包括聚焦安全影响、突出保护重点、衔接既有规定、综合考虑安全风险、定量定性结合、动态识别复查等。

三是规定了工业领域重要数据识别流程（图 5-35），主要包括数据资产梳理、重要数据识别、内部审批、重要数据目录备案四个阶段。

四是明确了工业领域重要数据识别维度（图 5-36），包括与国家秘密生成相关、与国家安全相关、与行业发展安全相关、与工业领域出口管制物项相关、与行业特色相关、其他情况等六个方面。

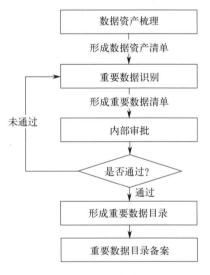

图 5-35 工业领域重要数据识别流程

1.与国家秘密生成相关	2.与国家安全相关
与国家秘密相关的或在生成国家秘密的过程中所使用分析的原始非密数据。	国家经济安全、国家科技安全、国家网络安全、人工智能安全。
3.与行业发展安全相关	4.与工业领域出口管制物项相关
行业竞争性或产业核心竞争力、行业供应链安全、行业经济运行、行业生产安全管控、行业绿色发展。	核心技术、设计方案、生产工艺、制作方法、源代码等。
5.与行业特色相关	6.其他情况
结合工业细分行业数据特点，包括但不限于钢铁行业、有色金属行业、石化化工、装备工业、消费品工业、电子信息业、软件和信息技术服务业等。	达到一定数量或影响一定范围的个人信息；严重影响国家安全、社会稳定、工业经济运行、工业生产安全等；涉及多个行业、区域或者行业内多个企业；影响持续时间长，严重影响行业发展、技术进步和产业生态。

图 5-36　工业领域重要数据识别维度

八、《工业企业数据安全防护要求》 YD/T 4982—2024 行业标准解读

为推进工业企业数据安全防护能力建设，落实企业工业数据安全主体责任，明确不同安全级别的工业数据分级防护要求，国家工业信息安全发展研究中心等多家单位研究制定《工业企业数据安全防护要求》，规定了工业企业数据安全防护的管理要求和全生命周期保护要求，针对不同安全级别的工业数据确立分级防护的原则。本标准可支撑工业企业开展数据安全保障管理、数据全生命周期安全防护、数据分级安全防护等工作，可为工业企业构建数据安全管理体系，完善数据安全保护制度，实现针对不同重要和敏感程度的数据采取适当的管控和保护措施，解决工业企业的数据安全管理制度不充分、数据安全分级保护要求不明确、数据安全防护工作不全面等问题，为保障工业企业数据安全合规、提高数据风险管理能力提供建设方案，从而进一步确保数据的充分开发利用，实现业务和安全的平衡，同时也有助于企业应对各类业务场景下的网络安全与数据合规义务。

标准围绕工业企业数据安全管理和数据全生命周期各环节，细化防护范围及内容，从工业企业一般数据、重要数据、核心数据安全方面提出防护要求。企业的数据安全管理要求方面，包括安全管理制度、组织

机构、人员保障、权限管理、系统与设备安全管理、供应链安全管理、安全评估、日志留存和审计、监测预警、信息共享与应急处置等方面。覆盖数据全生命周期安全防护方面，包括数据收集、存储、加工使用、传输、提供、公开、销毁、出境、转移、委托处理等各个环节。

《工业企业数据安全防护要求》标准内容架构如图 5-37 所示。

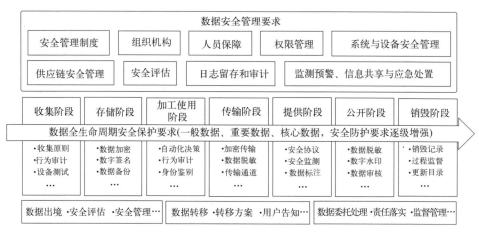

图 5-37 《工业企业数据安全防护要求》标准内容架构

九、《工业领域数据安全风险评估规范》（报批稿）行业标准解读

针对工业领域数据安全法合规性评估需求，为明确不同安全级别的工业数据安全风险评估指标，推进工业领域的数据安全风险评估工作，国家工业信息安全发展研究中心等多家单位研制《工业领域数据安全风险评估规范》。该标准提出工业领域数据安全风险评估流程，针对不同安全级别的工业数据开展数据安全风险评估，可支撑有关第三方组织针对工业领域重要数据和核心数据处理者在中华人民共和国境内开展的数据处理活动实施数据安全风险评估，也可用于指导工业领域重要数据和核心数据处理者开展自评估工作。该标准补充数据安全风险评估相关标准体系存在的空缺，解决工业领域分级评估要求不明确的问题，从而满足工业领域数据安全风险评估方法论和评估指标建设的迫切需求，推进

数据安全政策和法律法规的落地实施，确保数据安全风险可控在控，对切实维护国家主权、国家安全和社会发展利益等方面具有重大意义。

该标准明确工业领域数据安全风险评估的原则和内容，提出评估的流程和方法，指导数据处理者针对数据处理活动的目的和方式、安全保障措施、风险影响等要素，从数据资产和数据处理活动梳理分析、合规性评估、安全风险分析三个步骤开展评估工作。评估内容主要包括：评估数据处理目的、方式、范围是否合法、正当、必要；评估数据安全管理制度、流程策略的制定和落实情况；评估数据安全组织架构、岗位配备和职责履行情况；评估数据安全技术防护能力建设及应用情况；评估数据处理活动相关人员的数据安全意识、知识技能、从业背景情况；评估发生数据遭到篡改、破坏、泄露、丢失或者被非法获取、非法利用等安全事件，对国家安全、公共利益的影响范围、程度等风险；涉及数据提供、委托处理、转移的，数据提供方、接收方的安全保障能力、诚信守法和责任义务约束情况；涉及国家法律法规中规定需要申报的数据出境情形的，履行数据出境自评估要求落实情况。

《工业领域数据安全风险评估规范》内容架构如图5-38所示，风险评估流程如图5-39所示。

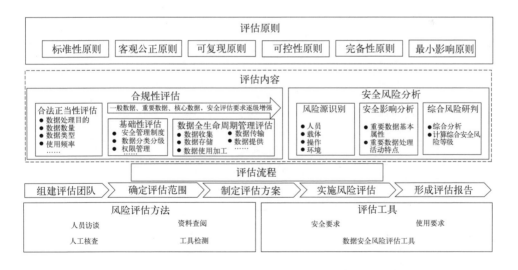

图5-38 《工业领域数据安全风险评估规范》内容架构

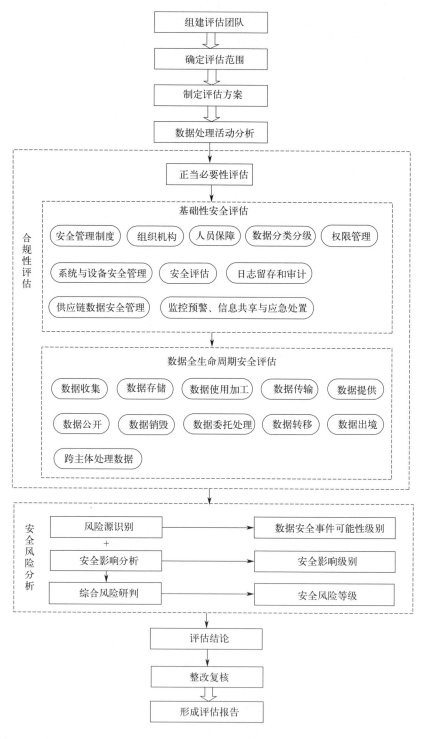

图 5-39 风险评估流程

第六章

我国数据安全产业发展

发展数据安全产业对于提高各行业各领域数据安全保障能力，加速数据要素市场培育和价值释放，夯实数字中国建设和数字经济发展基础有着重要意义。党的十八大以来，国家数据安全工作协调机制正式建立，数据安全被赋予新的时代意义，发展数据安全产业既是数字经济社会发展趋势使然，也是新时代使命使然。

一、《关于促进数据安全产业发展的指导意见》解读

随着数字化进程的加速，各行业对数据安全产品和服务的需求不断增长，推动数据安全产业成为拉动经济增长的新引擎。为进一步明确数据安全产业的发展方向和战略目标，加速数据要素市场的培育和价值释放，2023年1月3日，工业和信息化部、国家互联网信息办公室、发展改革委等16部门联合发布了《关于促进数据安全产业发展的指导意见》（以下简称《指导意见》）。

《指导意见》作为数据安全产业顶层政策文件，发挥着链接当前数据安全宏观法律框架与具体产业实践的桥梁作用。一是贯彻《数据安全法》和落实国家数据安全工作协调机制工作部署。坚持统筹发展和安全，构建数据安全产业顶层制度，为产业发展创造良好的政策环境，鼓励支持各方加大投入，共同做大做强数据安全产业。二是明确数据安全产业发展任务。聚焦数据安全保护和开发利用两类需求，多维度、分层

次明确产业发展主要任务,从供给侧为保障国家数据安全提供技术、产品和服务支撑。三是营造数据安全产业发展生态。加强标准体系建设、专业人才培养等工作,营造良好的发展环境,保障产业健康、可持续发展。

《指导意见》聚焦数据安全保护及相关数据资源开发利用需求,主要包括以下内容:

第一,提出促进数据安全产业发展的总体要求与发展目标。《指导意见》以习近平新时代中国特色社会主义思想为指导,提出了数据安全产业发展的总体要求,明确了到2025年和2035年的发展目标。到2025年,数据安全产业基础能力和综合实力将明显增强,产业规模将超过1500亿元,年复合增长率超过30%,并建成一批省部级及以上数据安全重点实验室,打造多个重点行业领域的典型应用示范场景。到2035年,数据安全产业将进入繁荣成熟期,数据安全关键核心技术、重点产品发展水平和专业服务能力将达到世界先进水平。

第二,明确了数据安全产业的范围,与网络安全产业的区别。数据安全产业是为保障数据持续处于有效保护、合法利用、有序流动状态提供技术、产品和服务的新兴业态,既要满足数据处理者履行数据安全保护责任义务的需要,也要满足促进数据资源开发利用、激活数据要素价值的需要。数据安全产业聚焦数据全生命周期安全保护和开发利用的需求,支持相关技术、产品和服务的研究开发。网络安全产业主要从保护数据存储、处理、传输等载体的角度,实现对网络数据完整性、机密性、可用性保护,主要包含网络边界防护、计算环境防护等方面的技术、产品和服务。

第三,围绕产业本身要做什么,明确了提升产业创新能力、壮大数据安全服务、推进标准体系建设和推广技术产品应用四项重点任务。

(1)提升产业创新能力方面。一是技术创新。支持科研机构、高等院校、企业等主体共建高水平的重点实验室、研发机构、协同创新中心等,围绕新计算模式、新网络架构和新应用场景,加强数据安全基础理论研究,攻关突破数据安全基础共性技术、关键核心技术、前沿革新技术。二是产品创新。鼓励数据安全企业紧密围绕产业数字化和数字产业化过程的数据安全保护需求,优化升级传统数据安全产品,创新研发新兴融合领域专用数据安全产品；面向重点行业领域特色需求、中小企业个性化需求，以及数据开放共享、数据交易等开发利用场景，加快适用产品研发；加强数据安全产品与基础软硬件的适配发展，增强数据安全内生能力。三是服务创新。鼓励数据安全企业、第三方服务机构由提供技术产品向提供服务和解决方案转变，发展壮大数据安全规划咨询、建设运维、检测评估与认证、权益保护、违约鉴定等服务，推进数据安全服务云化、一体化、定制化等服务模式创新。

（2）壮大数据安全服务方面。一是繁荣数据安全服务市场，支持数据安全服务机构加强基础理论研究、核心技术攻关和产品创新应用，推动服务向规模化、专业化方向发展。二是发展数据安全规划咨询与建设运维服务，提供合规风险把控、数据资产管理、安全体系设计等规划咨询服务，以及系统集成、监测预警、应急响应等建设运维服务。三是积极发展检测、评估、认证服务，建立数据安全检测评估体系，培育第三方检测、评估等服务机构，支持开展数据安全技术、产品、服务和管理体系认证。

（3）推进标准体系建设方面。《指导意见》鼓励加强数据安全产业重点标准供给，推动标准国家化，提升我国在国际数据安全标准制定中的话语权。

（4）推广技术产品应用方面。一是积极拓展产业合作渠道，建设数据安全产业公共服务平台，组织数据安全产业会议、展览、赛事、学术研讨、产业沙龙等活动，促进数据安全企业与数据处理者强化交流合作，推动供需精准对接和产业信息共享。二是支持数据安全企业深度分析工业、电信、交通、金融、卫生健康、知识产权等领域数据处理者的合规需求和保护需求，梳理典型应用场景，发展、提升相关产品和服务的功能性能，特别是面向重点行业领域、新型应用场景及中小企业特色需求，开发适用性产品或解决方案。三是引导数据处理者围绕落实《数据安全法》和行业数据安全管理要求，梳理自身数据安全保护需求，科学合理制定数据安全保护规划，持续强化数据安全保护能力；同时，与数据安全企业加强互动反馈，以数据安全最新需求牵引技术产品和服务的迭代升级。四是鼓励各地区规划建设数据安全创新应用先进示范区，组织本地区相关单位和企业部署应用数据安全保护产品，对特点鲜明、成效显著的产品和解决方案予以推广，形成示范效应。

第四，围绕以什么为抓手，明确了构建产业繁荣生态、强化人才供给保障和深化国际交流合作三项重点任务。

（1）构建产业繁荣生态方面。一是加快推动国家数据安全产业园区、数据安全创新应用先进示范区、数据安全重点实验室等创新载体规划建设，促进形成产业发展集聚效应，并加快数据安全产业公共服务平台等基础设施建设。二是构建融通发展企业体系，共同打造完整、协同、稳定的数据安全产业链，并鼓励企业在技术创新、产品研发、应用推广、高端人才等方面深化交流合作，促进形成创新链、产业链优势互补，资金链、人才链资源共享的合作共赢关系。三是持续优化产业生态环境，强化数据安全配套政策支持与引导，加快数据安全产业标准体系建设，推动产业科技成果转移转化，并发展数据安全保险等配套服务，加强数据安全产业政策国际交流合作。

（2）强化人才供给保障方面。一是基础教育方面，推动普通高等院校和职业院校加强数据安全相关学科专业建设，强化课程体系、师资队伍和实习实训等。二是职业教育方面，制定颁布数据安全工程技术人员国家职业标准、实施数字技术工程师培育项目，并鼓励科研机构、普通高等院校、职业院校、优质企业和培训机构产教融合、协同育人。三是人才选拔、培养和激励机制方面，开展职业资格评价、职业技能等级认定、专项职业能力考核等工作，推广优质数据安全培训项目，打通人才供给通道。四是人才引进方面，鼓励企业择优引进海外优质人才与创新团队，扩充数据安全人才力量。

（3）深化国际交流合作方面。深化国际交流合作是提升我国数据安全产业国际竞争力、促进数据跨境流动的重要手段。通过国际合作，能够引入先进技术和经验，推动我国数据安全产业与国际接轨，提升全球影响力。主要通过加强国际产业合作、推动数据跨境流动合作、鼓励国际创新合作三方面实现。

最后，为保障《指导意见》落地，切实推动产业健康发展，提出加强组织协调、加大政策支撑和优化产业发展环境三方面保障措施。

二、数据安全产业发展现状

随着《指导意见》的颁布实施，我国数据安全产业迎来了蓬勃发展的新阶段，市场规模持续扩大。近三年来，数据安全市场的增速分别达到了32.7%、33.2%和35%，这一增长速度不仅显著高于网络安全市场的整体水平，也充分展现了数据安全产业在数字经济中的重要地位和强劲发展动力。

在这一背景下，《指导意见》对数据安全产业的概念和范围进行了明确界定。数据安全产业被定义为"为保障数据持续处于有效保护、合法利用、有序流动状态提供技术、产品和服务的新兴业态"。这一定义不仅清晰地指出了数据安全产业的核心要素——数据安全技术、产品和服务，也强调了其在数字经济中的关键作用。同时，数据安全人才培养作为构建数据安全产业生态的核心基础，正发挥着至关重要的作用。通过专业化、多层次的人才供给，为技术创新、产品研发及合规应用提供了持续动力。这不仅满足了产业发展的内生需求，也为国家的数据安全战略提供了坚实的人才保障。专业化的人才培养体系，确保了数据安全产业在技术创新和合规应用方面的持续进步，从而推动整个产业向更高水平发展。

（一）技术产品体系迅速迭代升级

数据安全技术产品最初是网络安全技术产品的一个分支，随着数字经济的发展和信息技术的演进，逐渐形成一套独立的技术体系。根据国际数据公司IDC发布的中国数据安全技术发展路线图，数据访问控制、数据加密、数据防泄露等传统数据安全技术持续迭代演进，产品体系成熟度不断提升。从技术内涵来看，围绕数据的全生命周期安全防护与监测，数据安全技术涵盖数据资产管理、数据分级防护、数据安全监测检测和数据开发利用等类型。其中，数据资产管理技术聚焦数据资产的全生命周期治理，通过分类分级、权属确权及合规管理，建立数据资产的全局可见性和可控性；数据资产防护技术通过主动防御技术防止数据泄露、篡改或滥用；数据安全监测检测技术则通过实时监控与威胁感知技术，发现异常数据流动和潜在风险；数据开发利用技术则在保障安全的前提下释放数据价值，平衡数据利用与隐私保护。目前，数据安全技术产品体系不断完善，市场主流数据安全产品覆盖数据资产管理、数据资产防护、数据处理行为保护、数据开发利用及综合平台等类型，但在工业领域，技术产品体系建设仍存在分类维度不统一、颗粒度不一致等问题，还需进一步聚焦数据安全保护要求优化、完善技术产品体系。

（二）服务供给模式发生转变

"产品＋服务"的供给模式是数据安全自身特性使然，数据安全服务已成为安全企业的重要业务板块。结合调研情况，数据安全服务的重点布局为安全合规、体系建设、分类分级，仅通过产品的交付已不能完全满足当前数据安全建设的需求。大量数据安全厂商已布局数据安全服务业务，深入业务场景提供数据安全服务，供应侧的主要服务内容集中在数据安全合规咨询服务、数据安全合规评估服务、数据安全管理制度体系建设服务、数据分类分级服务等方面。面向工业领域，服务种类主要集中在工业数据安全评估、工业数据安全治理体系建设、工业数据安全咨询、工业数据安全防护策略设计、工业数据安全培训、安全演练等，服务对象涉及医药、汽车、石油石化、钢铁、制造类、电力等行业领域。

（三）人才培养成为迫切需求

数据安全人才培养是壮大数据安全产业的基石。党中央、国务院高度重视人才工作，数据安全作为当前技术创新发展的前沿领域，人才需求大、要求质量高、培养任务重。数字经济的健康快速发展亟需数据安全人才，数据已成为新型生产要素，数据安全成为影响国家安全和经济社会发展的战略性议题。《数据安全法》和《网络数据安全管理条例》等法律法规对数据安全人才培养作出了工作部署和安排。然而,我国数据安全人才供需矛盾突出:一是人才缺口大,数据安全属专业技术领域,所需人才的专业性较强,但目前我国高等教育数据安全相关专业分散,专门的数据安全学科专业近乎空白,人才缺口预估高达数十万,而每年相关专业高校毕业生规模不到 2 万人,且只有不到 10% 的人才直接进入专业对口领域工作;二是人才培养难度大,数据安全人才需具备技术、法律、数据治理等多方面知识和实践经验,目前人才培养体系尚不健全,缺乏权威统一的培训、认证、考核评价标准;三是工业领域数据安全人才队伍建设存在从业人员短缺、规模总量不足、能力要求不断提高、人才培养机制有待完善等发展瓶颈。加快构建涵盖基础学科教育、意识和技能培训、校企联合培养等多方位的数据安全人才培养体系,已成为推动数据安全产业发展的重要任务。

2023 年 3 月 20 日,根据《中华人民共和国劳动法》《中华人民共和国职业教育法》有关规定,人力资源社会保障部、国家互联网信息办公室、工业和信息化部共同制定了数据安全工程技术人员国家职业标准。其中,数据安全新职业纳入中华人民共和国职业分类大典。网络与信息安全管理员职业包含但不限于下列工种:网络安全管理员、信息安全管理员、网络信息审核员、数据安全管理员、网络安全咨询员、关键信息基础设施安全监测防护技术员。数据安全工程技术人员为从事数据安全需求分析挖掘、技术方案设计、项目实施、运营管理等工作的工程技术人员。

为推动数据安全人才培养更加体系化、规范化、专业化,打造结构合理、能力扎实的高水平人才队伍,为各行业、各领域提供数据安全人才保障,考虑将数据安全工作任务按照工作活动与管理、技术相关程度,分为管理类、技术类和评估类。不同类别的工作任务赋予不同角色,形成数据安全岗位。数据处理者可建立数据安全工作目标,明确数据安全工作任务,确立数据安全工作角色,设立数据安全工作岗位,培养具有数据安全素养(或数据安全意识)、数据安全知识、数据安全技能的岗位人员开展工作。数据安全工作目标、工作任务、工作岗位、能力之间的关系如图 6-1 所示。

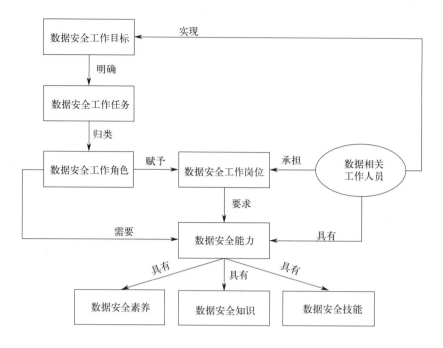

图 6-1 数据安全工作目标、工作任务、工作岗位、能力之间的关系

三、各地方数据安全产业发展现状

（一）产业政策体系不断完善

当前，数据安全产业政策正在逐步完善，形成了多层次、立体化的政策体系。2020年以来，我国数据安全政策法规密集出台，为数据安全产业提供了坚实的法治基础。《网络安全法》指出："国务院和省、自治区、直辖市人民政府应当统筹规划，加大投入，扶持重点网络安全技术产业和项目，支持网络安全技术的研究开发和应用，推广安全可信的网络产品和服务，保护网络技术知识产权，支持企业、研究机构和高等学校等参与国家网络安全技术创新项目。"《数据安全法》强调："国家支持数据开发利用和数据安全技术研究，鼓励数据

开发利用和数据安全等领域的技术推广和商业创新，培育、发展数据开发利用和数据安全产品、产业体系。"《网络数据安全管理条例》第四条明确："国家鼓励网络数据在各行业、各领域的创新应用，加强网络数据安全防护能力建设，支持网络数据相关技术、产品、服务创新，开展网络数据安全宣传教育和人才培养，促进网络数据开发利用和产业发展。"同时，各地政府也积极响应，根据自身实际情况出台了相应的数据安全产业政策，如山东省工信厅联合省委网信办、省教育厅、省科技厅、省国资委、省市场监管局、省大数据局共同制定印发《山东省数据安全产业发展实施方案（2023—2025年）》，为推动山东省数据安全产业高质量发展、打造产业新优势强化政策引领。云南省工信厅印发云南省移动通信设备产业高质量发展政策支持文件，明确提出发展5G网络安全和数据安全产业，支持省内企业创新商业模式，开拓东南亚信息安全市场等，这些政策在数据安全保护、数据开发利用、数据安全产业市场培育等方面各有侧重，体现了地区间的差异性和针对性。预计未来，随着数字经济的不断发展，数据安全将越来越成为国家和社会关注的焦点，将有更多的地区出台数据安全产业政策，以加强数据安全管理和保护，促进数据资源的合理开发和利用，共同推动数字经济的高质量发展。

（二）产业园区建设积极推进

近年来，我国积极推动数据安全产业园区建设，以促进产业集聚发展。数据安全产业园区的建设将推动企业、技术、资本、人才等要素向园区集中，逐步形成多点布局、以点带面、辐射全国的发展格局。目前，各地区正在积极结合自身的产业基础和优势，打造具有综合竞争力的高端化、特色化数据安全产业集群。

北京市争做创新引领与产业聚集的先行者，截至2023年，北京市网络与数据安全产业规模占全国50%以上，聚集近千家网络安全企业，包括奇安信、启明星辰等头部企业，形成了涵盖芯片、操作系统、安全服务的全产业链，关注数据安全管控平台、隐私计算等技术研发，探索政府与企业的数据协同治理模式。依托国家政策优势，重点推动数据共享交易、跨境传输及个人隐私保护等场景的技术突破，计划在"十五五"期间打造国家级数据安全实验室。

广东省（粤港澳大湾区）聚焦跨境协同与规则创新，率先探索粤港澳三地数据跨境流动规则，建立数据安全协同治理体系，广州、深圳依托丰富的数字经济场景吸引企业入驻。据统计，2023年广东省数据安全产业增速超20%，深圳南山区已形成以硬件加密、工业互联网安全为核心的产业集群。

浙江省在数字交通、智慧医疗等领域开展数据安全试点，例如基于区块链的物流数据可信共享和医疗数据脱敏分析平台，并聚集安恒信息、迪普科技等企业，重点发展工业互联网安全、云原生数据防护技术，建设省级数字安全产业基地，评选数字化改革网络安全优秀案例，在杭州、宁波等地形成以数据安全管控平台、AI安全分析为主的技术生态。

河南省郑州市依托《关于完善数据流通安全治理的实施方案》，2024年获批创建国家数据安全产业园，重点吸引数据安全服务商和数据标注企业，结合本地制造业基础，推动工业数据安全防护技术与智能工厂场景融合，形成覆盖数据分类分级、隐私计算、安全监测的全链条能力，规划建设数据安全技术验证中心和人才实训基地，成为政策赋能与园区创建的新兴力量。

东部地区数据安全产业规模占全国65.4%，上海、江苏等地形成以安全芯片、数据库审计为核心的细分领域优势。同时，长三角地区建立数据安全产业联盟，推动跨区域技术标准互认，多地出台"首席数据官"制度，强化数据治理能力，例如江苏省要求规上企业2025年前实现首席数据官全覆盖。

（三）产业活动形式多样

随着《指导意见》的深入实施，全国各地正如火如荼地推进数据安全产业活动，各级政府与企业紧密合作，创新活动形式，力求将数据安全理念与本地特色产业深度融合。从举办数据安全高峰论坛到开设专题培训班，从建立数据安全示范园区到推广本地化数据安全解决方案，一系列举措不仅增强了社会各界对数据安全的重视，也促进了数据安全技术的研发与应用。这些活动不仅提升了本地企业的数据防护能力，还带动了数据安全服务、产品研发等相关产业链的快速发展，形成了数据安全产业与传统产业相互促进、共同提升的良好局面。在此背景下，数据安全产业呈现出蓬勃发展的态势，为数字经济的健康、可持续发展奠定了坚实的基础。例如，辽宁省等地方工信主管部门组织开展工业互联网一体化进园区"百城千园行"活动，以"工赋园区数智未来"为主题，推动数据安全向市县、向园区落地普及，提升市县和园区数据安全服务质量。重庆市网络与数据安全产业大会围绕构建网络与数据安全产业大生态、网络与数据安全产业生态合作、软件供应链安全等主题进行研讨交流，签约数字经济项目22个，总投资100.72亿元。中国国际数字经济博览会围绕工业互联网数据安全治理、构建安全可信网络基础设施等方面进行交流，对工业互联网背景下数据安全与治理方向等前沿问题展开讨论，举办网络和数据安全产业大会，发布一系列网络和数据安全领域最新技术产品。第二届"数信杯"数据安全大赛吸引了来自全国各地的2000余支优秀战队，5000余名数据安全人才报名参赛，覆盖电信、互联网、金融、医疗、能源、工业、政务、安全等重要行业单位和院校、科研机构、安全厂商及数据安全个人爱好者等，形成"以赛促学、以赛促教、以赛促用、以赛促建"的良好氛围，为数据安全产业发展挖掘培养人才。

实践篇：责无旁贷，准确履行数据安全保护之责

第七章

数据安全合规体系建设指引

企业是经济高质量发展的重要载体，发挥着中坚力量作用。近年来，数字化、网络化、智能化成为企业高质量发展的动力和活力，在推动数据高速流通的同时，对数据安全提出了更高要求。在新时期充分把握数据安全工作重点和方式方法、提高数据安全保护能力，是企业促进数据要素安全有序流动和价值释放的内在要求，也是实现企业高质量发展的基础和前提。本章聚焦我国现有数据安全领域法律法规体系，以及工信领域行政规范性文件、配套行业标准，明确数据安全合规建设依据及要求。

一、概述

为引导工业和信息化领域数据处理者合法合规开展数据处理活动，履行数据安全保护义务，保障数据安全，保护个人、组织的合法权益，维护国家主权、安全和发展利益，根据我国现行数据安全法律法规以及工业和信息化领域相关政策标准，制定本指引。数据安全合规体系框架如图 7-1 所示。

数据安全合规建设依据：《中华人民共和国国家安全法》《中华人民共和国数据安全法》《中华人民共和国网络安全法》《中华人民共和国个人信息保护法》《网络数据安全管理条例》《促进和规范数据跨境流动规定》《数据出境安全评估办法》《个人信息出境标准合同办法》《个人信

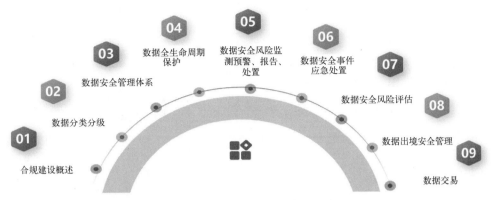

图 7-1 数据安全合规体系框架

息保护认证实施规则》《工业和信息化领域数据安全管理办法（试行）》《工业和信息化领域数据安全风险评估实施细则（试行）》《工业和信息化领域数据安全事件应急预案（试行）》《数据安全技术 数据分类分级规则》《信息安全技术 信息系统密码应用基本要求》《工业领域重要数据识别指南》《工业企业数据安全防护要求》《工业领域数据安全风险评估规范》《电信领域重要数据识别指南》《电信领域数据安全分级保护要求》《电信领域数据安全风险评估规范》等文件，如表 7-1 所示。

表 7-1 数据安全合规建设依据

序号	类别	名称
1	法律法规	《中华人民共和国国家安全法》
2		《中华人民共和国数据安全法》
3		《中华人民共和国网络安全法》
4		《中华人民共和国个人信息保护法》
5		《网络数据安全管理条例》
6	规范性政策文件	《促进和规范数据跨境流动规定》
7		《数据出境安全评估办法》
8		《个人信息出境标准合同办法》
9		《工业和信息化领域数据安全管理办法(试行)》
10		《工业和信息化领域数据安全风险评估实施细则(试行)》
11		《工业和信息化领域数据安全事件应急预案(试行)》
12		《个人信息保护认证实施规则》

续表

序号	类别	名称
13	标准规范	《数据安全技术 数据分类分级规则》
14		《信息安全技术 信息系统密码应用基本要求》
15		《工业领域重要数据识别指南》
16		《工业企业数据安全防护要求》
17		《工业领域数据安全风险评估规范》
18		《电信领域重要数据识别指南》
19		《电信领域数据安全分级保护要求》
20		《电信领域数据安全风险评估规范》

二、数据分类分级

（一）数据调研

定期对本单位数据情况，以及数据安全管理制度、组织架构、人员配备、技术防护、风险监测能力等内容进行现状调研，明确当前所处数据安全管理水平，明晰数据安全保护薄弱环节，为进一步做好数据安全工作提出工作举措。

（二）数据梳理

（1）每年对本单位数据至少开展一次全面梳理，形成数据清单，并跟踪维护。数据清单包含数据类型、级别、规模、处理方式、存储位置、用途、出境情况、共享应用情况等内容。

（2）梳理过程中，可综合考虑业务规模、种类，数据数量、种类，涉及系统的复杂程度等因素，组建由管理层、数据安全管理责任部门、数据所属部门（包括职能部门和业务部门）等人员组成的工作团队，制订工作计划，分解任务，全面、系统梳理数据。

（3）建立数据清单的例行维护机制，对数据变更的跟踪、审核和更新进行动态管理。

（三）数据分类

按所属行业要求、特点、业务需求、数据来源和用途等，对数据进行分类，具体可采取"所属行业—业务领域—业务特点（属性）—细化业务特点（属性）"的分类方式制定数据分类规则。

（1）工业领域可分为研发数据域（研发设计数据、开发测试数据等）、生产数据域（控制信息、工况状态、工艺参数、系统日志等）、运维数据域（物流数据、产品售后服务数据等）、管理数据域（系统设备资产信息、客户与产品信息、产品供应链数据、业务统计数据、人事财务数据等）、外部数据域（与其他主体共享的数据等）等。

（2）电信数据分类可分为网络规划运维数据域（网络规划建设、网络运行维护等）、安全保障数据域（网络与数据安全保障、物理安全保障、应急通信保障等）、经济运行与业务发展数据域（发展战略与重大决策、关系国家安全和公共利益的非公开统计数据等）、关键技术成果数据域（涉及电信领域出口管制物项相关数据，重大科技成果、国家科技计划等活动中产生的先进技术数据等）等。

可结合自身业务特点进一步细化三、四级数据分类。

（四）数据分级

工业和信息化领域数据分为一般数据、重要数据和核心数据三级，具体数据分级步骤如下：

1. 一般数据识别

结合本单位业务情况及业务经营管理需求，可对一般数据进行进一步细化分级。

2. 重要数据识别

工业领域重要数据从国家秘密生成、国家安全、行业发展安全、出口管制物项、行业特色以及其他共 6 个维度进行识别。具体识别规则可参照《工业领域重要数据识别指南》。

电信领域重要数据从反映信息系统重要程度、影响行业发展程度、科技成果先进程度数据,以及人群覆盖程度等维度进行识别。具体识别规则可参照《电信领域重要数据识别指南》。

3. 核心数据识别

核心数据识别由行业监管部门审核确定。

(五)目录报备

(1)完成全部重要数据识别工作后,根据识别结果规范填写重要数据目录备案表。备案表主要包括数据基本情况、责任主体情况、数据处理情况、数据安全情况等信息。

(2)按工作部署要求主动报送重要数据目录,如每年 8 月 30 日前向地方行业监管部门报送重要数据目录。

(3)如重要数据目录未获得地方行业监管部门审核认定,则按要求修改完善目录后重新报备,或者重新开展重要数据识别和目录报送工作。

(4)根据地方行业监管部门审核认定的重要数据目录,按要求开展保护。

(六)目录动态更新

发生下述情形之一时,在发生变化的三个月内向地方行业监管部门履行备案变更手续,更新目录备案表,说明具体情况。

(1)重要数据和核心数据的类别或规模(条目数量或者存储总量)变化 30% 以上。

(2)其他备案内容发生重大变化的,如变更重要数据和核心数据的详细描述、数据安全风险评估情况、数据安全负责人等。

（3）销毁、转移重要数据和核心数据。

在上述工作中，可根据自身业务发展需要，安排聘请技术专家、第三方咨询机构参与、指导数据梳理、数据分类分级、目录备案管理等工作，确保结果的准确度、规范性。

三、数据安全管理体系

（一）数据安全组织架构

1. 一般数据处理者

（1）配备数据安全管理责任部门

明确数据安全管理责任部门，配备熟悉数据安全相关法律法规、专业技术知识等的专职或兼职数据安全管理人员。

数据安全管理责任部门负责统筹本单位数据处理活动的安全监督管理，可独立设置，也可结合实际情况由职责相近的有关部门负责，主要承担以下职责：

第一，组织制定本单位数据安全管理制度规范与工作计划，并推动其有效实施。

第二，统筹实施、指导数据安全管理工作，并对数据安全管理情况进行评估与检查。

第三，为单位内相关职能部门提供数据安全咨询与支持。

第四，及时向管理层报告数据安全重大风险和数据安全工作落实情况。

第五，对行业监管部门开展监管执法工作予以积极配合。

第六，与其他数据所属部门协同，确保数据安全管理工作的全面性与有效性。

（2）开展数据安全教育与培训

定期组织或协助相关部门开展数据安全培训，每年至少开展一次。

结合业务经营需求制定数据安全培训计划，明确培训内容、频率、人员、时长、考核要求等。

培训范围包括数据安全管理、评估、审计以及系统开发运维、业务运营、客户服务等人员。

培训内容包含岗位内数据安全有关职责、数据安全法规、本单位数据安全制度规范及工作计划、数据安全领域知识技能、数据安全保护意识和责任义务等。

2. 重要数据和核心数据处理者

（1）明确领导责任

本单位法定代表人或者主要负责人是数据安全第一责任人，领导团队中分管数据安全的成员是直接责任人。

数据安全第一责任人主要负责单位内数据安全管理制度的构建和运行，提供必要的资源保障和条件支持，牵头特别重大数据安全事件应急处置等。

数据安全直接责任人主要负责：

第一，确立符合本单位战略方向的数据安全方针和目标。

第二，保障数据安全管理责任部门具备独立履行职责的能力与权限。

第三，审批单位内重大数据安全合规事项。

第四，确保将数据安全管理要求融入单位内的业务过程。

第五，解决数据安全工作中的关键问题，确保本单位数据安全工作顺利进行。

第六，确保建立有效的数据安全违规举报与惩处机制。

（2）建立数据安全工作架构

设置数据安全管理责任部门并配备至少一名熟悉数据安全相关法律法规、专业技术知识等的数据安全专职人员，建立健全覆盖数据安全管理责任部门以及研发设计、生产制造、经营管理、运行维护、外部服务、采购、销售、审计、法务等相关部门的数据安全工作体系。

数据安全管理责任部门主要负责：

第一，组织制定单位内数据安全管理制度规范与工作计划，并推动其有效实施。

第二，统筹实施数据安全管理工作，并对数据安全管理情况进行评估与检查。

第三，建立数据安全举报与调查机制，对数据安全合规举报制定调查方案并开展调查。

第四，定期组织或协助相关部门开展数据安全培训，为单位内相关部门提供数据安全咨询与支持。

第五，向数据安全直接责任人报告数据安全重大风险和相关工作落实情况。

第六，对行业监管部门开展监管执法工作予以积极配合。

第七，与其他数据所属部门协同，确保数据安全管理工作的全面性与有效性。

单位内开展数据处理的各职能与业务部门配合数据安全相关管理工作，具体职责如下：

第一，结合单位内数据安全管理制度规范和工作指引，明确本部门日常数据处理活动的全生命周期要求和具体工作机制。

第二，确保本部门员工遵守数据安全制度规范，履行数据安全义务。

第三，配合数据安全责任部门开展监督检查、风险评估、整改等各项工作。

第四，密切监测日常数据处理工作中的数据安全风险，并采取适当的安全保护措施。

第五，当发现数据处理活动存在较大数据安全风险或者发生数据安全事件时，及时向数据安全管理责任部门报告，并配合采取应急处置和整改措施。

（3）设置关键岗位和职责

将处理重要数据和核心数据的操作人员，关键业务系统、平台管理人员及设备运维人员，高操作权限的管理人员（如负责审批重要数据和核心数据对外提供、委托处理、出境等环节，以及数据批量导出导入、跨法人主体传输等人员）等设定为关键岗位，明确岗位职责。

要求关键岗位人员签署数据安全责任书，责任书内容包括但不限于数据安全岗位职责、义务、处罚措施、注意事项等内容。

要求关键岗位离职人员签订保密承诺书，继续履行不泄露本单位数据的责任义务。

（4）开展数据安全教育与培训

可在满足一般数据处理者要求的基础上，对培训内容、频率、时长、考核要求等进行强化。

（5）开展背景调查

若单位内掌握行业监管部门规定的特定种类、规模重要数据，需对数据安全第一负责人、数据安全直接责任人和关键岗位的人员开展安全背景审查。

（二）数据安全管理制度

依照法规政策规定，结合所属行业领域的数据特征、数据处理场景等，建立健全覆盖数据全生命周期的差异化数据安全管理制度，涵盖本单位数据安全管理、数据分类分级、数据全生命周期保护管理、数据安全风险评估、数据容灾备份与恢复、数据安全应急处置、数据跨境安全传输、数据合作协议规范、个人信息保护管理、合作方管理等有关要求。

对重要数据与核心数据实施更加严格的制度管理和操作规范，设置更为严格的数据处理权限、建立内部登记审批机制，采取记录访问和操作留痕等方式，强化重要数据与核心数据的安全保障。

（三）权限管理

1. 一般数据处理者

第一，制定数据访问处理权限管理制度。明确数据权限分配、开通、使用、变更、注销等要求和审批流程，避免出现越权访问、下载、复制、修改数据等行为。

第二，严格实施人员权限管理，按照最小授权原则合理确定数据访问与操作权限、分配账号权限，仅在完成职责所需的范围内授予特定人员最小必要的数据操作权限。建立并定期更新权限分配情况台账，确保权限到人。

第三，合理界定相关人员的数据访问和处理权限，对数据处理、数据安全管理、日志审计等岗位角色进行分离设置，严格控制超级管理员权限账号数量，确保超级管理员权限账号存在的必要性。

2. 重要数据和核心数据处理者

在满足一般数据处理者的基础上，做好以下工作：

第一，配备账号管理保障功能，如限制非正常登录次数、登录连接超时自动退出、配置口令遗忘申请和重置流程、账号口令加密保护、低活跃度账号监测、沉默账号、失效账号定期检测关闭等措施。

第二，定期审计重要数据和核心数据相关账号分配台账，重点关注离职人员账号回收、账号权限变更、沉默账号安全等问题，在人员变更、调离或终止劳动合同时，及时变更或终止其数据处理权限。

第三，采用安全措施对权限数据进行完整性保护，防止权限数据被非授权篡改。

（四）内部审批、登记

1. 一般数据处理者

根据业务经营需求，可参照重要数据和核心数据处理者要求建设应用。

2. 重要数据和核心数据处理者

第一，针对重要数据和核心数据对外提供、委托处理、转移、销毁、公开、出境，以及批量导入导出、跨法人主体进行传输等情形建立内部登记、审批机制，明确重要数据和核心数据访问处理单次授权、多人审批和行为审计等要求和登记、审批流程。通过专线或线下方式访问处理重要数据和核心数据的，应对数据处理方式、数据流转区域范围、数据承载介质等管理要求和登记、审批流程进行明确。

第二，审批时应提交相关数据操作所涉及的数据处理主体、数据数量、类别、级别、处理方式、目的、范围、时效，以及审批人员和时间。审批通过后，留存审批记录，形成台账。通过线下表单、邮件等方式进行审批的还应留存原始审批记录，方便溯源查询。

第三，审批程序上履行先审后做的要求，避免出现审批时间和数据处理时间倒挂情形。

（五）系统与设备安全管理

1. 一般数据处理者

第一，对数据库、研发终端、关键业务设备、开发代码库等数据载体及数据采集系统进行安全配置，建立安全配置清单，定期进行配置审计。

第二，密切关注数据载体的重大安全漏洞及其补丁发布，及时采取升级措施，短期内无法升级的，开展针对性安全加固。

第三，加强对直接或间接访问数据载体的登录账户、口令管理，避免使用默认口令或弱口令，定期更新口令，禁止账号共享。

第四，在服务器、工程师站等主机上部署防病毒软件或采用应用软件白名单技术，防范勒索病毒等造成的数据破坏攻击行为。

第五，采取最小化原则，避免关键业务系统面向互联网开通 HTTP、FTP、Telnet、RDP 等高风险通用网络服务，对必要开通的网络服务采取安全接入代理等手段进行用户身份认证和应用鉴权。

2. 重要数据和核心数据处理者

在满足一般数据处理者的基础上，做好以下工作：

第一，对涉及重要数据和核心数据处理活动的数据载体加强访问控制，设置多因子身份鉴别、口令复杂度策略、账号锁定策略等安全措施。

第二，对涉及重要数据和核心数据处理活动的数据载体，通过防火墙、网闸等防护设备设置合理的隔离方式,包括物理隔离、逻辑隔离等。

第三,对关键业务系统的开发、测试和生产环境进行逻辑或物理隔离。

第四,处理重要数据的系统应满足三级及以上网络安全等级保护要求,处理核心数据的系统依照关键信息基础设施安全保护有关规定从严保护。

(六)容灾备份

1. 一般数据处理者

根据业务经营需求,可参照重要数据和核心数据处理者要求建设应用。

2. 重要数据和核心数据处理者

第一,数据安全管理责任部门组织数据所属部门明确重要数据和核心数据的备份要求和操作规程,制定备份策略,策略内容应包括数据备份对象、责任人、操作步骤、周期、备份方式(如全量备份、增量备份)、异地备份要求、存储介质、命名规则、保存期以及有效性测试周期等。对核心数据存储设备进行硬件冗余,启用实时数据备份功能,保证主设备出现故障时,冗余设备可以及时切换并恢复数据。

第二,数据所属部门按照备份策略,对重要数据和核心数据分别开展备份。

第三,数据安全管理责任部门对是否备份、是否按要求备份等情况进行验证与检查。

第四,数据安全管理责任部门组织数据所属部门根据策略的要求定期执行备份介质有效性测试,确保备份介质内的数据准确性、安全性、完整性,并填写形成测试报告,留存相关记录。

第五,涉及非电子化重要数据和核心数据的,应明确相关数据备份单独存放、专门管理等要求，并建立包括备份数据名称、类别级别、数据规模、备份介质、存放地点、备份周期和责任人等信息的台账，同时明确台账视同重要数据进行管理。

（七）合作方管理

1. 本单位向合作方提供重要数据或核心数据

（1）开展合规性与必要性评估

评估内容包括数据提供的必要性，涉及数据的数量、类别、级别、范围、使用用途等，是否存在数据泄露等风险，以及采取的保护措施等，确保数据提供合法、正当、必要。

（2）审核合作方保护能力

审核内容包括数据安全风险评估结果、数据安全制度设置和日常管理（企业管理制度建立情况、管理落实机制建设情况、相关工作记录等）、技术手段应用（数据保护、风险监测等技术手段能力说明、建设规范、应用截图）等。

审核方式可自行审核，也可组织单位内部相关部门联合审核，必要时还可聘请技术专家、第三方咨询机构等参与、指导审核工作。

若数据接收方为境外相关组织机构，按照本指引"八、数据出境安全管理"进行管理。

（3）签订数据安全协议

通过签订合同协议等方式明确不同类型数据提供的安全保护方式以及双方数据安全责任和义务。数据安全协议可参考下述内容：

第一，数据提供的基本情况，如数据类型、级别、使用目的、方式、用途、范围、数据安全保护要求等。

第二，明确禁止不缓存、窃取、泄露、滥用、非法向其他人提供本单位数据等要求，不将加工后的数据还原成原始数据。

第三，明确合作方员工在本单位平台系统中的权限范围（符合最小化原则）等。

第四，履行保密义务。

第五，合作结束后，要求合作方及时销毁数据。

第六，违约责任和处罚条款。发生数据安全事件或存在数据安全风险，立即暂停合作，进行整改。整改未完成前，不开展数据合作。

第七，遵守本单位相关管理办法，配备相应的数据安全保护措施，并接受必要的安全监控和审计等，对履行义务情况进行监督。

（4）人员管理

根据岗位职责对合作方人员配置相应的平台系统、物理设施访问权限。

对接触重要数据和核心数据，涉及数据批量操作，对关键业务系统拥有管理权限的合作人员进行背景审查和保密审查。

在合作方人员转岗或离岗前，要求数据接收方提供相关人员转岗或离岗申请书，用人部门根据相关规定完成相关人员的账号回收、审核、权限调整等工作，并签署转岗或离岗审批意见，签订数据安全保密承诺书，合作方人员方可转岗或离岗。

（5）建立管理台账

建立合作方管理台账，梳理形成并定期更新本单位涉及的合作方清单，包含单位名称、业务或系统、数据接收形式、合作期限、数据接收方联系人、数据接收方是否发生过数据安全事件等，加强对合作方数据使用情况的监督管理。

2. 本单位从合作方接收重要数据或核心数据

（1）数据合规性审核

审核合作方身份，并对合作方提供的数据来源的合法性进行确认，留存审核、交易记录，确保数据的真实性、有效性、安全性，避免收集不明来源的数据。

（2）落实数据安全保护

根据数据安全协议或数据转移方案在相关服务履约过程中履行数据安全保护责任，按照数据级别落实防护要求。

配合合作方开展数据提供前的数据保护能力评估与审核、数据提供中的数据安全保护情况的监督检查等工作。

若发生数据安全事件或发现重大数据安全风险，第一时间向合作方报告，并立即采取处置措施，消减危害影响。

（八）日志管理

1. 一般数据处理者

（1）数据全生命周期处理过程中对数据处理、权限管理、人员操作、数据授权访问、批量操作、开放共享、销毁、数据接口调用等重点环节实施日志留存管理，日志记录包括执行时间、操作账号、处理方式、授权情况、IP地址、登录信息等，能够对识别和追溯数据操作和访问行为提供支撑。

（2）日志留存时间不少于6个月。

（3）可对数据处理活动定期开展审计活动，形成审计报告，并对审计发现的问题进行处理，形成闭环管理。

2. 重要数据和核心数据处理者

在满足一般数据处理者的基础上，做好以下工作：

第一，对日志访问和处理加强管理。

第二，对高风险操作（如批量复制、批量传输、批量销毁等操作）日志进行备份和完整性校验，保障日志文件的可用性和真实性。

第三，对重要数据和核心数据收集、传输、访问、使用、提供等进行定期审计，形成审计报告，并对审计发现的问题进行处理，形成闭环管理。可通过统一安全审计平台等方式实现审计功能。

第四，记录维护数据安全所需的日志。涉及安全事件处置溯源的，相关日志留存时间不少于1年；涉及向他人提供、委托处理、共同处理重要数据和个人信息的，相关日志留存时间不少于3年；涉及核心数据安全、事件处置、溯源的，相关日志留存时间不少于3年。

第五，采用安全措施对重要日志数据进行安全保护，防止重要日志数据被泄露、篡改。

（九）监督检查

可结合实际需要建立单位内部数据安全监督检查机制，对数据安全管理情况和落实效果进行监督检查，保障监督检查工作的标准化、制度化、精细化、规范化。

1. 监督检查工作机制

（1）本单位数据安全管理责任部门负责对各职能与业务部门进行数据安全义务落实情况的监督、检查、核查、督促、整改等工作。

（2）可于每年年初结合上一年监督检查情况，制定本年度监督检查计划。

（3）可按照每年至少一次的频率，组织相关部门开展监督检查。

（4）针对地方行业监管部门发现并通报的重大数据安全事件，或外部形势发生的重大变化，数据安全管理责任部门可适时增加监督检查频率或进行专项监督检查。

2. 监督检查内容

（1）数据分类分级落实情况，如数据梳理范围是否全面，新上线系统等新增数据是否纳入梳理范围，是否有新增重要数据和核心数据，已识别的重要数据和核心数据是否发生变更等。

（2）数据安全教育培训情况，是否按照制度要求完成教育培训，覆盖人员、培训内容、培训时长和频率等是否符合有关要求。

（3）技术措施部署情况，如是否基于数据分类分级情况配备相应的数据安全保护措施（数据加密、操作权限管理、数据流动记录、人员操作记录、数据备份与恢复等技术能力和措施是否落实到位）。

（4）监测溯源技术能力落实情况，如是否具备相应技术手段开展重要数据和核心数据实现安全风险监测、数据安全事件溯源、数据公网暴露等。

（5）接口安全情况，如是否明确数据接口调用安全控制措施、数据接口使用规则及协议，是否具备接口鉴权、接口调用审计、接口调用日志记录等技术能力。

（6）数据使用情况，如是否建立数据使用正当性的内部审批责任制度，是否采取必要的访问控制措施对用户个人信息、重要数据等对外披露使用去标识化措施。

（7）数据合作情况，如是否明确数据共享涉及机构或部门的相关职责和权限、明确共享数据相关使用者的数据保护责任，是否针对数据共享涉及的数据类型、数据内容、数据格式以及常见场景制定细化的规范要求，是否建立规范的数据共享审核流程，在开展第三方业务合作时是否采取事前审核、合同约束、信用管理等手段，业务合作结束后是否督促业务合作方依照合同约定及时关闭数据接口、删除数据。

（8）其他监督检查内容。

3. 监督检查问题处置

（1）与被检查对象沟通确认数据安全监督检查中发现的问题并签字。

（2）针对发现的问题，由数据安全管理责任部门发起整改，并跟踪整改情况。

（十）配合监管

（1）建立监管执法配合机制，受到行业监管部门调查时立即通知数据安全负责人、数据安全管理部门负责人和相关职能部门负责人等人员，明确监管调查对接人员。

（2）对行业监管部门的监管执法予以配合、协助，对包括组织运作、制度文件、技术系统、算法原理、数据处理程序等进行解释说明，提供相关真实资料信息，安全开放相关数据访问、提供必要技术支持等。

（3）针对行业监管部门提出的风险事项、薄弱环节，积极开展合规整改，采取有效措施减轻、消除危害影响。

四、数据全生命周期保护

按照不同数据级别，采取相应的防护技术手段。若不同级别数据同时被处理且难以分别采取保护措施的，按照其中级别最高的要求实施保护，确保数据持续处于有效保护和合法利用的状态。

（一）数据收集

1. 一般数据

（1）采取合法、正当的方式收集数据。

（2）数据收集过程中，可结合具体管理、业务场景，制定数据收集规则，规范数据收集渠道、数据格式、收集流程、收集方式和存储期限，采用人工核查或技术措施对外部数据的真实性、有效性、完整性、安全性和合法性进行鉴别，避免收集不明来源的数据。

（3）涉及收集个人信息的，应按照最小必要、公开透明原则，明确收集目的、使用方式、使用范围，告知用户并得到授权。

2. 重要数据和核心数据

在满足一般数据处理者的基础上，做好以下工作：

（1）采取技术监测、签署安全协议、账号权限管控、监督检查、安全审计等措施加强对重要数据和核心数据收集人员、设备系统的管理，并对收集来源、时间、类型、数量、频度、流向等进行记录。

（2）对数据收集所涉及的软硬件工具、设备、系统、平台、接口以及相关技术等，采取必要的测试、认证、鉴权等安全防护措施，防止针对数据采集环节的网络攻击。

（3）通过与数据提供方签署相关协议、承诺书等方式，直接或间接获取重要数据和核心数据，明确双方法律责任。

（4）在发生产品或服务停止运营、用户终止服务等情况时，立即停止对相关数据的采集。涉及个人信息的，可采取用户协议或隐私政策文件等明确方便快捷的注销流程，并按照用户协议或隐私政策文件规定对收集数据进行销毁处理。

（二）数据存储

1. 一般数据

（1）制定数据存储安全策略和操作规程，对存储数据的访问操作进行身份鉴别和访问控制。

（2）采用物理安全措施保障存储载体的设备数据访问或调试接口不暴露，避免存储数据被泄露、篡改或破坏。

（3）依据业务需要制定数据备份策略，按需要定期开展数据备份。

2. 重要数据和核心数据

在满足一般数据的基础上，做好以下工作：

（1）制定重要数据和核心数据存储管理要求和操作、审批流程，明确相关数据存储系统或载体管理要求、访问控制、存储周期、日志留存、销毁流程、保障措施等要求。涉及容灾备份的，可参考本指引"3.6 容灾备份"相关要求。

（2）对存储重要数据和核心数据的数据载体，采用校验技术、密码技术等相关措施进行安全存储，如对称密码算法或密码杂凑算法的消息鉴别码（MAC）机制、基于公钥密码算法的数字签名机制、对称密码算法的加解密机制和公钥算法数字信封等，防止重要数据和核心数据被非授权篡改和非法窃取。直接提供存储服务的系统或平台不宜直接通过公共信息网络访问。可优先采用国产商用密码算法。

（3）对重要数据和核心数据存储载体进行安全管理，确保存放在安全环境中，并实行存储环境专人管理。对载体进行分类和标识管理，并建立数据存储载体管理台账，记录载体名称、所涉数据数量、类别级别、存放地点、使用、维护、标记和销毁等情况和相应审批记录，并定期盘点。

（4）对备份数据定期开展数据恢复测试，并实施不低于源数据的防护要求。

（三）数据使用加工

1. 一般数据

（1）数据使用加工应遵循合理必要原则，制定数据使用加工管理要求、安全策略和操作规程，包括数据使用加工审批流程、结果发布、安全保护规则等。

（2）利用数据进行自动化决策的，保证决策的透明度和结果公平合理。

2. 重要数据和核心数据

在满足一般数据的基础上，做好以下工作：

（1）加强访问控制，对重要数据和核心数据的使用加工进行授权和验证，并遵循最小化访问原则。

（2）严格管理原始数据使用加工过程中的数据获取方式，采用多级审批、权限管理、访问控制、数据加密、脱敏、接口鉴权等措施，避免涉及重要数据和核心数据的原始数据发生超权限、超范围使用加工的情况，并定期检查数据操作行为。

（3）在不影响数据使用加工的情况下，可对重要数据和核心数据脱敏后再进行处理。

（4）对加工使用中产生的过程性数据做好防护。

（四）数据传输

1. 一般数据

（1）根据业务流程、职责内容、网络部署、安全风险等情况，合理划分企业网络系统安全域，区分域内、域间等不同数据传输场景，并且根据传输的数据类型、级别和应用场景，制定安全策略、采取保护措施，建立安全传输信道。

（2）可建立数据传输接口安全管理工作规范，明确技术管控措施，具备系统间接口和设备的认证鉴权能力，未通过认证鉴权的设备禁止接入。

2. 重要数据和核心数据

在满足一般数据的基础上，做好以下工作：

（1）传输重要数据和核心数据时，采用校验技术、密码技术，如对称密码算法或密码杂凑算法的消息鉴别码（MAC）机制、基于公钥密码算法的数字签名机制、对称密码算法的加解密机制和公钥算法数字信封等，保证重要数据和核心数据的传输安全。可优先使用国产商用密码算法。

（2）对跨组织机构或使用互联网进行的数据传输事项进行前置审批，安全边界配备数据访问控制、身份认证等保障措施。根据传输的数据级别，明确匹配的数据传输加密要求（如数据加密、数据签名、散列等）。

（3）对传输接口管理和技术管控措施部署情况进行梳理，形成接口梳理情况清单并动态更新。清单包括：存在数据传输接口的业务系统、对端单位、对端系统、实现方式、接口类型（如实时调用接口、文件传输接口等）、对外接口传输数据种类以及目前使用的安全防护措施（如访问控制、加密、数据脱敏、日志审计等），对照清单及时监控发现低活跃接口或废置接口，并采取相应处理措施。对涉及传输重要数据、核心数据等接口，实施数据加密、双重鉴权验证等更为严格的保障措施，包括流量监控、调用过载保护等，定期对接口权限控制、传输等相关功能进行安全评估，核实安全措施的有效性。

（五）数据提供

1. 一般数据

（1）明确数据提供的范围、类别、数量、条件、程序、时间，制定数据提供基本安全策略，确认没有超出需求和授权范围的数据。

（2）针对跨网、跨安全域的数据提供，建立安全操作规范，保障数据提供安全。

2. 重要数据和核心数据

在满足一般数据的基础上，做好以下工作：

（1）在数据提供过程中采取必要保护措施，包括数据加密、数据水印、数据脱敏等。

（2）对数据提供行为进行监控，确保数据合理规范提供，未超出授权范围。

（3）数据接入互联网等活动中，开展数据安全风险监测，对安全风险高的网络出口和数据，加强网络边界的身份认证和访问控制。

（六）数据公开

1. 一般数据

（1）根据数据公开场景，建立相应的安全策略和操作规程，明确可能对国家安全、公共利益产生影响的数据不得公开。

（2）按照数据公开审批流程，明确相关数据公开审批内容、留存记录等要求，不得超出业务场景需求和授权范围公开数据。在数据公开前由具体公开部门组织开展风险评估，研判可能存在的安全风险。

2. 重要数据和核心数据

在满足一般数据的基础上，做好以下工作：

（1）根据数据特点、应用场景等，明确数据公开范围、内容、控制机制等数据公开安全策略和操作规程，并配备必要的数据脱敏、数据水印、数据防泄露等技术，确保重要数据公开安全。

（2）对公开数据进行跟踪、记录，一旦发生相关数据安全事件或存在数据安全风险时,第一时间进行删除,并采取相关有效措施消除危害影响。

(七)数据销毁

1. 一般数据

(1)建立数据销毁操作规程,明确销毁对象、规则、流程技术等要求。

(2)应对数据销毁过程及销毁后所涉及的资源回收情况(账号、物理资源、云资源、系统存储空间、数据共享途径等)进行记录。

2. 重要数据和核心数据

在满足一般数据的基础上,做好以下工作:

(1)建立数据销毁操作审批机制,采用多人操作模式,并设置相关监督角色,负责监督销毁操作过程,确保数据销毁流程合规。

(2)使用物理销毁等方法,确保重要数据和核心数据销毁后无法恢复。

(3)引起备案内容发生变化的,履行备案变更手续。

(八)数据委托处理

1. 一般数据

明确数据委托处理范围、所涉数据类别级别、条件、程序等,并明确委托方与受托方的数据安全责任和义务。

2. 重要数据和核心数据

在满足一般数据的基础上,做好以下工作:

委托处理重要数据和核心数据的,对受托方的数据安全保护能力、资质进行评估或核实,与受托方通过合同、协议等形式明确双方的数据安全防护责任和义务。

（九）数据转移

1. 一般数据

（1）发生兼并、重组、破产情形，涉及数据所属主体变更需要转移数据时，制定数据转移方案。

（2）数据转移方案内容包括转移数据基本情况（如数据类别、级别、规模，原数据所属方，数据接收方等）、数据转移风险评估（如必要性、合规性、转移影响等）、数据转移保护措施、应急响应措施等。

（3）转移数据涉及个人信息的，事先向用户告知接收方的名称或者姓名和联系方式。接收方变更原先的处理目的、处理方式的，再次征得用户授权同意。经过处理无法识别特定个人且不能复原的除外。

2. 重要数据和核心数据

在满足一般数据的基础上，做好以下工作：

转移重要、核心数据引起备案内容发生变化的，履行备案变更手续。

（十）其他事项

使用产品或服务中由第三方提供的软件开发工具包（SDK）、中间件、软件工具的，应当事前对接入第三方进行安全检测，评估是否存在已知的安全漏洞以及可能引起数据泄露等安全事件的行为，并留存第三方接入日志记录。

五、数据安全风险监测预警、报告、处置

（一）数据安全风险监测预警

1. 一般数据

（1）通过部署监测审计、态势感知等相关系统设备，建立数据安全风险监测预警技术能力，及时监测日常数据处理活动中的安全风险，如导入导出严重异常、违规向第三方传输、非必要端口开放、数据泄露、数据篡改、数据滥用、非法访问、流量异常、数据违规出境等。

（2）密切关注工业和信息化领域数据安全风险信息报送与共享平台通报的，以及国内外权威漏洞库及相关厂商发布的漏洞预警通知，定期开展漏洞排查与扫描检测，留存相关记录。

（3）可根据相关预警信息设置差异化告警级别，匹配对应的告警提醒方式（短信提醒、电话提醒、系统提醒等），并发送提醒相关责任人，如系统管理员、安全审计员等。

2. 重要数据和核心数据

在满足一般数据的基础上，做好以下工作：

（1）建设数据风险监测预警能力，确保相关能力覆盖涉及操作处理重要数据和核心数据的系统，对重要数据的收集、存储、使用加工、传输、提供、公开、销毁、委托处理、转移等各生命周期环节中的合规性与执行上的一致性进行监测，并能够在发现异常行为时告警。异常行为包括重要、核心数据的违规操作，如未授权、超权限操作、批量操作、陌生 IP 地址访问、数据库异常连接（如在设定时间内，某 IP 地址与实时数据库无任何数据交互或异常交互）等。

（2）实现核心数据处理活动的实时监控，发现异常时及时终止异常行为，并实现异常行为的可溯源。

（二）数据安全风险信息报告

（1）对发现的数据安全风险进行研判，分析发生数据安全事件的可能性及其可能造成的影响。研判维度可从对国家安全、企业网络设备和信息系统、生产运营、经济运行等造成的影响范围和危害程度等方面考虑，详见《工业和信息化领域数据安全事件应急预案（试行）》。

（2）将可能造成重大及以上安全事件的风险及时向地方行业监管部门报告。

（3）报告内容包括风险的类别、级别、涉及数据情况、产生时间、影响范围等。

（三）数据安全风险处置

（1）当发现数据安全缺陷、漏洞等风险时，及时排查安全隐患，采取相应的处置和惩戒措施，并对存在风险隐患的环节进行加固防护。

（2）被地方行业监管部门通知存在数据安全风险时，及时处置风险，并向地方行业监管部门报告处置结果。处置结果内容包括风险接收情况、风险处置情况、下一步工作考虑等。

六、数据安全事件应急处置

（一）制定应急预案

（1）根据应对数据安全事件的需要，制定本单位数据安全应急预案。

（2）应急预案内容主要包括：按照危害程度、影响范围等因素对数据安全事件进行分级，并结合分级情况，确定不同数据安全事件针对性的应急处置方针策略、人员职责、具体措施、流程规范、物资保障等内容。

（3）针对本单位应急预案相关内容，定期开展应急管理培训，确保相关人员熟练掌握应急管理的内容与流程。

（二）开展应急演练

（1）积极参与行业监管部门组织的应急演练。

（2）积极开展本单位数据安全事件应急演练，提高数据安全事件应对能力。

（三）数据安全事件报告

（1）发现数据安全事件，立即先行判断，对后果影响自判为重大及以上或者涉及重要数据和核心数据的，立即如实向地方行业监管部门报告。

（2）报告内容包括上报单位情况、事件基本情况、事件涉及数据情况、事件影响情况、事件处置建议等，详见《工业和信息化领域数据安全事件应急预案（试行）》。

（四）应急响应

（1）当收到红色预警（特别重大事件）时，应启动Ⅰ级响应。立即进入紧急状态，数据安全第一责任人牵头组建事件应对专班，组织研究应对措施，统筹开展应急处置工作。数据安全直接责任人对应急处置工作进行具体部署，组织专班加强值班值守，相关人员保持联络畅通；持续加强监测分析，跟踪事态发展，评估影响范围和事件原因，采取有效整改处置措施，及时汇报工作进展和处置情况。

（2）当收到橙色预警（重大事件）时，应启动Ⅱ级响应。立即启动相应数据安全事件应急预案，进入紧急状态，数据安全直接责任人牵头研究应对措施，统筹部署开展应急处置工作，与相关人员保持联络畅通；持续加强监测分析，跟踪事态发展，评估影响范围和事件原因，采取有效整改处置措施，并及时汇报工作进展和处置情况。

（3）当收到黄色预警（较大事件）时，应启动Ⅲ级响应。持续开展监测分析，根据事态发展，评估影响范围和事件原因；加强相关业务系统应用安全加固措施，提升数据安全防护能力，及时采取整改处置措施，并及时汇报工作进展和处置情况。

（4）当收到蓝色预警（一般事件）时，应启动Ⅳ级响应。按照行业数据安全保护相关政策标准及时采取整改处置措施，加强数据安全防护。

（五）先行处置

发生数据安全事件或被地方行业监管部门通知存在数据安全事件时，立即启动应急响应工作，组织本单位应急队伍和工作人员采取应急处置措施，开展数据恢复或追溯工作，尽可能减少对用户和社会的影响，同时保存相关痕迹和证据。

（六）总结上报

（1）重大及以上数据安全事件应急工作结束后，涉事数据处理者及时对事件的起因、经过、责任进行调查，评估事件造成的影响和损失，总结事件防范和应急处置工作的经验教训，提出处理意见和改进措施，并在应急工作结束后 5 个工作日内形成总结报告，报地方行业监管部门。

（2）报告总结内容包括事件起因、经过、责任，评估事件造成的影响和损失，总结事件防范和应急处置工作的经验教训，提出处理意见和改进措施。

（七）数据安全事件告知

（1）数据安全事件对个人、组织造成实质性危害的，及时以电话、短信、邮件等方式向所涉主体告知安全事件情况、危害后果、已采取的补救措施等内容。

（2）无法逐一告知的，可采取公告方式告知。

七、数据安全风险评估

（一）组建评估团队

1. 开展自评估

在开展风险评估工作前，综合考虑组织规模、业务种类、数据数量和种类、涉及数据载体的复杂程度等因素，组建至少包括组织管理、业务运营、技术保障、安全合规等人员组成的评估团队。

评估团队原则上具备不少于5名专业评估人员，包括1名评估团队组长、4名评估团队成员。其中，至少4人熟悉数据安全风险评估的方法和流程，掌握依据数据安全风险评估相关标准规范开展风险评估的能力，并取得工业和信息化领域数据安全风险评估相关技能评价证书。

评估团队组长负责统筹安排评估工作并推进评估工作开展，组织完成评估结论、编写评估报告等。

组建评估团队时，还可聘请相关专业技术专家和技术负责人参与、指导。

2. 委托第三方评估机构开展评估

与被委托机构沟通，签订书面评估委托协议或评估合同，规范开展评估工作，保障数据处理者的安全生产运行和数据安全。

与被委托机构共同组建评估团队,确定评估团队组长和团队成员。

指定本单位至少 1 名数据安全专业人员为评估工作对接人,负责协调本单位相应资源,对第三方评估机构相应工作进行管理和监督。

(二)确定评估范围

(1)评估团队首先对本单位基本情况进行充分调研,掌握数据种类、范围、处理方式以及相关数据载体的基本情况,确定评估范围。

(2)数据安全风险评估范围覆盖本单位全部重要数据和核心数据,以及一定比例的一般数据。一般数据以抽样方式选取,尽量保证评估数据范围覆盖全部数据类别(二级子类),且数据载体避免重复。

(三)制定评估方案

(1)评估团队可根据实际需要制定风险评估工作方案。

(2)工作方案制定过程中,需与涉及数据处理活动的业务部门积极沟通,保障评估的可行性。

(3)评估方案包括评估范围、评估依据、评估团队基本信息、工作计划、使用的评估工具情况、保障条件等。

(四)实施风险评估

(1)评估团队首先进行数据处理活动分析,明确评估范围内数据处理活动及所对应的数据名称、类别、级别、规模,处理数据的目的和方式、使用范围、涉及的接收方及数据载体情况等。

(2)开展合规性评估,包括正当必要性评估、基础性安全评估和数据全生命周期安全评估,研判合规性评估结果,详见《工业领域数据安全风险评估规范》《电信领域数据安全风险评估规范》。

（3）开展安全风险分析，通过风险源识别判断安全事件发生的可能性级别，同时结合安全影响分析结果，研判数据处理活动安全风险等级（分为极高、高、中、低四个等级）。合规性评估不通过的，可以直接判定安全风险分析中的风险源识别环节结果（可能性级别）为高。

（4）形成评估结论。

（5）依据评估结论开展风险整改与复核，对评估或自查中发现的安全风险或问题进行整改或改进，并对整改措施的有效性进行复核。

（五）形成评估报告

（1）完成实施风险评估后，经协商一致，根据评估结论形成评估报告。

（2）评估报告包含数据处理者基本情况、评估团队基本情况、数据处理活动分析（包含处理的重要数据的种类、数量，开展数据处理活动的情况等）、合规性评估、安全风险分析（包含面临的数据安全风险及其应对措施等）、评估结论及应对措施等。

（六）评估时间及上报行业监管部门

（1）工业和信息化领域重要数据和核心数据处理者每年自行或委托具有工业和信息化数据安全风险评估资质的第三方评估机构开展至少一次数据安全风险评估，形成数据安全风险评估报告。一般数据处理者可定期开展数据安全风险评估。重要数据和核心数据发生重大变更时，及时开展数据安全风险评估。

（2）工业和信息化领域重要数据和核心数据处理者于每年12月底前向地方行业监管部门报送加盖本单位或第三方评估机构公章的风险评估报告。

（七）风险评估特殊场景

（1）涉及跨主体提供、转移、委托处理核心数据情形的，纳入风险评估范围。开展数据安全风险评估过程中，涉及在数据安全风险评估结果有效期内新增跨主体提供、委托处理、转移核心数据的，及时对发生变化及其影响的部分开展风险评估。

（2）涉及新上线业务、第三方数据合作业务以及重点存量业务的，数据处理者可以开展风险评估。

八、数据出境安全管理

按照《促进和规范数据跨境流动规定》《数据出境安全评估办法》等要求，开展数据出境活动时，可结合数据级别、类型、数量、规模等因素，选用申报并通过数据出境安全评估、订立并备案个人信息出境标准合同、通过个人信息保护认证三种方式开展数据出境安全管理，如图7-2所示。

（一）申报数据出境安全评估

根据法律法规要求，对需申报数据出境安全评估的情形应按要求开展数据出境风险评估，并向国家网信部门申报数据出境安全评估，在获得批准后方可开展数据出境活动。

1. 需要申报数据出境安全评估的情形

（1）关键信息基础设施运营者向境外提供个人信息或者重要数据。

（2）关键信息基础设施运营者以外的数据处理者向境外提供重要数据。

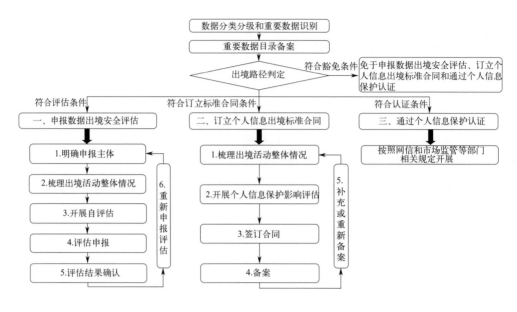

图 7-2 数据出境的三种方式

（3）关键信息基础设施运营者以外的数据处理者自当年 1 月 1 日起累计向境外提供 100 万人以上个人信息（不含敏感个人信息）。

（4）关键信息基础设施运营者以外的数据处理者自当年 1 月 1 日起累计向境外提供 1 万人以上敏感个人信息。

（5）国家网信部门规定的其他需要申报数据出境安全评估的情形。

2. 申报数据出境安全评估的流程

（1）重要数据识别报备

按照本章"二、数据分类分级"相关要求，识别、申报重要数据，准确界定需要出境的重要数据范畴。

（2）事前评估

向境外提供数据前，首先开展数据出境风险自评估，并形成数据出境自评估报告。重点评估以下事项：

第一，数据出境和境外接收方处理数据的目的、范围、方式等的合法性、正当性、必要性。

第二，出境数据的规模、范围、种类、敏感程度，数据出境可能对国家安全、公共利益、个人或者组织合法权益带来的风险。

第三，境外接收方承诺承担的责任义务，以及履行责任义务的管理和技术措施、能力等能否保障出境数据的安全。

第四，数据出境中和出境后遭到篡改、破坏、泄露、丢失、转移或者被非法获取、非法利用等的风险，个人信息权益维护的渠道是否通畅等。

第五，与境外接收方拟订立的数据出境相关合同或者其他具有法律效力的文件等是否充分约定了数据安全保护责任义务。

第六，其他可能影响数据出境安全的事项。

(3) 申报评估

第一，根据《数据出境安全评估申报指南（第二版）》，确定数据评估申报形式。关键信息基础设施运营者以外的数据处理者申报数据出境安全评估一般适用线上申报，关键信息基础设施运营者或者其他不适合通过线上系统申报数据出境安全评估的，采取线下申报流程。

第二，通过所在地省级网信部门向国家网信部门申报数据出境安全评估。申报数据出境安全评估，提交以下材料：申报书、数据出境风险自评估报告、与境外接收方拟订立的法律文件、安全评估工作需要的其他材料。

第三，因申报材料不齐全被退回的，进行补充、更正申报材料。

(4) 重新评估

通过数据出境安全评估的结果有效期为3年，自评估结果出具之日起计算。在有效期内出现以下情形之一的，重新申报评估：

第一，向境外提供数据的目的、方式、范围、种类和境外接收方处理数据的用途、方式发生变化影响出境数据安全的，或者延长个人信息和重要数据境外保存期限的。

第二，境外接收方所在国家或者地区数据安全保护政策法规和网络安全环境发生变化以及发生其他不可抗力情形、数据处理者或者境外接收方实际控制权发生变化、数据处理者与境外接收方法律文件变更等影响出境数据安全的。

第三，出现影响出境数据安全的其他情形，需重新申报数据出境安全评估。

（5）终止出境

第一，已经通过评估的数据出境活动在实际处理过程中不再符合数据出境安全管理要求的，在收到国家网信部门书面通知后，终止数据出境活动。

第二，需要继续开展数据出境活动的，按照要求整改，整改完成后重新申报评估。

3. 需要明确的数据安全保护责任义务

与境外接收方订立的法律文件中明确约定数据安全保护责任义务，至少包括以下内容：

（1）数据出境的目的、方式和数据范围，境外接收方处理数据的用途、方式等。

（2）数据在境外保存地点、期限，以及达到保存期限、完成约定目的或者法律文件终止后出境数据的处理措施。

（3）对于境外接收方将出境数据再转移给其他组织、个人的约束性要求。

（4）境外接收方在实际控制权或者经营范围发生实质性变化，或者所在国家、地区数据安全保护政策法规和网络安全环境发生变化以及发生其他不可抗力情形导致难以保障数据安全时，采取的安全措施。

（5）违反法律文件约定的数据安全保护义务的补救措施、违约责任和争议解决方式。

（6）出境数据遭到篡改、破坏、泄露、丢失、转移或者被非法获取、非法利用等风险时，妥善开展应急处置的要求和保障个人维护其个人信息权益的途径和方式。

4. 通过数据出境安全评估的结果有效期

（1）通过数据出境安全评估的有效期届满，需要继续开展数据出境活动且未发生需要重新申报数据出境安全评估情形的，在有效期届满前

60个工作日内通过所在地省级网信部门向国家网信部门提出延长评估结果有效期申请。

（2）经国家网信部门批准，可以延长评估结果有效期3年。

（二）订立个人信息出境标准合同

1. 需要订立个人信息出境标准合同的情形

（1）关键信息基础设施运营者以外的数据处理者自当年1月1日起，累计向境外提供10万人以上、不满100万人个人信息（不含敏感个人信息）的。

（2）关键信息基础设施运营者以外的数据处理者自当年1月1日起，累计向境外提供不满1万人敏感个人信息的。

2. 订立个人信息出境标准合同的流程

(1) 开展个人信息保护影响评估并订立合同

进行个人信息出境标准合同备案前，需要开展个人信息保护影响评估。同时，按照《个人信息出境标准合同办法》结合企业自身个人信息出境情况补充双方其他约定。

(2) 材料提交

在标准合同生效之日起10个工作日内，通过数据出境申报系统开展个人信息出境标准合同备案。

(3) 材料查验及反馈备案结果

收到省级网信办发放的备案编号后，根据需要在10个工作日内提交补充完善材料。逾期视为终止本次备案程序。

（三）通过个人信息保护认证

1. 需要通过个人信息保护认证的情形

（1）关键信息基础设施运营者以外的数据处理者自当年1月1日

起,累计向境外提供 10 万人以上、不满 100 万人个人信息(不含敏感个人信息)的。

(2) 关键信息基础设施运营者以外的数据处理者自当年 1 月 1 日起,累计向境外提供不满 1 万人敏感个人信息的。

2. 通过个人信息保护认证的流程

(1) 提交认证委托资料

按有关认证机构的要求如实提交认证委托资料,包括认证委托人基本材料、认证委托书、相关证明文档等。

(2) 结果反馈

不符合认证要求的,按照认证机构的要求有权进行限期整改;符合认证要求的,将获得认证证书。

(四)个人信息出境的注意事项

1. 个人信息出境场景下的告知同意要求

向境外提供个人信息前,向个人告知境外接收方的名称或者姓名、联系方式、处理目的、处理方式、个人信息的种类以及个人向境外接收方行使《个人信息保护法》规定的各项权利的方式和程序等事项,并取得个人的单独同意。

2. 个人信息出境场景下的个人信息保护影响评估

向境外提供个人信息前,通过以下内容进行个人信息保护影响评估,并对处理情况进行记录。

(1) 个人信息的处理目的、处理方式等是否合法、正当、必要。

(2) 对个人权益的影响及安全风险。

(3) 采取的保护措施是否合法、有效并与风险程度相适应,个人信息保护影响评估报告和处理情况记录至少保存 3 年。

（五）数据出境的豁免情形

存在下列情形的，免予申报数据出境安全评估、订立个人信息出境标准合同、通过个人信息保护认证：

（1）在国际贸易、跨境运输、学术合作、跨国生产制造和市场营销等活动中收集和产生的数据向境外提供，不包含个人信息或者重要数据的。

（2）为订立、履行个人作为一方当事人的合同，如跨境购物、跨境寄递、跨境汇款、跨境支付、跨境开户、机票酒店预订、签证办理、考试服务等，确需向境外提供个人信息的。

（3）按照依法制定的劳动规章制度和依法签订的集体合同实施跨境人力资源管理，确需向境外提供员工个人信息的。

（4）紧急情况下为保护自然人的生命健康和财产安全，确需向境外提供个人信息的。

（5）关键信息基础设施运营者以外的数据处理者自当年1月1日起累计向境外提供不满10万人个人信息（不含敏感个人信息）的。

（6）自由贸易试验区内数据处理者向境外提供负面清单外的数据，可以免予申报数据出境安全评估、订立个人信息出境标准合同或通过个人信息保护认证。具体参照各自由贸易试验区相关规定执行。

（六）遵守出口管制要求的合规义务

（1）向境外提供涉及出口管制的数据的，需事前依法向有关部门申请出口许可证。

（2）可能危害国家安全和利益的，不向境外提供。

（七）境外执法或司法机构调取数据时合规义务

面对境外执法或司法机构调取在境内收集、产生、存储的数据时，应及时向法院或地方行业监管部门进行报告，经审核批准后方可提供。非批准，不得提供。

九、数据交易

从事数据交易中介服务的机构按照数据来源可确认、使用范围可界定、交易过程可追溯、安全风险可防范的基本原则提供交易服务，并根据所负责具体交易环节制定平台准入、数据质量评估、交易管理、合规审查、信息披露、自律监管等规则，保障数据交易有效管理。其中，提供在线数据交易的中介机构，需取得增值电信业务经营许可。

数据交易中介服务机构提供交易服务过程中开展合法性与合规性评估，并履行以下义务：

（一）数据来源与交易双方身份的审核

数据来源的明确：在提供服务时，应要求数据提供方明确说明数据来源，确保数据的合法性和合规性。

交易双方身份的审核：需要对交易双方的身份进行严格审核，确保交易双方具备合法的数据处理和交易资格。

（二）规范数据处理活动

遵守数据处理规范：在进行数据处理活动时，必须遵守数据处理规范，包括数据的收集、存储、使用、加工、传输、提供、公开等环节的规范要求。

保障数据安全：采取必要的技术和管理措施，保证数据的安全存储和传输，防止数据的泄露、滥用和篡改。

监督数据交易、结算和交付。

（三）数据风险评估与应急响应

进行数据风险评估：对数据处理活动可能产生的风险进行全面评估，包括数据的敏感性和隐私保护、数据处理过程中的合规性，以及可能面临的外部威胁等。

制定并执行数据安全应急响应计划：建立完善的数据安全应急响应机制，及时应对数据安全事件，并按照相关规定及时向有关部门报告。

（四）记录与留存

留存审核、交易记录：留存交易双方的审核记录和交易记录，以备后续查证和追溯。

（五）其他义务

配合监管：积极配合政府有关部门的监管工作，提供必要的数据和信息支持。

不得擅自留存、使用或泄露数据：在提供服务过程中，不得擅自留存、使用或泄露交易双方的数据，确保数据的保密性和完整性。

第八章

典型数据安全风险防范指引

工业领域数据规模大、种类多、增长快、风险高且构成复杂，面对工业数据安全新问题新挑战，本章聚焦勒索病毒攻击、漏洞后门、人员违规操作、非受控远程运维等易发频发风险场景，提出数据勒索防护措施，帮助企业防范化解数据勒索软件攻击风险，妥善应对各类风险挑战，在工业领域数据安全未来发展过程中从认识理解、管理模式、技术能力等多方面提升综合保障水平，扎实推进数字经济高质量发展。

一、数据勒索

数据勒索是指攻击者通过向目标组织投放勒索软件或系统被植入勒索软件，导致数据资产遭受恶意加密、窃取、篡改、删除等破坏，迫使受害方支付赎金，影响目标组织正常生产运营，甚至导致停工停产，造成巨大经济损失的一种攻击行为。

1. 数据勒索的表现方式

当前数据勒索的表现方式主要分为以下 4 类：

（1）数据加密

数据加密是当前勒索攻击最为活跃的表现形式，受害群体最多，社会影响最广。该方式使用加密算法（如 AES、RSA 等）加密用户磁盘、文件、数据库等数据资产，一旦感染，用户很难解密被加密的数据。

2017 年 5 月，WannaCry 勒索病毒通过 MS17-010 漏洞在全球范围爆发，利用 AES-128 和 RSA-2048 算法，加密文件数据，要求勒索目标支付赎金。英国、美国、中国、俄罗斯、西班牙和意大利等上百个国家的数十万台电脑被感染，包括医疗、教育、能源、通信、制造业以及政府等多个领域的计算机终端设备。2023 年，匿名者黑客组织利用 GhostSec 勒索软件攻击加密了俄罗斯境内的远程终端单元（RTU）。

（2）数据窃取

该方式建立通信链路，将企业数据窃取并外传给攻击者，同时对原始数据进行加密、删除、格式化等破坏性操作，敲诈企业支付高额赎金。一旦企业不从，攻击者很可能会将窃取的数据公开发布或售卖。对企业而言，不仅会造成严重的经济损失，也会为企业带来极大的负面影响。2023 年 9 月，黑客组织 Dark Angels 利用勒索软件攻击美国江森自控国际公司，窃取超过 27TB 的公司数据，索要赎金 5100 万美元。

（3）系统加密

系统加密和数据加密方式相似，通过使用多种加密算法对系统磁盘主引导记录、卷引导记录等进行加密，篡改系统开机密码，导致用户无法正常登录系统，从而向企业索要赎金。2017 年 6 月，Petya 勒索软件攻击了乌克兰、俄罗斯等多个国家，该勒索软件会加密计算机的主引导记录（MBR），覆盖 Windows 引导程序，导致系统无法正常启动。

（4）凭证篡改

该方式通过修改目标系统用户登录密码，或伪装成系统锁屏界面，引导用户输入登录密码后，篡改用户密码，从而锁定设备，迫使企业支付赎金。2019 年，MegaCortex 勒索软件在美国、加拿大等国家传播，主要攻击大型企业，不但加密用户文件，还会进一步修改 Windows 登录密码，并在加密完毕后进行锁屏，更进一步还会威胁受害者，若不缴纳赎金则将主机上的文件公开。

2. 勒索软件感染风险分析

攻击者主要通过或利用钓鱼、网页挂马、系统漏洞、失窃的用户凭据、移动介质、第三方供应商等方式入侵目标系统，传播勒索软件。企业需高度重视勒索软件感染的风险源,提高数据保护能力,避免成为勒索软件攻击的目标。

常见勒索病毒传播途径如图 8-1 所示。

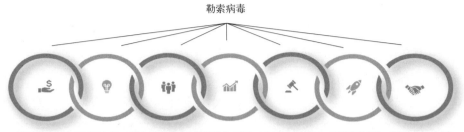

图 8-1 常见勒索病毒传播途径

(1) 人员管理安全风险

据统计,40%以上数据勒索事件由于人员不正当操作引发。攻击者通过挂马网站、电子邮件、网盘、社交媒体等渠道散播钓鱼链接,诱使企业工作人员下载木马程序,并植入勒索软件,待获得内部设备控制权限后,通过摆渡攻击、横向扩散等方式在企业内部网络中传播。

(2) 系统漏洞安全风险

漏洞利用是勒索软件攻击最为主要的技术手段之一。攻击者通过扫描端口探测目标组织暴露在互联网中未及时修复漏洞的系统,利用已公开安全漏洞或非法购买的未公开安全漏洞,实施远程攻击入侵,获取管理员权限,并在内部网络横向移动,扩大勒索软件感染范围。

(3) 凭证失窃安全风险

攻击者通常利用暴力破解、密码喷洒、代码共享平台检索等方式获取目标组织网络资产的远程登录用户名和密码,进而通过远程协议登录并植入勒索软件。攻击者一旦成功登录服务器,获得服务器控制权限,即可将服务器作为攻击跳板,在用户内部网络进一步传播勒索病毒。

(4) 第三方供应商安全风险

当前企业普遍大量采购第三方软件供应商提供的产品和服务。攻击者利用第三方软件供应商与企业用户间的信任关系,通过攻击入侵第三方软件供应商相关网络服务,在软件分发、升级、打补丁等过程中,对正常软件进行劫持篡改，绕过企业网络安全防护机制，传播勒索软件。

（5）移动存储介质安全风险

部分勒索软件可将自身复制隐藏至移动存储介质中，同时修改存储介质盘符、图标，诱骗用户点击，从而运行勒索软件，传播勒索病毒。此外，攻击者也可利用工作便利主动发放特制的移动存储介质，传播勒索软件。

（6）缺乏保护导致安全风险

被勒索企业数据安全保护能力普遍较差，多数企业缺乏顶层设计，未建立网络安全纵深防御体系，内部网络未实行分区分域管理，网络区域间未采取安全隔离和认证手段，终端缺乏恶意软件防护措施，数据安全管理能力与安全技术水平存在不足，安全能力难以发展协同。

3. 数据勒索攻击流程

数据勒索软件攻击主要包括勒索侦察、渗透入侵、勒索威胁、勒索兑现等四个阶段。勒索攻击流程如图 8-2 所示。

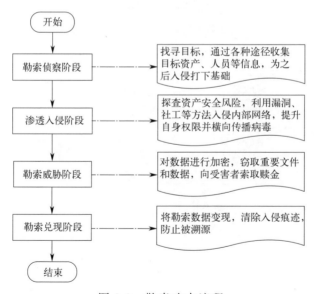

图 8-2　勒索攻击流程

（1）勒索侦察阶段

攻击者综合考虑企业社会地位、社会背景、利用价值等多方面因素，选择勒索对象。确认目标后，通过情报收集、主动扫描、钓鱼、网络渗透等多种技术手段，获取目标组织的信息资产、网络拓扑、组织架构等信息，以便后续定向进行勒索攻击。

（2）渗透入侵阶段

攻击者根据勒索侦察阶段获取的目标组织信息，利用系统漏洞、错误配置、钓鱼、脆弱性凭证、第三方供应商软件等，投放木马程序，获取目标组织内部网络中设备控制权限，植入勒索软件，伺机在内部网络横向传播，进一步扩大勒索攻击范围。数据勒索渗透入侵流程如图8-3所示。

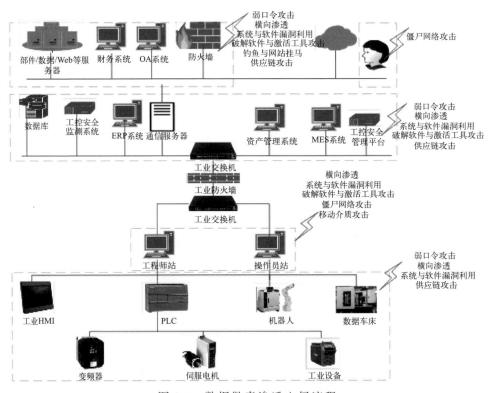

图8-3　数据勒索渗透入侵流程

（3）勒索威胁阶段

为进一步增强勒索软件攻击杀伤力，提高被勒索企业缴纳赎金的可能性，攻击者会对数据库、应用系统配置、研发设计图纸等关键文件数据加密，致使数据无法使用或系统设备锁定。在此基础上，攻击者窃取、破坏目标组织商业机密，使受害者同时承受数据丢失或公开、声誉受损、法律处罚等多重压力，并以此为筹码，胁迫受害者支付勒索赎金。

(4) 勒索兑现阶段

勒索攻击成功后，攻击者利用勒索窃取的数据胁迫受害者支付赎金。若受害者支付赎金，攻击者会将加密密钥发送给受害者进行解密；若受害者拒付赎金，攻击者大概率会将下载的数据放至暗网出售，弥补勒索组织的损失。但是，即便支付了赎金，仍可能由于技术原因导致数据恢复失败，泄露的数据也可能被重新包装后放至暗网出售。攻击者在入侵结束后，会通过暂停日志进程，停止日志记录、清除日志、删除远程桌面记录、删除用户、伪造日志等行为来清理攻击痕迹，阻止受害者追踪或恢复数据。

4. 数据勒索排查方式

企业可排查是否存在利用木马、钓鱼链接等引发的勒索风险。攻击者通过挂马网站、电子邮件等渠道散播钓鱼链接，诱使企业人员下载木马程序并植入勒索软件。企业可排查邮件是否存在含有勒索软件的钓鱼邮件等情况。利用木马检测等手段排查数据处理系统是否存在植入勒索软件的木马、钓鱼链接等情况。排查主机等是否安装木马病毒查杀软件并定期开展检测。

排查是否存在利用失窃认证凭证引发的勒索风险。攻击者通常利用暴力破解、密码喷洒、代码共享平台检索等方式获取企业数据处理系统的远程登录用户名和密码，进而通过远程协议登录并植入勒索软件。企业可排查数据处理系统是否存在弱口令等问题，是否定期开展弱口令自查、口令修改等工作。

排查是否存在利用第三方软件引发的勒索风险。攻击者通过入侵第三方软件（包括但不限于 PLM、ERP、MES、SCM、SRM、CRM 等），在软件分发、升级、打补丁等过程中，对软件进行劫持篡改后用以植入勒索软件。企业可排查是否对第三方软件进行安全检测后再部署应用，是否在软件应用过程中定期开展勒索防范检测。

排查是否存在利用移动存储介质引发的勒索风险。部分勒索软件可将自身复制隐藏至移动存储介质中，同时修改存储介质盘符、图标，创建与移动介质图标相同或相似的快捷方式，诱导用户点击运行后植入勒索软件。此外，攻击者也可利用工作便利主动发放特制的移动存储介质植入勒索软件。企业可核查是否明确移动存储介质安全管理相关要求。排查主机、服务器等系统设备中是否存在移动存储介质非授权插拔现象，以及与移动存储介质图标相同或相似的快捷方式等情况，是否定期查杀移动存储介质。

5. 数据勒索防范措施

为有效防范数据勒索软件传播，根据数据勒索攻击流程，将数据勒索防范工作分为事前风险防范、事中应急处置、事后整改加固三个阶段。企业可在事前采取风险防范措施，建立完善数据安全管理机制，构建安全数据处理环境，提高人员安全意识等措施，预防勒索软件入侵；事中根据事件发展态势进行快速响应，及时隔离感染源，加固未感染设备，控制事件发展态势，上报攻击事件有关信息；事后提取勒索软件样本特征，排查攻击痕迹，采取相应的整改加固措施，恢复受影响服务，全面对勒索事件进行总结。数据勒索防范流程如图8-4所示。

（1）事前风险防范

1）梳理数据处理相关载体清单

按照数据处理相关载体使用情况和业务系统接口情况，梳理形成数据载体清单、数据接口清单。

① 建立数据载体清单。数据载体清单主要用于掌握数据载体的使用情况，以日常核查数据载体及相关配置。数据载体清单模板如表8-1所示。

表8-1 数据载体清单模板

序号	载体类型	载体名称	厂商	型号	MAC地址	IP地址	域名	端口	承载业务
1	工业控制器	PLC	西门子	S71212	A0-B0-C0-10-20-30	192.168.xx.xx	无	102	工业控制
2	工控机	工业实时数据库	亚控	King Historian	A0-B0-C0-10-20-31	192.168.xx.xx	无	5678	工业数据存取

续表

序号	载体类型	载体名称	厂商	型号	MAC地址	IP地址	域名	端口	承载业务
3	服务器	ERP系统	SAP	ERPV1	A0-B0-C0-10-20-32	192.168.xx.xx	erp.company.com	80	ERP管理
4	存储设备	云存储	华为	OceanStor	A0-B0-C0-10-20-33	192.168.xx.xx	无	81	云服务
…	…	…	…	…	…	…	…	…	…

注：载体类型包括但不限于服务器、便携式计算机、工控机、工业控制设备、台式机、安全设备、存储设备等。

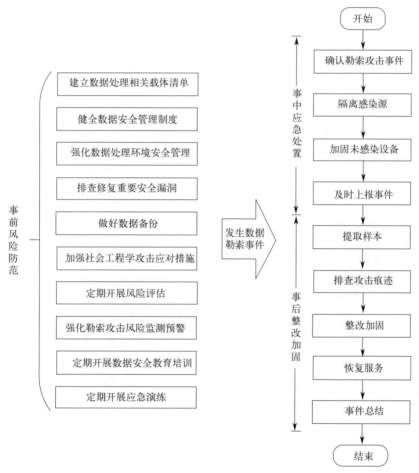

图8-4 数据勒索防范流程

② 梳理数据接口清单。数据接口清单用于日常核查系统接口认证、

使用和监测情况，包括各业务系统的接口名称、功能描述、协议、加密方式等信息。数据接口清单如表 8-2 所示。

表 8-2 数据接口清单

序号	系统名称	接口名称	功能描述	协议	加密方式	鉴权措施
示例	OA	创建/修改 XX 数据	数据从 ERP 同步到 OA 流程	HTTP	SM2	双因子认证
...	...	...	...	...	...	...

2）健全数据安全管理制度

依据《数据安全法》《工业和信息化领域数据安全管理办法（试行）》等法规制度及相关标准规范，结合企业实际情况和安全防护特点，制定企业数据安全管理制度，明确人员管理、分类分级、数据处理环境管理、供应链管理、应急处置、风险评估等与数据勒索防范相关的管理要求，提高数据勒索防范能力，提升数据安全管理水平。

3）强化数据处理环境安全管理

① 设备安全管理

a. 合理配置设备口令、端口、服务等安全策略，定期开展配置审计工作。

b. 使用杀毒软件、应用程序白名单、终端检测与响应（EDR）等技术阻止未授权软件或行为运行，定期更新病毒库或安全检测策略库，并定期进行查杀。

c. 根据数据载体资产清单，禁止开放非必要的高风险网络服务端口（如 3389、22 等远程访问服务端口，135、139、445 等局域网共享端口等）。

d. 严禁使用破解版软件，使用专用移动存储介质，减少勒索软件传播风险。

e. 根据数据接口清单，加强对数据接口的安全配置和日志记录，设置数据接口访问白名单并定期对白名单和安全配置进行审查。

② 网络安全管理

a. 合理规划网络架构，根据承载业务特点、业务规模、影响工业生产的重要程度等因素，对企业内部网络实施分区分域管理。

b. 部署防火墙、网闸等设备,实现域间横向隔离。

c. 规范设备联网管理,建议采用 IP、MAC 地址绑定等策略限制非授权设备联网。

d. 严禁将重要数据和核心数据涉及的数据载体部署在网络边界处。

e. 定期对网络安全设备防护策略进行更新。

③ 强化身份鉴别管理。访问企业邮件、OA、ERP、MES、SCADA 等数据处理关键业务系统时,采用单点登录或多因素认证方式,强化身份认证管理,防范勒索软件利用脆弱性凭证传播。主要措施为:

a. 遵循最小授权原则,合理设置账户权限。

b. 禁用不必要的系统默认账户和管理员账户,及时清理过期账户。

c. 避免使用默认口令或弱口令,每季度更新一次口令。

d. 设置高强度口令,长度至少 8 位,包含大小写字母、数字以及特殊字符中的三种以上。

e. 设置登录尝试次数及登录连接超时时间(如 3 次,10 分钟)。

④ 加强日志管理。重要主机设备、网络设备、应用系统、云服务等访问和操作日志的留存时间不少于六个月,并定期对日志备份,便于开展事后溯源取证。

⑤ 强化数据的健康监测。企业应根据实际情况加强数据在收集、存储、使用、加工、传输、提供、公开等环节的安全健康监测,实时检测和识别数据的状态变化,确保发生数据被加密、破坏或删除等恶意操作行为时能够及时进行报警,帮助企业迅速定位问题并采取应对措施。

4)排查修复重要安全漏洞

① 漏洞排查与修复。密切关注国内外权威漏洞库及相关厂商发布的漏洞预警通知,及时开展漏洞排查修复工作。

② 数据安全防护加固。工业企业可咨询设备厂商或专业机构评估漏洞修复影响,若漏洞修复困难或影响工业生产,建议可临时采用身份鉴别、访问控制、IP 端口封禁、入侵防护、系统逻辑隔离等多种措施进行安全加固。

③ 建立漏洞排查与修复常态化机制。按照数据载体清单,利用终端检测与响应、杀毒软件、主机安全防护等主机防护软件,漏洞扫描设

备等工具,每月至少开展一次漏洞扫描、"后门"排查和病毒查杀,确保漏洞应修尽修。

5) 做好数据备份

① 建立数据资产目录。根据重要数据识别相关标准要求,开展数据分类分级,形成数据资产清单和重要数据目录。

② 定期开展数据备份工作。结合数据重要程度,面向关键主机的操作系统、配置文件、重要业务系统等,根据实际情况定期开展增量或全量数据备份。建议一般数据视情况每年至少进行一次备份,重要数据每半年至少进行一次备份,核心数据原则上实时备份。同时加强对备份数据的安全性检测,确保备份数据的可用性、完整性和可恢复性。

③ 建立数据异地备份机制。原始数据与备份数据应存储在不同网络环境或异地,备份数据的安全防护要求不低于原始数据。

④ 建立数据恢复机制。建立数据灾难备份恢复机制,定期进行备份数据的恢复性测试,至少每季度对备份数据的可恢复性进行检查。建议企业根据实际情况建设核心业务系统的完整性恢复验证平台并建立分钟级的恢复验证机制,实现业务级恢复验证,缩短重要业务 RTO、RPO 响应流程时间。

⑤ 重要数据和核心数据处理系统热冗余。对涉及重要数据和核心数据的历史数据库、时序数据库、实时数据库等存储设备进行硬件冗余,保证主设备出现故障时冗余设备可及时切换并恢复数据。

6) 加强社会工程学攻击应对措施

重点加强企业电子邮件、DNS、浏览器的安全使用。

① 启用电子邮件安全认证功能。启用基于域的消息认证、报告和一致性(DMARC)等安全认证协议,验证电子邮件域名来源的真实性,关闭 Office、PDF 等办公软件的宏脚本功能。

② 启用域名解析服务。使用保护性域名解析服务(PDNS),阻止可疑域名访问。

③ 使用安全隔离的浏览软件。使用具备安全沙箱功能的浏览器(如 Chrome、Firefox、Microsoft Edge)访问外部网络,隔离访问进程,限制非信任程序访问,实现主机与恶意代码隔离。

7) 定期开展风险评估

按照数据安全风险评估相关标准规范，聚焦影响业务开展风险评估，掌握数据安全风险总体状况，及时发现勒索软件传播安全隐患，加固安全管理和技术防护措施。

8）强化勒索攻击风险监测预警

① 密切关注安全态势。企业数据安全负责人应密切关注科研院所、安全企业发布的数据勒索事件分析及安全态势研究报告，组织做好安全防范。

② 部署监测审计设备。部署监测审计相关设备或平台，在不影响生产稳定运行的前提下，及时发现处置安全漏洞、勒索攻击等安全风险，必要时应咨询专业服务机构或安全企业协助处置。

9）定期开展数据安全教育培训

① 提高数据安全防护意识。面向企业管理人员、技术人员、操作人员等，定期开展网络和数据安全相关法律法规、政策标准宣传教育，增强企业人员网络和数据安全意识，规范使用电子邮件、浏览器、存储介质等，防范勒索软件运行和病毒传播。

② 培养数据安全事件应对能力。针对网络、系统相关运维人员等，定期开展专业技能培训，了解数据勒索应对的基本方法。培训对象及内容如表 8-3 所示。

表 8-3　数据安全培训对象及内容

培训对象	培训内容
管理人员（主要培训对象为各部门的主管人员、数据安全负责人、关键业务负责人）	通过法律法规培训，解读《数据安全法》《工业和信息化领域数据安全管理办法（试行）》等法律法规重点内容，提高企业人员对防勒索等数据安全防护工作的重视程度，掌握数据安全保护义务等相关要求
技术人员（主要培训对象为负责数据安全管理的技术人员、运维人员）	通过安全技能培训，讲解数据安全防护要求以及各类安全设备的管理和使用方法，使培训对象掌握勒索软件防护和应急处置方法
全体员工（包括管理人员、技术人员、操作人员）	1. 通过制度宣贯，使培训对象掌握企业数据安全相关制度方案和管理流程，推动企业数据安全制度有效执行。 2. 通过安全技能培训，使培训对象掌握文件操作和使用杀毒软件的基本功能，利用杀毒软件或其他安全软件对勒索软件进行隔离方法，能够在紧急情况下采取应急措施，对邮件附件、存储介质的安全性进行查杀，使用系统自带备份功能进行定期备份，了解如何卸载非必要软件等操作方式。

续表

培训对象	培训内容
全体员工（包括管理人员、技术人员、操作人员）	3. 通过安全意识培训，讲解数据安全典型风险案例和常规安全保护要求，规范系统平台和社交媒体的管理和使用，使员工了解数据安全问题对工业生产造成的影响，及时排查现存的问题，重视病毒查杀、数据备份和密码管理等日常工作，严禁转发恶意链接及执行非常规操作，防范勒索软件利用钓鱼与网站挂马等进行传播，避免泄露企业及企业合作方、上下游供应链企业系统账号、联系人身份信息等敏感信息

10）定期开展应急演练

① 建立应急响应机制。企业根据实际情况，制定完善应急预案及响应措施。根据梳理的数据全生命周期载体清单，完善勒索病毒应急响应方案，划定应急响应重点，明确应急响应的每个流程环节，将数据载体的应急响应具体到责任人。

② 建立应急演练常态化机制。企业可搭建与真实网络环境相似的演练环境，包括网络拓扑、系统配置、数据模拟等，确保演练的真实性。根据演练场景，编写详细的演练脚本，包括攻击手段、攻击路径、攻击目标等，确保演练的顺利进行。根据应急预案，每年至少开展一次数据勒索事件的应急演练。按照演练计划，模拟攻击场景，让参与者在实践中学习和掌握应对方法。

③ 应急演练总结与预案修订。对演练过程进行评估，总结应急演练成效，提出改进措施和建议，必要时修订应急预案。

（2）事中应急处置

1）确认勒索攻击事件

① 勒索事件初步判断。若服务器或主机等设备被锁定无法正常登录、服务无法访问，系统提示、弹窗、文件中出现勒索威胁信，磁盘文件无法正常读写、后缀被篡改，则说明设备可能感染勒索软件。

② 勒索事件确认。确认勒索攻击事件后，应立即拍照或截图取证，截图内容包含勒索威胁信、被篡改系统界面、加密文件后缀名及文件修改时间，供应急处置人员作初步判断用。

2）隔离感染源

① 隔离被感染设备

a. 立即切断被感染设备的所有物理网络连接，切断攻击者对受控设备的远程控制，防止勒索软件横向传播。

b. 严禁对被感染设备进行重启或反复读写操作，以免影响后续数据恢复及取证工作。

② 隔离被感染网络。若多台设备感染勒索软件，应尽量在网络交换节点处进行隔离，如关闭被感染设备所处网络的交换机电源，实现网络内设备间隔离，防止勒索软件继续传播，造成更大损失，待应急响应结束并完成安全加固后再恢复网络。

3）加固未感染设备

① 资产排查。根据数据载体资产清单，对被中毒设备以外的其他设备和数据资产进行感染范围的安全排查，确定未感染勒索软件的设备和数据资产。

② 隔离未感染设备。为避免应急处置过程中勒索软件继续传播，建议根据实际情况隔离未感染设备。确保切断未感染设备的网络与被感染设备的网络连接，全面进行病毒查杀并修复相关补丁，进一步核查关闭高危端口、修改弱口令和默认口令为复杂口令。若因业务需要无法断网，可加强对非必要端口（3389、445、139、135等）管控措施，如在防火墙等安全设备设置IP白名单规则，配置高级安全规则。

③ 强化访问控制机制。为避免攻击者进一步利用泄露口令爆破入侵其他系统，用户应加强访问控制并立即修改设备登录口令。

4）及时上报事件

① 安全事件级别评判。数据勒索事件发生后，企业可根据数据安全应急预案等相关制度，判定安全事件级别。

② 安全事件上报。重大以上安全事件，企业应按照要求立即向地方行业监管部门报告。

③ 安全事件处置。立即组织本单位技术团队及外部技术力量采取应急处置措施，开展数据恢复及追溯工作，控制影响范围，保存相关痕迹和证据。

（3）事后整改加固

1）提取样本

① 提取勒索软件样本。通过查看可疑进程、异常启动项、异常注

册表、网络连接、可疑流量等方式进行勒索软件定位并提取勒索软件样本。

② 确定勒索软件解决方案。借助勒索软件解密网站，通过上传被加密文件样本或检索勒索软件样本、加密文件后缀、勒索威胁信关键词等方式确认勒索软件家族，获取解决方案。

2）排查攻击痕迹

通常勒索软件会通过在系统中新建后门账户、驻留进程、植入脚本、增加启动项、添加定时任务的方式实现对系统的持久控制。企业应检查受感染设备网络连接、进程、账号、计划任务、登录日志、自启动项、文件操作等关键信息，分析网络及安全设备告警日志，排查勒索软件攻击痕迹，还原攻击路径，确定传播影响范围。

① 异常用户账号排查。部分勒索软件在系统中建立隐藏后门账号以实现持久控制，可以利用以下系统命令检查是否存在异常账号：

- Windows 操作系统，可在命令提示符中使用 net user 命令，查看用户信息，如创建时间、所属组、最近登录时间等；使用 lusmgr.msc 命令打开本次用户和组或 wmic useraccount get name, \$ID, 可查看系统创建的隐藏账户。
- Linux 操作系统，可使用 awk-F:'\$3==0{print \$1}'/etc/passwd1. 查询特权用户（uid 为 0），查看是否新增异常账号。使用 awk'/\\$1|\\$6/{print \$1}'/etc/shadow 命令查询远程登录账号信息。

② 异常进程排查。勒索软件进程名称有别于正常程序，具有 CPU 资源占用率高的特点，可利用以下系统命令查看进程详细信息开展异常进程排查：

- Windows 操作系统，可使用 tasklist 命令或任务管理器，查看进程信息。
- Linux 操作系统，可使用 top 命令，查看进程名称及 CPU 占用率信息。

③ 异常网络连接排查。勒索软件通常具备局域网扫描、控制指令接收、数据外传等异常网络通信行为。可使用以下系统命令查看网络连接，检查是否有外部可疑 IP 地址连接，以及 1433、3306、3389 等高危

服务端口连接情况：

> - Windows、Linux 操作系统，均可使用 netstat-ano 命令，查看网络连接信息。

④ 异常文件检查。勒索软件运行后会释放、下载配置信息或恶意代码等文件，可在系统关键位置开展异常文件检查，排查攻击痕迹：

> - Windows 操作系统，可在用户目录的 Recent 文件夹、Web 服务器目录、回收站、下载目录、浏览器历史记录等位置，将文件列表按时间进行排序，查找可疑文件。
> - Linux 操作系统，可使用 find. /-iname" * "-atime X-type f 查找某一时间范围内创建的文件，重点检查/tmp 等敏感目录，针对可疑文件可以使用 stat 命令查看创建修改时间。

⑤ 异常启动项排查。多数勒索软件会修改系统启动项，以实现开机自动运行。可利用系统自带的计划任务程序，查看计划任务所执行的操作，判断是否存在异常计划任务：

> - Windows 操作系统，通过 wmic startup get command，caption 命令查看系统启动项。
> - Linux 操作系统，可通过 cat/etc/inittab 命令查看系统启动项。

⑥ 异常定时任务排查。部分勒索软件可通过修改系统定时任务，实现恶意进程驻留检查，可利用以下系统命令，查看定时任务信息，判断是否存在异常：

> - Windows 操作系统，可通过 schtasks/query/fo LIST/v 命令查看系统计划任务，通过 wmic service list brief 查看系统服务。
> - Linux 操作系统，可通过 cat/etc/crontab 命令查看系统定时任务，通过 chkconfig --list 查看服务自启动状态。

⑦ 异常日志排查。勒索攻击后，通常在操作系统中会存留异常行

为日志，可通过以下命令查看日志，并排查攻击痕迹：

- Windows操作系统，可在系统根目录中，\Windows\System32\Winevt\Logs目录下，查看系统、应用、安全日志。
- Linux操作系统，可在/var/log目录下，查看定时任务、邮件、登录、安全日志。

⑧ 安全设备告警日志排查。具备安全防护技术条件的企业，可查看防火墙、VPN、态势感知平台、日志审计、数据库审计、终端检测与响应（EDR）、杀毒软件等安全设备中的安全告警及工作日志信息，进一步排查被感染终端设备，分析勒索软件传播路径。

3）整改加固

① 排查并清除恶意残留。根据攻击痕迹排查情况，彻底清除被感染设备中勒索软件残留的恶意代码、后门账号、计划任务、自启动项等攻击痕迹，并全面查杀恶意代码。

② 修复并优化安全策略。使用安全软件彻底修复数据载体清单设备存在的安全漏洞，并对其安全防护策略进行优化。

③ 消减数据勒索风险。全面落实事前风险防范措施，全面消减数据勒索风险。

4）恢复服务

① 恢复操作系统。若无法彻底清除勒索软件或者被锁软件无法解密，应采用系统备份镜像恢复或重新部署安装操作系统。

② 恢复应用。若无法彻底清除勒索软件，无法解密数据，应采用备份应用数据恢复或重新部署。

③ 恢复数据。若无法利用专用解密软件、暴力破解工具等恢复加密数据，应利用本地、异地或云端存储的备份数据进行恢复。

④ 服务测试。待操作系统和应用恢复等基础环境和应用数据恢复后，在可控条件下进行服务测试，待服务无异常后可上线运行。

⑤ 恢复网络。完成系统、数据、应用恢复工作后，可将数据载体重新接入网络中，并在网络边界处做好安全配置。

⑥ 上线运行。基础环境恢复后，应在可控条件下开展试运行测试，

待服务无异常后可上线运行。必要时可联系专业机构协助开展恢复工作。

5）事件总结

全面梳理数据勒索事件应急处置过程，总结经验教训，编制形成数据勒索攻击事件处置报告，及时向行业或地方主管部门报告。报告内容包括但不限于数据勒索事件概述、影响范围、临时处置措施、分析溯源、加固整改等。

6. 数据勒索防护与处置案例

（1）数据勒索事件概述

某化工企业是一家集药品研制、生产、销售于一体的国际化制药企业集团，2022年该公司某业务系统的操作员站主机电脑遭受勒索软件攻击。

（2）事件应急处置过程

在发生勒索事件后，公司立即启动应急预案，成立应急响应专家小组，并通过电话和线上会议等方式，借助外部技术力量采取应急处置措施，控制影响范围。

① 确定勒索攻击事件。确认勒索攻击事件后，企业安全小组的应急处置人员立即对被篡改主机操作系统界面进行拍照取证，初步判定主机感染了Wannacry勒索软件，发现D盘中的数据库文件和E盘中的工作文件均被加密，如图8-5～图8-7所示。

② 隔离感染源。为防止勒索软件通过网络继续传播影响其他重要业务系统，应急人员第一时间断开中毒主机的网络连接（拔掉网线），切断攻击者对受控系统的远程控制。同时，断开中毒主机的汇聚层网络设备，进一步隔离感染网络，防止勒索软件在网络内横向移动，造成更大危害。同时，尝试开展勒索软件的离线分析。

③ 加固未感染设备。应急人员查看中毒主机同网络区域和其他网络区域中的主机勒索软件感染情况，未发现中毒主机。临时在防火墙等安全设备设置IP白名单规则，配置高级安全规则，禁止中毒主机IP与其他网络进行通信连接。启动企业版主机安全软件进行病毒查杀，并在

图 8-5　企业中毒主机勒索弹窗

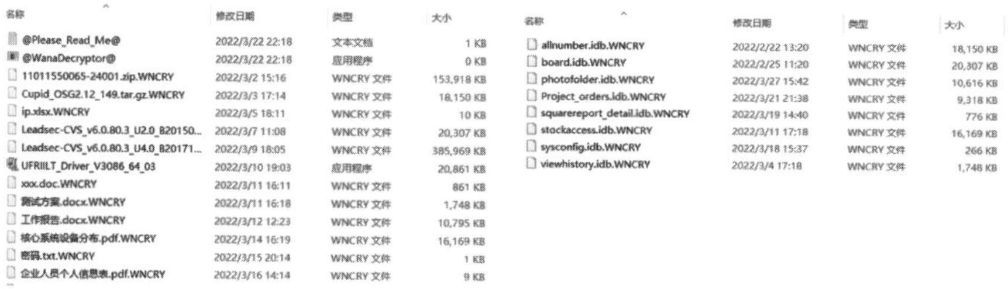

图 8-6　被勒索软件加密后的数据文件

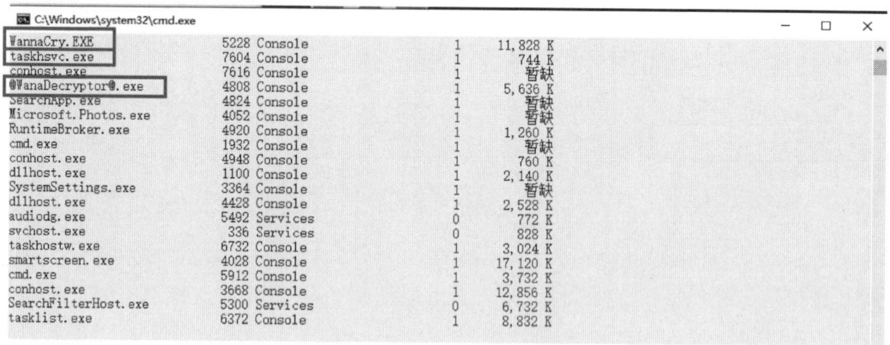

图 8-7　中毒主机的应用程序进程

企业群中发出通知，要求全企业用户加强访问控制，立即修改设备登录口令为复杂口令。

④ 及时上报事件。企业核查相关事件信息后，立即向当地主管部门上报，主要包括以下信息：
- 勒索软件攻击事件的发生时间、地点；
- 勒索软件攻击事件的影响范围；
- 勒索软件的攻击路径和攻击手段初步分析；
- 勒索软件攻击事件造成的业务影响和经济损失。

（3）事后加固措施

① 提取样本特征。登录中毒主机，通过桌面勒索信中"Wana Decryptor"等关键字，判定为 Wannacry 家族病毒。通过查看系统注册表、进程和系统服务，定位到主机所中的勒索病毒位于"C:\用户\wanancry"，使用安全的 U 盘提取该勒索软件的病毒样本信息，如图 8-8～图 8-10 所示。

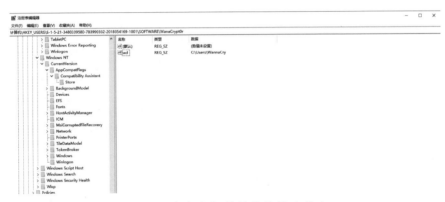

图 8-8　中毒主机的异常注册表信息

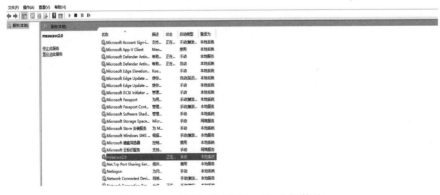

图 8-9　中毒主机异常系统服务信息

第八章　典型数据安全风险防范指引　201

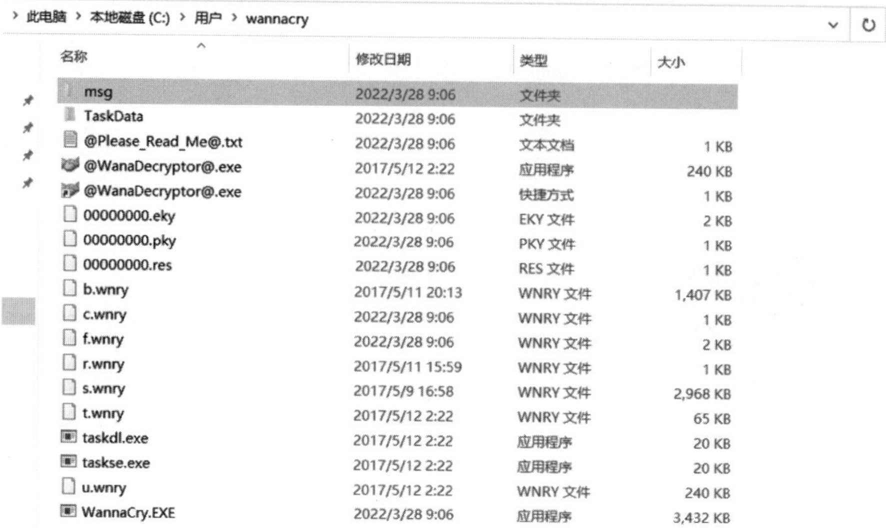

图 8-10　中毒主机的勒索软件定位

② 排查攻击痕迹。对系统进行安全检查，摸清勒索软件攻击情况，主要包括系统异常用户检查、系统异常进程检查、系统端口连接信息检查、系统异常启动项检查四方面。同时，结合主机和网络部署的安全产品日志分析和勒索软件样本逆向分析，摸清勒索软件勒索加密、传播机制以及入侵手段。

使用"net user""netstat-ano""msconfig""tasklist""mic startup get command""resmon"和主机日志信息，明确当前中毒主机勒索软件的攻击痕迹和攻击路径为"用户将受感染的 U 盘插入到中毒主机中，U 盘中的勒索软件自启动运行后感染整个主机，控制并加密相关文件"，如图 8-11～图 8-14 所示。经分析，确定企业未被大面积感染，目前只有一台中毒主机。

③ 整改加固。攻击痕迹排查后，清除病毒的安装文件。由于该勒索软件目前尚未提供解密方法，故只能进行系统重装和数据恢复。

• 使用 PE 盘进入主机安装界面，对系统所有硬盘进行格式化操作后在 C 盘重新安装操作系统。

• 下载杀毒软件，更新病毒库至最新，部署到重装系统后的中毒主

图 8-11 中毒主机的网络端口连接状态

图 8-12 中毒主机的启动项

机,并进行全面查杀,查杀后更新与 MS17-010 漏洞相关的补丁(如 KB4012598、KB4012212、KB4012215、KB4011981 等)。

● 关闭 135、445 等高危端口(以关闭 445 端口为例,如图 8-15 所示)。

④ 恢复系统数据

a. 支持解密的数据恢复。部分勒索软件能够进行被锁文件解密。可下载解密工具进行批量被锁文件解密,如图 8-16 所示。

b. 不支持解密的数据恢复。对于目前不支持解密的被锁文件,需要开展数据的备份恢复。

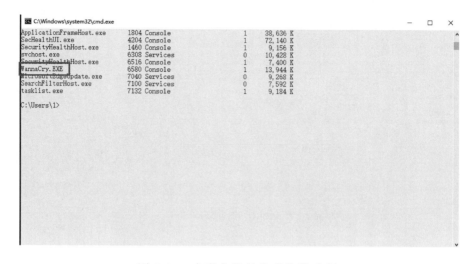

图 8-13 中毒主机的勒索软件进程

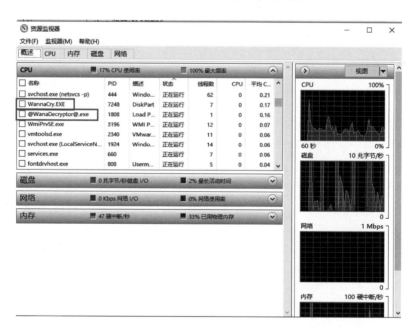

图 8-14 中毒主机的资源使用情况

- 将备份的业务系统重新部署到重装系统后的主机。
- 安装同版本的数据库软件，在系统服务中停止数据库软件服务，将原备份的数据文件复制到数据库系统的数据文件目录下，并再次启动数据库系统服务。

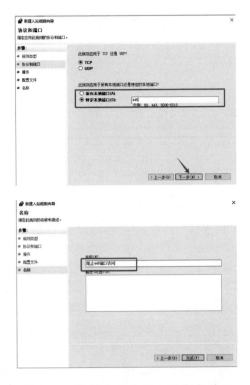

图 8-15　关闭主机本地 445 高危端口

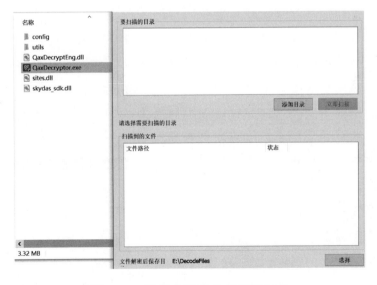

图 8-16　被锁文件的批量解密工具

第八章　典型数据安全风险防范指引　205

- 启动主机部署的业务系统，测试系统是否可提供正常启动运行。
- 对重装系统后的主机进行网络恢复，经测试通过后提供上线服务。

二、数据暴露面

企业可排查是否开展重要数据和核心数据公开环节的登记、审批程序，是否对数据公开采取了必要的安全防护措施。采用 wireshark、tcpdump 等工具对联网数据处理系统进行抓包分析，排查是否存在重要数据和核心数据明文传输、直接暴露于公网等问题。在 Github、CSDN 等代码平台以及云盘、网盘等进行关键词检索，排查是否存在重要系统源代码、研发设计文件等数据被公开披露等情况。排查 SCADA/MES 等系统，PLC/RTU/远程 IO 模块等工业控制设备，工业数据采集/工业数据转换/串口服务器等工业通信设备，工业云、工业互联网平台、工业大数据平台等平台是否与公网直接相连，是否存在因弱口令、默认口令、默认配置等导致数据可从公网直接访问、获取等风险。

企业可加强对数据处理系统联网情况的梳理和安全管理，建立联网数据处理系统台账和资产清单。根据数据公开环节安全防护的需要，采用数据脱敏、数据标注、数据水印等安全措施。加强联网数据处理系统数据接口的安全管控，采用访问控制、接口鉴权等手段，保障数据公开涉及的接口调用安全。定期对联网数据处理系统开展远程检测，根据检测结果对系统的数据安全薄弱项进行整改加固。定期对重要系统源代码等进行扫描跟踪，避免源代码泄露。分类施策开展数据暴露风险防范，如：针对数据处理系统弱口令、默认口令、空口令等产生的风险，要提高口令强度并定期更换，必要时可采用多因子认证等方式；针对数据处理系统直接暴露于公共互联网的风险，要加强边界防护和访问控制，必要时可采用 VPN 传输数据、设置 IP 白名单等措施，或者视情断开相关系统与公共互联网的直接相连；针对因接口安全防护不足导致的数据资产暴露风险，采用接口鉴权、访问控制等方式加强接口安全管理。结合实际建立数据暴露风险监测预警等技术能力，强化对联网数据处理系统的数据安全风险监测分析和防范。

三、数据库安全保障措施不健全

企业可核查数据库是否根据数据级别和安全防护需要，配置相应的权限管理、访问控制、数据加密、数据脱敏等措施；是否建立数据库安全管理相关规范，明确数据库使用、运维等方面的安全管理要求。涉及重要数据和核心数据的，核查是否采用校验技术、密码技术等措施进行安全存储；核查数据库备份恢复措施落实情况、数据恢复测试记录等，是否实施数据容灾备份，并定期开展数据恢复测试。核查是否留存数据库操作日志记录，日志记录留存时限是否满足 6 个月，日志记录内容是否完整、准确，包括执行时间、授权情况、操作账号、处理对象、处理方式等；通过日志分析等手段核查是否存在数据短时高频访问、越权访问、异常复制或导出等情况。

企业可建立数据库安全管理相关规范，明确数据库使用、运维等方面的安全管理要求。根据数据库安全防护需要，采取数据库用户鉴别和认证、访问控制、数据加密、数据脱敏等安全措施。存储重要数据和核心数据的，还应当采用校验技术、密码技术等措施进行安全存储，并实施数据容灾备份和存储介质安全管理，定期开展数据恢复测试。明确数据库操作日志管理要求，确保日志记录留存完整准确，开展日志审计，及时发现处置违规使用、异常操作等安全风险。

四、漏洞、"后门"

企业可根据工业和信息化领域数据安全风险信息报送与共享平台通报的，以及 CNNVD、CNVD、NVDB、CICSVD、CVE 等国内外漏洞库中公开的与数据安全风险强相关的硬编码、目录遍历、远程代码执行、未授权访问、弱口令等漏洞及"后门"程序信息，对照排查数据处理系统是否存在威胁数据安全的漏洞、"后门"，核查相关漏洞、"后门"是否可被攻击者利用并窃取数据、发起勒索攻击等风险。

企业可采取漏洞扫描、"后门"巡检等措施，定期对数据处理系统开展扫描检测，及时发现并修复漏洞和"后门"，在不影响生产经营正常运行的情况下，保证应修尽修。采取网络隔离、边界防护、入侵检测、身份认证、访问控制等措施，关闭不必要的端口或服务（如3389、22等远程访问服务端口，135、139、445等局域网共享端口等），避免攻击者利用漏洞、"后门"窃取数据，发起勒索攻击等。

五、数据上云上平台安全措施不足

企业可查验是否建立自建云平台、使用的第三方云平台清单以及上云上平台的数据清单。针对自建的云平台，核查云平台在上线运行前是否具备数据收集、存储、传输、使用等环节的安全保护能力；针对使用的第三方云平台，核查与云服务商签订的相关合同协议，是否明确云服务模式（如服务器托管服务、存储服务、计算服务），是否针对具体服务模式清晰界定数据上云上平台全流程数据安全保护相关责任义务。核查重要数据和核心数据上云上平台过程中，是否采取校验技术、密码技术、安全传输通道或安全传输协议等措施，确保数据传输安全；在上云上平台后，是否采取校验技术、密码技术、备份恢复、访问控制等措施，确保数据存储和使用安全。核查云平台相关服务支撑组件（包含但不限于Zookeeper、Yarn、Kafka、Hive、Elasticsearch、Logstash、Kibana等）口令、权限、接口配置等安全策略，是否存在威胁数据安全的策略配置不当等问题。

企业可建立自建云平台、使用的第三方云平台清单以及上云上平台的数据清单。针对自建云平台，同步建立适配的数据安全防护能力，并在上线前进行测试验证，确保云平台数据收集、存储、传输、使用等全生命周期安全；针对使用的第三方云平台，在与云服务商签订的相关合同协议中，明确云服务模式，加强数据安全保护责任界定，细化数据上云上平台全流程数据安全保护责任义务。针对重要数据和核心数据向云平台传输环节，采取校验技术、密码技术、安全传输通道或安全传输协议等措施，确保数据传输安全；在云平台存储、使用环节，采取校验技术、密码技术、备份恢复、访问控制等措施，确保数据存储和使用安全。定期巡检云平台相关服务支撑组件的口令、权限、接口配置等安全策略设置情况，避免云平台因配置不当威胁数据安全。

六、内部员工不当操作

企业可对数据处理活动涉及的操作人员及其操作权限进行梳理，形成数据操作人员权限记录表，包括姓名、部门、岗位职责、涉及数据处理活动、系统平台账号、操作权限等。同时，对重要数据和核心数据处理活动涉及的操作人员进行梳理，形成重要数据和核心数据操作人员清单。依据数据操作人员权限记录表，排查相关人员平台系统账号分配、开通、使用、变更、注销等的审批记录，研判权限审批环节是否存在安全风险。依据数据操作人员权限记录表，排查权限设置是否遵循安全策略和最小授权原则，是否对数据处理、数据安全管理、安全审计等岗位角色进行分离设置，研判是否存在权限设置不合理等安全风险。排查是否定期对数据处理权限记录表进行更新，重点关注离职人员、操作权限发生变化等情况，研判是否存在权限记录表更新不及时、不准确等风险。依据重要数据和核心数据操作人员清单，排查相关人员是否签署数据安全责任书或保密协议，包括岗位职责、相关义务、处罚措施、注意事项等，研判是否存在人员管理缺失等风险，对重要数据处理活动是否开展重要数据处理活动风险评估。

企业可明确数据操作人员权限管理要求，以及相关平台系统账号分配、开通、使用、变更、注销等的审批流程和操作要求，重点关注沉默账号、离职人员账号回收等情况。遵循安全策略和最小授权原则，结合业务需求界定数据处理权限，形成并定期更新数据处理权限记录表。利用技术手段执行权限配置要求，记录账号权限变更操作，避免非授权账号访问处理数据。明确重要数据和核心数据处理岗位管理要求，细化岗位职责，人员情况登记入册，相关岗位人员签署数据安全责任书或保密协议，包括岗位职责、相关义务、处罚措施、注意事项等。

七、技术服务外包

企业可梳理涉及技术服务外包的业务、系统，包括但不限于数据汇聚（含个人信息）业务/系统、数据共享业务/系统、跨境业务/系统等；对涉及技术服务外包业务、系统收集和产生的数据进行识别梳理，形成涉及技术服务外包数据分类分级清单。核查技术服务外包方（以下简称合作方）数据安全保护措施落实情况，包括是否明确合作方数据处理安全责任、是否有效约束合作方数据处理范围、是否对合作方数据处理情况进行监督管理、是否落实数据安全保护要求等。结合合作方的数据安全措施落实情况，分析数据在收集、存储、传输、使用加工、提供、公开等环节存在的数据泄露、篡改、非法访问、滥用等风险。排查底层软件供应链风险，包括因供应商未落实数据安全保护要求等带来的数据泄露、非法访问等风险。排查人员管理风险，包括未配备人员权限管理、操作审批、访问控制、安全审计等措施引发数据非法访问、滥用等风险。排查技术外包涉及的重要数据和核心数据处理介质使用情况，核查是否存在非授权介质使用等情况。

企业可建立完善技术服务外包管理制度，合理确定技术服务外包的范围，明确规定技术服务外包的方式、条件、程序和实施等相关内容，强化技术服务外包审批管理。加强技术服务外包合作方考察，充分调查合作方的合法性，以及承担相关业务的资质、技术实力、安全能力、业界影响力、从业人员背景等情况。严格审核签订合作方合同，充分考虑技术服务外包可能带来的风险因素，并通过合同条款予以有效规避或降低风险。加强技术外包涉及的重要数据和核心数据处理介质使用管控，避免出现非授权介质使用情况，以及病毒、木马通过 U 盘传播等安全风险。加强重要数据和核心数据处理系统集成、外包运维等安全管控，及时取消测试账号，规范管理系统管理员等高权限账户，建立并完善覆盖重要操作的日志记录。加强供应链企业的安全管理，防范重要数据和核心数据通过外包途径泄露。

第九章

工业领域人工智能安全应用指引

随着大模型、大数据和大算力的迅猛发展,人工智能技术应用进入爆发期,成为赋能制造业转型升级的关键动力。然而,人工智能因其脆弱性、不稳定性、不可解释性等特点,在工业领域深度融合应用的过程中,在数据、模型、系统等环节极易潜藏安全风险,一旦被利用,可能引发网络和数据安全事件,导致生产事故、经济损失,甚至影响经济社会或国家安全。

一、人工智能应用概述

(一)人工智能应用的特点

工业领域人工智能应用主要体现在推动制造业全流程智能化、加快重点行业智能升级和发展基于大模型的智能装备、软件等智能产品三个方面。与传统行业相比,工业领域人工智能应用存在以下安全特点。

一是工业领域专业性强,行业差异大。 不同细分行业的工业特点、企业业务流程存在较大差异,人工智能应用的工业场景、技术方式都存在较大差异,生产系统结构复杂、机理未知、工况多变,实现安全监管基线的统一需要大量的工作。

二是不同时期生产设备共存，数据利用难。工业生产设备（如控制系统）的生命周期一般为8~20年，部分大型设备的使用寿命可达30年或更久，生产现场通常存在多种不同时期的设备，使用的通信协议、数据格式等各不相同，导致数据采集、分析、应用难度大，数据价值释放不充分。

三是工业数据形态多样，数据安全需求突出。用于训练的工业数据多模态属性更为明显，如时序数据、近红外光谱数据、理化数据等，数据安全防护技术需满足多模态特点。同时，工业数据具有较强的逻辑性，体现了企业的核心竞争力，私域数据为主，公共数据少，需要安全可靠的技术机制在确保知识产权的基础上实现数据共享，传统"众包"的数据打标方式安全性达不到要求。

四是对模型的鲁棒性强和安全性要求更高。很多工业生产是7×24小时运行，尤其是流程工业中生产装置连续运行数年，对工业人工智能的稳定性和安全性提出更高要求，需要更健壮的智能模型和严格的安全技术保护。同时，工业领域关键任务出现故障或错误将导致高成本的损失，要求极少出错（容错率99%甚至100%），需要更加安全可靠的工业人工智能来提供比通用人工智能更高准确率的控制、决策和优化。

五是安全攻击将严重影响生产控制和决策的实时性。工业生产控制强调实时性（例如运动控制的控制周期以微秒来计算），工业智能控制和决策只有在实时性上满足价值才具有实用性。一旦遭到网络攻击影响工业人工智能的实时性，将可能导致生产故障甚至安全事故。

（二）人工智能的常见应用场景

通过部署智能制造装备、工业软件和系统，解决产品全生命周期、生产制造全过程和供应链全环节的核心问题。

1. 工业园区数字化设计与交付

面向工业园区道路规划、电缆敷设、构件运输、施工场地布置等业务活动，利用三维建模、设计可视化、数据分析等技术，开展工业园区设计出图、施工场地仿真布置、运输道路规划、电缆自动敷设、人流模拟分析等，实现工业园区数字化交付，缩短园区建设周期。

2. 虚拟验证与中试

面向汽车制造、电子制造、化工、制药等行业新产品研发制造业务活动，搭建虚实融合的试验验证环境，应用产品数字建模、工况模拟、可靠性评估等技术，通过全虚拟或半虚拟的试验验证，对生产线上的设备、工艺、参数等进行监控和控制，降低验证与中试成本，加速产品熟化。

3. 工艺数字化设计

面向飞机装配、车身焊接、化工生产、陶瓷设计等场景工艺规划业务活动，应用工艺机理建模、流程模拟等技术，基于工艺设计仿真工具、工艺知识库和行业知识包等建立数字模型和仿真系统，对制造工艺、装配工艺等进行模拟和优化，实现工艺设计快速迭代，缩短工艺定型周期，减少试错成本。

4. 生产计划优化

面向汽车生产、电气生产、电子制造等场景的生产计划制定和产线业务调度活动，构建智能作业调度系统或生产计划系统，应用对历史订单、市场趋势、原材料供应周期、设备运行数据、生产流程数据等多维度数据综合分析技术，实现生产计划优化和动态调整，确保生产的连续性和交付的及时性。

5. 人机协同作业

面向汽车装配、飞机零件喷漆、配网带电抢修等业务活动，部署工业机器人、机械臂等智能制造装备，构建人机协同作业单元和管控系统，应用智能交互、自主规划等技术，实现装配、加工、抢修等任务，在提升任务效率的同时，兼具了机器人操作安全性和人工操作灵活性的优点。

6. 在线智能检测

面向钢铸板坯、发动机、丝锭、轮胎、零部件等产品缺陷检测场景业务活动，构建在线智能质检系统，应用知识迁移、深度学习、强化学习等机器视觉检测技术，实现自动化、智能化的产品缺陷在线识别、故障点定位和质量自动判定，提高质量检测效率和准确性，降低生产成本，提升产品良品率。

7. 设备智能运维

面向钢铁、石化、冶金、煤炭、饮料、水务等行业复杂工况设备和大型机械设备健康管理及故障分析业务活动，部署噪声、振动、温度、位移、加速度、图像等多维度智能传感器与控制设备，建立设备运维管理平台，应用数据挖掘、机理模型、知识图谱等技术，通过分析设备的历史数据和实时数据，对各关键环节的设备进行故障自动诊断处理和预测性维护，实现设备智能运维，保障连续生产。

8. 精准配送

面向物品自动出入库、产线自动上下料、物料精准配送等厂内物流配送的业务活动，部署无人叉车、机械手、自动导引运输车、柔性机器人等智能物流设备，搭建智能调度系统、智能储位推荐系统、对接系统等智能管理系统，应用室内高精度定位导航、物流路径动态规划、物流设备集群控制等技术，实现厂内物料配送快速响应和动态调度，提高厂内仓储作业效率和物流配送效率。

9. 危险作业自动化

面向危化产品罐车运输、矿山开采物料输送、炼焦车间设备巡检、高压电力设备维护、金属产品冲压加工等危险作业操作业务场景，部署监测监控及配套协作的智能设备，建设智能作业单元和管控系统，应用环境感知与识别、路线规划与自主导航、作业风险控制、人机协作与安全交互等技术，实现危险作业的少人化和无人化，减轻人工操作风险和身体负担，提高生产作业安全水平。

10. 安全一体化管控

面向智能煤矿瓦斯抽采、工业场所周界警戒、化工企业安全监测等场景的业务活动，搭建生产安全管控和应急处置系统，应用人工智能视觉分析、生产运行风险动态监控、安全隐患自动排查等技术，实现生产现场作业规范智能监测、安全隐患智能识别响应，提高企业安全防护水平、安全事故快速处置能力和救援效率，降低事故发生率和损失。

11. 能源智能管控

面向钢铁、化工、电力、汽车、电子等行业能耗监测、能源调度场景的业务活动，部署能耗采集设备和智能能源管控系统，应用多能源介质感知、能耗数据实时采集、能耗综合建模仿真、能源平衡调度等技术，实现工厂能源在线监测、能耗需求预测、能源供应动态调整和能效优化，降低单位产值综合能耗。

12. 供应商数智化管理

面向机械、化工、纺织、制药、电子、航空航天、食品加工等行业原材料零部件采购活动，针对供应商比选难、议价能力弱、断供风险响应不及时等问题，建立供应商管理系统，综合历史交易记录、产品质量数据、交货准时率等供应商信息，应用供应商风险评估、供应链溯源、供应链风险在线监控等技术，实现供应商精准画像，开展基于数据分析的供应商评价、分类分级、寻源和优选推荐。

13. 工厂数据资源管理

面向汽车制造、电子产品制造、药物研发、食品加工、化工生产等场景，数据采集、分析、应用业务活动中数据格式不统一、价值释放不充分的问题，建设数据智能转换、集成治理、价值挖掘等平台，实现研发过程实验数据、生产设备运行数据、产线工艺参数数据、质量检测结果数据、供应链数据等跨域跨部门数据融合分析，推动企业内或跨企业的数据安全可信流通和挖掘应用，提升数据价值效能。

14. 数据驱动产品研发

面向汽车、化工、制药、电子、机械等行业产品快速研发、生产工艺改进、用户个性化设计等需求，集成市场、设计、生产、使用等多维数据，应用人工智能辅助的数据挖掘处理、参数调整优化、模型模拟分析等技术，探索创成式设计，实现数据驱动的产品形态、功能、性能的研发设计和持续优化，缩短产品研发交付周期，加速产品创新。

15. 大规模个性化定制

面向鞋业、印刷、家居、服装等行业用户个性化、多样化、小批量定制等需求，通过网络化手段收集多元化市场需求，应用人工智能技术进行用户需求分析和订单处理，采用模块化设计、平台化架构、柔性化系统等手段配置生产资源，优化生产排程，以规模化生产的低成本、高质量和高效率，提供个性化、定制化的产品和服务。

二、人工智能应用的安全风险及问题

（一）人工智能应用的安全风险

工业领域人工智能应用的安全风险主要分为两类：一是人工智能自身的脆弱性、不稳定性、不可解释性等引发的内生安全风险，二是人工智能应用于特定领域时引发的衍生安全风险。

1. 内生安全风险

（1）人工智能基础设施安全方面。一是大模型训练和推理需要的 GPU、TPU 等高性能芯片及服务器受制于人，可能存在漏洞、"后门"风险，同时面临网络攻击、挖矿病毒攻击等安全风险。二是算力中心可能面临大规模分布式拒绝服务（DDoS）攻击等安全风险。

（2）工业模型和算法安全方面。一是模型本体安全功能缺乏。模型训练数据级别、模型参数规模、输出结果智能化水平等功能性指标的安全性评价不足，使得服务提供者对模型本体安全缺乏关注重视，工业模型的鲁棒性、健壮性有待提升。二是当前模型越狱、数据投毒、模型窃取、生成对抗网络等多种对人工智能算法的攻击方式不断涌现。三是模型滥用恶用实施网络攻击。非法组织或不法分子利用 ChatGPT 等开源模型，借助有害语料库训练，滋生专门用于网络犯罪、诈骗的非法大模型，主要运行于暗网，具有更强的隐蔽性、危害性。

2. 衍生安全风险

(1) 数据安全风险方面。 一是工业数据集的数据采集和标注过程不规范，可能造成企业敏感数据泄露。二是工业模型训练可能会涉及工业设计蓝图、生产流程、设备运行参数等重要数据，一旦泄露或非合规使用，可能给企业带来重大损失，或导致知识产权侵犯和知识生产生态破坏、个人信息权益受到侵害。三是人工智能会将分散的用户数据、工业数据等进行深度学习，数据汇集、挖掘后，极有可能衍生涉及行业发展竞争力、经济运行、地理信息等高价值数据。若不在行业监管部门掌握的重要数据和核心数据目录中，一旦发生数据安全事件，极有可能造成严重影响。

(2) 应用安全风险方面。 一是制造业高度智能化的基础是网络化和数字化，工业企业的智能传感器、智能机器人等与工业设备海量连接，生产运营技术（OT）系统处于更加开放与不确定的环境中，攻击者入侵工业企业的难度降低。二是工业领域产业链供应链链条长、涉及上下游主体多，基于人工智能的供应链协同系统若被入侵，将导致生产事故的级联效应。

（二）人工智能应用的安全问题

工业生产环境涉及复杂的工艺流程、高精度的操作控制以及严苛的安全标准，但工业领域人工智能应用潜藏安全风险，一旦被利用，可能引发网络和数据安全事件，导致生产事故、经济损失，甚至影响经济社会或国家安全。

一是模型对抗新型攻击能力薄弱。当前，模型越狱、数据投毒、模型窃取等多种对人工智能算法的攻击方式不断涌现。如 MasterKey 越狱攻击能绕过不同主流模型的防御机制，成功率达到 21.5%，引导模型输出错误判断。数据投毒，通过恶意标记或"后门"，污染训练数据，影响决策分析、智能装备运转、供应链协同等业务开展。由于算法黑箱和算法漏洞，这些新型攻击方式难以检测和防范。2023 年，科大讯飞学习机遭数据投毒输出不当内容，导致股价大跌，引发用户对其经营能力和品牌形象的质疑。

二是训练使用不当造成数据泄露。工业模型训练可能会涉及工业设计蓝图、生产流程、设备运行参数等重要数据，一旦泄露或非合规使用可能给企业带来重大损失，甚至对经济社会、国家安全带来严重影响。2023 年，某公司因内部员工错误使用 ChatGPT，将半导体设备测量资料、芯片良率等商业秘密输入至学习数据库，发生数据泄露。某数据分析服务提供商统计了 160 万名员工使用 ChatGPT 的情况，上传了 199 份机密文件、173 份客户数据和 159 次源代码。

三是输出内容深度伪造暗藏危机。工业生产环境涉及复杂的工艺流程、高精度的操作控制以及严苛的安全标准，具备高实时、高可靠、高稳定等特点，决策需要考虑到安全生产、质量控制等多方面因素，准确性和稳定性要求极高，但人工智能算法的不透明性和模型的不可解释性等特征造成工业企业信任困扰，模型训练数据质量不高或训练不足易引发输出偏见、歧视、"幻觉"加重等问题，导致发生工业设备宕机、生产停摆等事故。

三、数据安全

（一）数据收集安全

1. 数据收集合法性

（1）结合业务场景，制定数据收集规则，确定人工智能应用所需的数据类型、来源和规模,避免收集不必要的数据。

(2) 审查数据来源的合法性和可靠性,审核数据提供方的身份,通过合同协议等合法方式,约定从外部机构收集的数据范围、收集方式、使用目的和授权同意情况。

(3) 采用人工核查或技术措施对外部数据的真实性、有效性、完整性和安全性进行鉴别,留存审核、交易记录,确保数据的真实性、有效性、安全性,避免收集不明来源的数据。

(4) 对外部数据源进行鉴别和记录,规范数据收集渠道、数据格式、收集流程、收集方式和存储期限,形成数据源清单。

(5) 采购第三方数据时,应要求数据提供方对数据来源合法合规、质量、安全等方面作出承诺并提供相关证明材料。

2. 数据质量控制

(1) 制定数据质量目标,对收集的数据进行验证,检查和确保收集的数据质量符合要求。

(2) 制定数据清洗、转换、标注等预处理操作规范,确保数据预处理结果符合要求。

(3) 根据数据类型、安全级别等因素,对数据进行分类分级标注。

(4) 对数据质量进行管理和监控,对异常数据及时告警或采取更正的手段措施。

3. 数据收集方式

(1) 通过人工方式采集数据的,对数据采集人员进行严格管理,要求将采集到的数据直接报送到相关人员或系统,采集任务完成后及时删除采集人员留存的数据。

(2) 采用自动化工具访问、收集数据的,选择正规、经过安全测试或广泛验证的自动化数据收集工具,确保数据收集方式符合法律法规、部门规章或协议约定,确保不存在侵犯他人知识产权等合法权益的情况,确保使用该方式对网络服务的性能、功能未造成负面影响。

4. 数据收集设备及环境

（1）检测数据收集终端或设备的安全漏洞，确保不存在已知的数据泄露风险。

（2）通过人员权限管控、信息碎片化等方式，对人工采集数据环境进行安全管控，防范人工采集数据泄露风险。

（3）APP、Web 等客户端完成数据采集相关业务后，不留存敏感个人信息或重要数据，防范客户敏感信息留存风险。

（二）数据存储安全

1. 逻辑存储

（1）制定数据存储管理要求和数据操作、审批流程，明确相关数据存储系统、数据存储在第三方云平台、数据存储在外部数据中心等不同情况时的数据管理、访问控制、存储周期、日志留存、销毁流程、保障措施等要求。

（2）根据数据分类分级结果、数据量级、使用频率等因素，对数据进行分域分级差异化存储。

（3）检测发现数据存储系统安全漏洞时，及时采取相应的处置措施，保留处置记录。

（4）对数据库管理、运维等人员操作行为进行限制。

（5）将脱敏后的数据与可用于恢复数据的信息分开存储。

（6）对重要数据、核心数据进行加密存储。

（7）依据业务需要制定数据备份策略，按需要定期开展数据备份，对备份数据定期开展数据恢复测试，并实施不低于源数据的防护要求。

2. 存储介质

（1）制定数据存储介质（含移动存储介质）的使用、管理及资产标识要求，明确对存储介质存储数据的安全要求。

（2）采用物理安全措施保障存储介质的设备数据访问或调试接口不暴露，避免存储数据被泄露、篡改或破坏。

（3）对存储介质进行定期或随机性安全检查。

（4）对存储介质访问和使用行为进行记录和审计。

（三）数据传输安全

（1）根据传输的数据类型、级别和应用场景，制定数据传输安全策略，采取身份鉴别、访问控制、密码算法配置、密钥管理等防护措施，建立数据安全传输信道。

（2）建立数据传输接口安全管理工作规范，明确技术管控措施，对系统间接口和设备进行认证鉴权，未通过认证鉴权的设备禁止接入。

（3）对数据传输、接收情况进行记录和审计，及时检测和处置数据异常传输情况。

（4）制定数据互联网传输和跨组织传输安全策略，对涉及的数据传输事项进行前置审批，明确数据传输防护措施，保障数据的完整性和保密性。

（四）数据训练安全

1. 数据预处理

（1）对数据是否含有工业设计蓝图、生产流程数据、设备运行参数、行业知识库等工业数据资产或敏感个人信息等情况进行识别并记录，必要时采取措施对相关信息进行匿名化处理。

（2）明确数据审核和过滤规则，采取措施降低人工智能被诱导生成安全风险内容的可能性，对数据是否含有违反社会主义核心价值观的内容、歧视性内容、商业违法违规、侵犯他人合法权益等安全风险内容的情况进行识别并记录，充分过滤已识别含有安全风险内容的数据样本，不使用存在安全风险内容的数据。

2. 数据标注

（1）制定数据标注管理制度，包括但不限于数据标注任务实施流程、数据标注评估核验、标注结果纠正补充等。

（2）围绕数据的主要业务功能和内容安全风险制定数据标注规则和安全操作规范，包括但不限于标注数据对象、数据格式、标注方法、评估指标等。

（3）实施标注数据访问控制机制，限制标注数据的授权访问范围，根据需要设置标注数据的访问和导出权限。

（4）实施标注工具身份验证和授权机制，确保只有经过授权的标注人员可以使用标注工具。

（5）制定标注数据安全审计策略，监控和记录标注数据的访问和修改情况，进行数据安全审计。

（6）定期对标注工具或平台进行安全评估，及时修复发现的安全漏洞，详细记录漏洞发现及处置情况。

（7）保存标注日志，确保标注过程和结果可追溯。

（8）在标注过程中涉及自动化标注工具时，使用符合我国相关法律法规要求的自动化标注工具。

（9）委托第三方开展数据标注任务时，通过合同协议等方式，明确标注数据的安全责任和保护要求，明确标注任务终止或完成时对标注数据的处置方式。

3. 数据训练环境

（1）对训练数据进行分类分级操作和管理，采取身份鉴别、访问控制、加密、备份等技术措施进行安全防护，保留训练数据操作过程记录和安全管理文档。

（2）采取技术措施对训练数据及涉及的系统和网络进行安全监测，发现数据安全缺陷、漏洞等风险时及时告警，采取相应的处置措施，保留处置记录。

（3）针对训练数据安全事件建立应急响应机制，定期开展应急演练，保留演练记录；在发生安全事件时，及时采取相应的处置措施，保留处置记录。

（五）数据使用安全

1. 数据使用合法性

（1）使用数据时，遵守法律、行政法规，尊重社会公德和伦理，遵守商业道德和职业道德，不实施危害国家安全、公共利益的行为，不实施损害个人、组织合法权益的行为。

（2）在使用数据前，通过合同协议等合法方式获得数据提供方、数据主体等相关方授权，遵循合理必要原则，约定数据使用目的、方式、范围等，确保数据使用行为与行政许可、合同授权等内容的一致性。

2. 数据使用加工

（1）制定数据使用加工管理要求、安全策略和操作规程，明确数据使用加工审批流程、结果发布、安全保护规则等。

（2）采取数据访问与操作行为的最小化授权、访问控制、审批等管理措施，避免出现未授权访问、超范围授权、权限未及时收回、特权账号设置不合理等情况，对数据操作行为进行记录和审计。

（3）涉及重要数据、核心数据的，对重要数据和核心数据脱敏后进行处理，明确数据脱敏规则、方法、流程等，并建立数据脱敏处理技术应用安全评估机制，未脱敏的数据原则上不得用于业务系统的开发测试。

（4）委托第三方加工数据时，通过合同协议等方式，明确受托方的安全保护义务，采取技术措施或其他约束手段防止受托方非法留存、扩散数据。

3. 数据使用环境

结合数据使用场景、数据分类分级结果等，采取身份鉴别、访问控制、隔离、加密、脱敏、备份等技术措施进行安全防护，保留数据使用操作过程记录。

（1）采取技术措施对数据使用涉及的系统和网络进行安全监测，发现数据安全缺陷、漏洞等风险时及时告警，采取相应的处置措施，保留处置记录。

（2）针对数据使用安全事件建立应急响应机制，定期开展应急演练，保留演练记录；在发生安全事件时，及时采取相应的处置措施，保留处置记录。

（六）数据提供安全

1. 数据外部提供

（1）制定数据提供管理审批机制和安全策略，明确数据提供评估审批流程、结果发布和安全保护规则等。

（2）对数据提供事项进行前置评估和审批，评估数据对外提供的目的、方式、范围的合法性、正当性和必要性，评估数据提供是否遵守法律法规和监管政策要求，是否存在非法买卖、提供重要数据或核心数据的行为，保留评估和审批记录。

（3）在提供数据前，审核数据接收方的诚信状况、违法违规等情况，考核接收方的数据保护能力，掌握其发生的历史网络安全、数据安全事件处置情况。

（4）通过合同协议等合法方式，约定数据接收方处理数据的目的、方式、范围，数据安全保护措施、安全责任义务及罚则，明确数据接收方到期返还、删除数据情况。

（5）对外提供数据时采取加密、添加水印、脱敏等安全措施，评估安全措施的有效性，并保留评估记录。

（6）对所提供数据及数据提供过程进行监控审计，跟踪记录数据流量、接收者信息及处理操作信息情况，确保外部提供数据未超出授权范围，确保日志记录完备，能支撑数据安全事件溯源。

（7）确保数据提供的依据和目标合理、明确，确保对外提供的重要数据、核心数据范围仅限于实现处理目的的最小范围。

（8）在开展共享、交易、委托处理、向境外提供数据等高风险数据处理活动前，实施数据安全评估和审批，保留评估和审批记录。

（9）涉及重要数据、核心数据的，事先向本地区行业监管部门提出申请，评估安全风险，保留评估记录；提供数据时，采取数据安全保护措施，采用数据溯源系统、审计系统等技术工具对数据跨主体提供行为进行全流程监控、审计、存证，实现数据操作行为、传输路径可溯源，并保障溯源数据的真实性和保密性。

2. 数据外部转移

（1）对因合并、分立、解散、被宣告破产等原因向外转移数据，或承接其他数据处理者转移数据等场景，在数据转移前明确数据转移方案，并及时通知受影响用户。

（2）在数据转移前，评估接收方的数据安全保障能力，确保数据转移后数据接收方不降低现有数据安全保护水平。

（3）涉及重要数据、核心数据的，事先向本地区行业监管部门提出申请，评估安全风险，保留评估记录；数据转移时，采取数据安全保护措施，并采用数据溯源系统、审计系统等技术工具对数据跨主体提供行为进行全流程监控、审计、存证，实现数据操作行为、传输路径可溯源，并保障溯源数据的真实性和保密性。

（4）数据转移后，涉及重要数据目录备案内容发生变化的，及时履行备案变更手续。

3. 数据内部共享

（1）制定数据内部共享管理审批机制和安全策略，明确数据跨网、跨域共享审批流程、结果发布和安全保护规则等。

（2）对内部共享数据配置独立的访问控制策略，确保仅授权人员具有访问权限，对数据及数据访问过程进行监控审计，确保内部共享数据未超出授权范围，确保日志记录完备，能支撑数据安全事件溯源。

（七）数据销毁安全

1. 数据删除

（1）制定数据删除管理审批机制和删除安全策略，明确数据销毁对象、原因、销毁方式和销毁要求。

（2）采取数据存储期限监控措施，根据法律法规、合同约定、隐私政策等要求，在数据存储期限到期后按期删除数据，确保多副本数据同步删除，明确不可删除数据的类型及原因。

（3）对数据删除活动进行记录和留存，记录数据销毁的审批、实施过程，以及被销毁数据的情况。

（4）按照数据分类分级结果，明确不同级别数据适当的删除措施，涉及重要数据、核心数据的，明确存储介质销毁方式。

（5）涉及重要数据、核心数据的，采取数据恢复等技术措施对数据删除的有效性、彻底性进行验证，保留验证记录。

（6）数据销毁后，涉及重要数据目录备案内容发生变化的，及时履行备案变更手续。

（7）委托第三方进行数据处理的，通过合同协议等合法方式，约定委托结束后第三方删除或返还数据，并在委托结束后监督实施，保留实施记录。

2. 存储介质销毁

（1）制定存储介质销毁管理审批机制和销毁策略，明确各类介质的销毁流程、方式和要求。

（2）对存储介质销毁过程进行监控、记录和留存，记录软硬件资产维护、报废、销毁的审批、实施过程，以及销毁的存储介质处置情况。

（3）涉及重要数据、核心数据的，采取数据恢复等技术措施对介质销毁措施的有效性进行验证，保留验证记录。

四、模型安全

（一）算法框架安全

（1）前置评估算法框架的可靠性、稳定性等风险，保留评估记录，制定算法框架缺陷应急预案，预防应用时算法框架失控问题。

（2）定期对机器学习框架、代码及使用依赖的第三方库和预训练模型存在的风险进行安全检测，对发现的安全漏洞和风险及时修复和处置，保留处置记录。

（二）模型训练安全

（1）明确模型训练环境安全防护要求，采取网络安全配置、数据加密等措施确保模型训练环境安全，将模型训练环境与推理环境隔离，避免数据泄露和不当访问。

（2）监测并识别模型训练资源故障，及时保存训练任务上下文状态及模型参数等信息，并在训练资源恢复后，快速恢复训练任务，防范模型参数等训练过程数据丢失。

（3）制定模型安全测试规则和方法，包括人工测试、自动化测试、混合测试等，定期开展安全性评估，包括模型对抗性测试、模型窃取测试、生成内容安全评估、系统稳定性评估等，对发现的问题及时处置并通过针对性的指令微调、强化学习等方式优化模型，记录测试过程、结果及问题处置情况。

（4）研发者应评估模型对外界干扰的容忍程度，以适用范围、注意事项或使用禁忌的形式告知服务提供者和使用者。

（三）模型使用安全

（1）建立模型安全管理制度，包括但不限于模型机制机理审核、模型科技伦理审查、模型上线流程规范、模型退役和下线流程规范、模型变更（如模型更新、模型升级、模型回退等）流程规范等。

（2）对模型进行加密保护或完整性校验，保障其静态存储和跨节点传输过程中的保密性、完整性。

（3）采用访问控制、身份验证、差分隐私等技术手段防止模型在服务过程中泄露模型参数信息。

（4）采用限制模型的反馈输出、查询次数等方式防范属性推断、成员推理等针对模型训练数据的攻击。

（5）采用技术措施对模型进行标识，确保所使用模型型号及版本的正确性。

（6）制定模型更新、升级安全策略，在模型进行更新、升级等变更时，及时对安全配置文件进行必要的更新，在变更后再次进行安全测试。

（7）设置模型更新安全校验机制，在升级前对升级包文件进行安全校验，并对校验过程进行安全审计。

（8）建立模型备份机制，在升级前对模型文件进行备份，升级过程中出现文件损坏丢失的情况时可立刻退回备份点。

（四）模型部署安全

（1）指定部门或人员负责模型部署过程中的安全管理，制定安全部署方案，明确部署过程中的权限控制、质量控制、安全审计等内容。

（2）由授权的人员根据方案实施模型的部署，在部署过程中进行安全配置，包括仅开放必要的端口、对人员和系统按照最小必要原则授权、启动安全功能等。

（3）模型正式运行之前，自行或授权专业机构进行安全性测试，测试内容包括但不限于内容安全、模型安全、算法安全、数据安全等以及其他常见安全漏洞和隐患，对发现的安全问题进行加固和优化，保障模型安全。

（五）模型退役安全

（1）建立模型退役管理流程，综合考虑业务应用需要和相关各方需求设置合理的退役条件、时间周期等。

（2）将模型的退役及时通知利益相关方，以使其能作出相应的调整。

（3）对模型退役过程中的系统稳定性、模型服务、业务影响等开展技术验证。

（4）对退役的模型文件、特征数据、算法输出、实例数据等进行归档保存，归档时间应符合国家相关规定。

（5）对模型退役过程开展安全审计，并妥善保存退役过程记录。

（六）第三方模型安全

（1）使用基于第三方基础模型提供的服务，应确保服务供应商的选择符合国家有关规定，应使用已经主管部门备案的基础模型。

（2）建立针对第三方组件和基础模型的使用审批机制，并对开源代码进行安全评价，保障来源可靠、安全风险可消除或控制。

（3）采购第三方模型和服务时，通过合同协议等合法方式，明确提供者的安全责任和义务，要求提供者做出必要的安全承诺，声明不非法获取用户数据、控制和操作用户系统和设备，或利用用户对产品的依赖性谋取不正当利益或者迫使用户更新换代。

（4）采取必要的措施识别大模型系统第三方组件、模型和服务安全漏洞和隐患，对发现的安全漏洞和隐患进行评估后，及时进行修补或采取其他措施进行风险控制。

（5）对大模型系统第三方组件、模型和服务提供商的重要变更进行安全风险评估，采取有关措施对风险进行控制，并将重要变更及时传达到客户。

（6）采购第三方模型时，采用密码技术保证重要的数据或模型文件在传输过程中的保密性。

（7）向境外提供服务或使用境外服务的大模型系统，应遵循国家数据出境相关规定。

五、系统安全

（一）服务安全

（1）根据应用场景设置服务提供边界，裁减人工智能系统可能被滥用的功能，确保系统提供服务时不超出预设应用范围。

（2）对人工智能技术和产品的原理、能力、适用场景、安全风险适当公开，对输出内容进行明晰标识，提高人工智能系统透明性。

（3）根据人工智能系统的适用场景、安全性、可靠性、可控性等，定期进行系统审计，加强风险防范意识与风险应对处置能力。

（4）避免完全依赖人工智能系统的决策，监控及记录未采纳人工智能决策的情况，并对决策不一致进行分析，在遭遇事故时具备及时切换到人工或传统系统等的能力。

（5）对直接影响公共安全、公民生命健康安全、社会安全、国家安全等重点领域的应用场景，应审慎评估采用人工智能技术后带来的长期和潜在影响，开展风险评估与定级，避免技术滥用。

（二）网络安全

（1）人工智能系统的通用安全建设，应遵循《信息安全技术 操作系统安全技术要求》（GB/T 20272—2019）、《信息安全技术 网络安全等级保护基本要求》（GB/T 22239—2019）、《信息安全技术 服务器安全技术要求和测评准则》（GB/T 39680—2020）、《信息安全技术 网络存储安全技术要求》（GB/T 37939—2019）等既有标准，削减通用场景下系统软硬件面临的安全风险。

（2）为人工智能系统的计算任务提供安全隔离的CPU资源、AI加速运算资源、存储资源等，防范人工智能系统在任务执行过程中模型、推理数据集、推理脚本等核心资产遭窃取、篡改。

（3）关注人工智能系统采用的芯片、软件、工具、算力和数据资源的"后门"、漏洞、缺陷信息，及时采取修补加固措施，保证系统安全性。

（4）对人工智能系统实施风险识别、检测、防护，防止因恶意程序、恶意行为或被攻击入侵影响承载的人工智能模型或业务安全。

（5）使用的密码算法、技术及产品应符合国家密码管理部门要求。

（6）对人工智能系统提供集中化的日志收集与完整性校验服务，支撑安全问题定位及审计追溯。

（三）接口安全

（1）人工智能系统应提供故障监测、故障处理、用户管理、密钥管理、安全策略及配置、日志验证与审计等服务接口。

（2）根据接口数据交互涉及的数据资源安全等级建立接口授权访问机制，防止非法调用。

（3）进行接口安全测试，包括功能测试、性能测试、漏洞扫描、渗透测试等，确保接口的安全性和稳定性，保留测试记录。

（4）对接口输入数据进行持续检测和过滤，防范指令注入型攻击、对抗性攻击、"后门"样本攻击等恶意输入攻击导致的敏感数据输出、远程代码执行、跨站脚本、恶意提权、拒绝服务、数据泄露等风险。

（5）建立接口运行监控机制，详细记录接口访问日志，包括访问者的身份、访问时间、访问的接口地址、操作内容等信息，以进行安全审计和事后追溯。

（6）当接口涉及重要数据、核心数据传输时，采用密码技术保证数据在传输过程中的保密性和完整性。

（四）上云安全

（1）使用云计算服务时，通过合同协议等合法方式，约定人工智能系统云服务提供者、第三方服务提供者、云租户的安全责任划分和落实情况。

（2）实施人工智能系统和数据上云安全审核，保留审核记录。

（3）制定落实云安全产品服务使用配置、云用户账号和权限管理、云上操作行为安全审计等安全策略，加强上云人工智能系统和数据安全保护。

六、机构与人员

(一) 机构设置

（1）设立人工智能系统管理的职能部门，设立安全主管、安全管理等负责人岗位，并定义部门及各负责人岗位的职责。

（2）设立系统管理员、审计管理员、安全管理员等岗位，定义部门及各工作岗位的职责，为各岗位配备一定数量的人员。

（3）在人工智能应用过程中，根据业务需要设立数据安全管理员、风险评估员、数据标注员、模型训练员、系统操作人员等岗位，定义各工作岗位的职责，并为各岗位配备一定数量的人员。

（4）将涉及关键业务系统管理、操作、运维和涉及重要数据、核心数据处理等的岗位设定为关键岗位，明确关键岗位安全管理要求。

(二) 人员管理

（1）指定或授权专门的部门或人员负责人员录用，对被录用人员的身份、安全背景、专业资格或资质等进行审核。

（2）要求人员签署安全责任书，责任书内容包括但不限于岗位职责、安全责任及义务、处罚措施等内容。

（3）及时终止离岗人员的所有访问权限，取回各种身份证件、钥匙等以及机构提供的软硬件设备，要求离岗人员签订保密承诺书，继续履行保密义务。

(三) 授权审批

（1）根据各个部门和岗位职责明确授权审批事项、审批部门和批准人等。

（2）针对应用过程中数据、模型、系统等涉及的重要操作事项执行审批过程，保留审批记录，相关重要操作事项包括但不限于数据收集、传输、训练、使用、提供、销毁，模型算法框架选择、模型训练，系统变更、物理访问、接入等。

（3）定期审查重要操作事项，根据业务需要及时更新需授权和审批的项目、审批部门和审批人员等信息。

（四）教育培训

（1）面向企业管理人员、技术人员、操作人员等，定期开展安全意识教育和岗位技能培训，并告知人员相关的安全责任和惩戒措施。

（2）安全意识教育和培训内容应包括网络和数据安全、人工智能安全相关法律法规、政策标准及企业安全管理制度等，增强人员对安全防护工作的重视程度，推动企业安全制度宣贯和执行。

（3）针对不同岗位制定不同的培训计划，对安全基础知识、岗位操作规程等进行培训。

（4）定期对不同岗位的人员进行技能考核。

七、监测与应急

（一）监测预警

（1）对人工智能系统业务运行状况和资源使用情况进行安全监测，一旦发现业务或资源使用异常情况，及时预警。

（2）对人工智能系统的安全漏洞和风险进行监测，在不影响生产稳定运行的前提下，及时发现处置安全漏洞和风险问题，必要时应咨询专业服务机构或安全企业协助处置。

（3）部署审计相关设备或平台，采集人工智能系统中各运行设备的日志，对系统行为和用户行为信息进行记录和审计。

（4）对人工智能系统的攻击行为进行检测，记录攻击源 IP 地址、攻击类型、攻击目的、攻击时间等，并提供预警。

（二）应急处置

（1）建立安全事件管理制度，对安全事件分类分级和处置流程等进行规范，安全事件包括但不限于模型被窃取或篡改、模型参数或训练数据泄露、用户数据泄露等。

（2）建立应急响应机制，根据人工智能应用业务场景，制定人工智能业务相关安全事件的应急预案，包括但不限于训练数据泄露、模型泄露、模型被篡改等，明确相关安全事件应急处理流程、系统恢复流程等内容，将应急响应工作具体到责任人。

（3）定期对人工智能系统相关人员进行应急预案培训，每年至少开展一次人工智能安全应急演练，搭建与真实人工智能应用网络环境相似的演练场景，制定演练脚本，模拟攻击场景，使人员在实践中学习和掌握应急方法。

（4）对演练过程进行评估，总结应急演练成效，提出改进措施和建议，必要时修订应急预案。

行业篇：
有的放矢，精准把握重点行业数据安全保护之术

第十章

钢铁行业数据安全保护实践

钢铁行业是国民经济中的基础产业和支柱性产业,其产业链覆盖矿山、焦化、烧结(球团)、炼铁、炼钢、连铸、轧钢等,生产流程长、工艺复杂,涉及原燃材料、生产经营、技术装备、钢材品种等众多数据。从业务管理维度,涉及政府监管数据、企业信息管理数据和客户数据等;从生产工艺维度,涉及原燃材料数据、炼铁数据、炼钢数据、连铸数据、轧钢数据等;从质量控制维度,涉及检测数据、环境监控数据、图像视频数据等;从互联网维度,涉及媒体数据、门户网站数据等。

随着钢铁行业高质量发展以及大数据技术在钢铁行业领域的深度融合,提高钢铁产品质量成为企业的迫切需求,乃至成为国家的战略要求,引起了政府界、工业界、学术界的广泛关注。在大数据背景下,与其他领域的数据相比,钢铁行业数据呈现出以下四大特征,即数据规模大、数据类型多、数据价值高、数据产生速度快,还具有专业性强、涉及面广、规律性强、采集成本高、采集难度大等五个特点。

结合钢铁行业大数据产业的特点,基于原燃材料、炼铁、炼钢、连铸、轧钢等整个生命周期产生的数据,应用和保护好这些数据,确保数据安全,对推动钢铁行业大数据互融互通、开放共享、有效应用提供技术支撑,对促进我国整个钢铁行业转型升级、高质量发展具有十分重要的战略意义和现实意义。

一、钢铁行业数据特征

（1）**数据规模大**。钢铁行业是一个连续化生产的过程，从冶金矿山的开采到钢材成品的产出，产业链长，工艺流程复杂，整个生产过程中，涉及物理变化和化学反应，在每个工艺流程中，时时刻刻产生大量的数据，这些数据既包括生产工艺的过程数据，也包括这一生产工艺终极数据。数据规模大是钢铁行业数据的第一大特征。

（2）**数据类型多**。从制造流程上看，钢铁行业数据包括：原料、燃料、辅料（矿石、煤、焦、耐材、石墨电极、铁合金、废钢等）、备品备件采购量、库存量和应用量，铁、钢、材的产量、库存量和销售量等。从市场经营上看，钢铁行业的数据包括：原料、燃料、辅料、备品备件的供应商和各类钢材（长材、板材、管材）消费用户的信息；原料、燃料、辅料、备品备件的采购价格和采购量，各类钢材的销售价格和销售量、销售额；企业的营业收入、营业成本、产成品占用、利税、利润、银行贷款（长贷、短贷）、应收款、应付款等。从技术参数上看，钢铁行业的数据包括：各类原料、燃料、辅料的化学成分，每罐铁水、钢水化学成分，各类钢材品种规格型号，原料、燃料、辅料的消耗比等。从装备技术上看，钢铁行业的数据包括：各类整套设备（包括矿山采装运设备、焦炉、烧结机、高炉、转炉、电炉、各类轧机）的生产能力数据，各类单体设备的基准技术参数数据，各类设备的日常维护、检修数据等。从生产能源上看，钢铁行业的数据包括：各工序用风、水、电、气的质量、用量、消耗率、回收量、回收率等。从技术研发上看，钢铁行业的数据包括：科研项目立项和研发任务数据，项目研发过程（实验、仿真）产量数据，项目成果（产品、技术）数据，知识产权（专利、非专利）数据，成果转化数据等。

（3）**数据价值高**。钢铁行业在整个连续化生产的过程中，在每一个工序时时刻刻产生的数据，既是对该工序生产过程的监测和评判，也是对下一个工序生产流程的控制条件。例如：矿山生产的铁矿石品位，既是对矿山生产过程的监测和评判，也是对下一个烧结工序或球团工序原料配比控制条件；炼铁生产出的铁水成分与温度，既是对高炉生产过程的监测和高炉生产的评判，也是对下一个工序炼钢生产过程控制的条件；炼钢过程产生钢水的成分和温度，既是对炼钢工序过程的监测和炼钢工序的评判，也是对下一个工序连铸过程生产的控制条件。因此，钢铁生产过程中时时产生的大量数据，有很高的价值。尤其是每一个生产工序的结果数据，是对该生产工序的结果反映和评判，有很高的使用价值。

（4）数据产生速度快。钢铁生产过程是一个时刻的物理变化或化学反应的连续化过程，数据产生是连续的，而且产生的速度很快。尤其是目前生产过程实现全自动化和智能化后，要求对生产过程进行全程跟踪和适时调整，在工序生产过程每一个点都进行实时监测，因此产生数据的速度不仅快，而且数据量很大。

（5）数据真实且应用场景复杂。钢铁行业产生的各类数据，尤其是生产过程各类数据，都是通过人工统计或自动监测产生，数据真实而且应用场景复杂，对不同应用者有不同的需求和应用场景。例如生产现场各类生产过程数据主要用于生产监控和生产过程控制；生产经营数据主要运用于市场分析、业绩评价等；市场采购和销售数据主要运用于上下游客户的维护和市场的开拓等。

二、钢铁行业业务流程及数据典型应用场景分析

（一）钢铁行业业务流程

钢铁行业的生产是一个高度连续化和复杂的过程，它不仅涉及多种物理变化，还包括一系列精细的化学反应。这一过程可以被细分为两种主要的生产工艺路线：长流程生产工艺和短流程生产工艺。

长流程生产工艺，指的是由铁矿石和焦炭等原燃料，经过高炉冶炼生产出炼钢铁水，铁水经过转炉精炼转化成钢水，钢水经过模注成钢锭或连铸成钢坯，钢锭或钢坯经过各类轧机轧成各种形状和规格的钢材的

生产过程。

短流程生产工艺，亦称为电炉炼钢流程，是指用废钢作为主要原料，通过电炉进行高效冶炼，产出钢水。钢水经过模注成钢锭或连铸成钢坯，钢锭或钢坯经过各类轧机轧成各种形状和规格的钢材的生产过程。此工艺流程省略了长流程中的高炉和转炉等工序。

这两种工艺各自具有独特的特点和步骤，共同构成了钢铁制造的完整体系。长流程生产工艺以其高效的原料处理和能源利用而著称，而短流程生产工艺则以其灵活性和较低的环境影响受到重视。

（二）钢铁行业数据典型应用场景分析

钢铁行业数据分为国家统计局的黑色金属冶炼与压延业数据和钢铁行业社会组织统计数据。国家统计局的黑色金属冶炼与压延加工业数据是国家统计系统依据国家统计制度，将规模以上生产企业经营数据，由各级地方统计部门由下而上统计上报的数据。这些数据的运用场景，主要运用于国家宏观经济分析和市场发展趋势的预判，从国家层面对钢铁行业的发展进行宏观政策的指导作用。钢铁行业社会组织统计数据分为以下两个方面：一是中国钢铁工业协会按照国家统计局授权统计的会员企业的生产和经营等方面数据；二是社会资讯公司统计的一些具有代表性企业的汇总数据。这些数据主要用于对钢铁行业形势分析和市场发展趋势的判断。

钢铁行业数据典型应用场景分为企业的生产经营管理数据和行业生产经营数据两大类。目前钢铁生产企业生产过程的实时数据，通过人工记录或自动数据采集，全部集成在 ERP 平台上。数据涵盖合同订单、生产组织、生产制造过程、经营管理、设备运行维护、产品研发设计、客户业务服务等，实现全自动化业务管理和分系统统计管理，并按照生产管理系统进行数据的汇总与应用。这些数据主要服务于钢铁企业自身的生产经营，围绕企业经营管理需要进行统计和应用。例如，过程数据主要运用于生产工艺的控制，结点数据主要运用于生产经营管理。

三、钢铁行业数据安全保护实践案例

本钢集团有限公司始建于 1905 年，是中华人民共和国成立后最早恢复生产的钢铁企业之一，目前已发展成为以钢铁和铁矿资源产业为基础，装备制造、工程技术、贸易物流、城市服务等多元产业协同发展的特大型钢铁联合企业。它是辽宁省钢铁产业产学研创新联盟的牵头单位，中国质量协会确定的"质量管理创新基地"，工业和信息化部认定的"国家技术创新示范企业"和"中国工业企业品牌竞争力百强企业"。

1. 建设内容

本钢集团有限公司持续开展数据治理体系建设和提升，大数据平台（图 10-1）功能完善和专业数据域持续建设工作，参考 DCMM 4 级数据安全能力域要求，完善大数据平台数据安全管理功能组件，满足本钢用户的数据安全需求，提升大数据平台数据安全防护能力。在确保业务顺行的同时，保护自身敏感数据的机密性、完整性和可用性。项目采用以下技术手段对本钢大数据平台进行相应的安全加固，主要的控制点包括：数据存储加密、数据脱敏、数据安全审计与溯源。

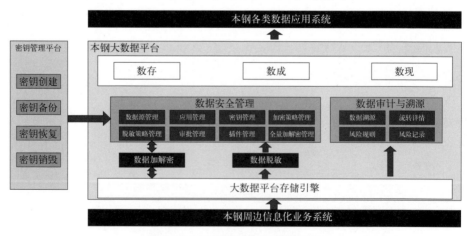

图 10-1 本钢集团大数据平台

2. 解决的问题

解决了钢铁企业在开展数字化转型、数据治理及数据分析挖掘等过程中，敏感数据的非授权访问，数据流动过程中缺乏有效的安全保护和统一的安全监控，可能导致商业秘密泄露、工艺数据篡改、数据被窃取或滥用的安全风险。

(1) 数据加解密。 对敏感数据进行加解密，确保数据在存储过程中的机密性、完整性和可用性。解决开发、运维人员通过后台直接访问数据库使用数据过程中的数据泄露风险，保护数据所有者权益。

(2) 数据脱敏。 对系统中敏感度较高的数据（包括业务数据、个人信息等），在查询时提供数据动态脱敏，解决测试、分析人员接触真实敏感数据带来的数据泄露风险。

(3) 数据审计与溯源。 跟踪和记录数据采集、处理、分析和挖掘等过程，保证溯源数据能重现相应过程，解决数据越权访问、非法传输等风险行为的溯源和分析，满足数据业务要求和合规审计要求。

3. 技术先进性

采用 CASB 云访问安全代理技术，实现数据存储加密、数据脱敏功能，将 CASB 技术融入平台和业务场景，实现细粒度数据防护；基于安全代理的数据访问防护，对应用透明，最大限度减少应用适配开发；基于数据库 SQL 解析技术，自动发现敏感数据并进行加密和脱敏，动态加密和脱敏的效果；通过与工业互联网平台和大数据平台集成，构建数据流动全生命周期的数据安全技术防护体系，如图 10-2 所示。

4. 行业与场景适用性

本钢集团有限公司作为典型钢铁企业，通过数据安全技术与工业互联网平台、大数据平台的融合与创新，有效提升了本钢大数据平台的数据安全防护能力，降低了海量数据流动和集中后带来的数据安全风险隐患，从整体上提升了对钢铁企业敏感数据的保护能力，为钢铁企业大数据中心场景下的数据安全防护提供可复制、可推广的示范标杆。

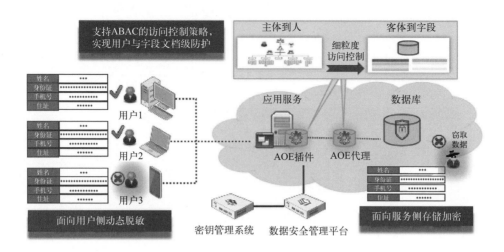

图 10-2　数据安全技术防护体系

第十一章

有色金属行业数据安全保护实践

有色金属工业作为国民经济的重要基础产业和支柱产业，在我国经济建设、国防建设、社会发展及人民生活水平提升等方面发挥着不可替代的战略支撑作用。应用范围从传统的生产生活用具，延伸至航空航天、核能利用、微电子技术等尖端领域，特别是在风力发电、新型显示与照明、工业机器人、电子信息、国防军工、节能环保及高端装备制造等战略性新兴产业中，有色金属更是不可或缺的关键基础材料，彰显出其重要的战略地位。近年来，随着产业转型升级的深入推进，以新能源汽车、锂电池和光伏产品为代表的"新三样"异军突起，不仅成为推动我国有色金属工业高质量发展的重要引擎，更为中国制造注入了新的发展动能。作为全球最大的有色金属生产国、消费国和进出口贸易国，我国在世界有色金属产业链供应链中占据重要地位，对全球有色金属产业发展格局产生着深远影响。

根据《国民经济行业分类》（GB/T 4754—2017）标准，有色金属行业被划分为2个大类、8个中类和34个小类。其中，两大核心类别分别为有色金属矿采选业、有色金属冶炼和压延加工业。具体而言，有色金属矿采选业可细分为常用有色金属矿采选、贵金属矿采选以及稀有稀土金属矿采选3个中类；而有色金属冶炼和压延加工业则包含常用有色金属冶炼、贵金属冶炼、稀有稀土金属冶炼、有色金属合金制造以及有色金属压延加工5个中类。国家统计局数据显示，截至2024年年底，我国有色金属工业运行总体平稳、稳中有进，延续了良好发展态势。全国规模以上有色金属工业企业数量已达到 11648 家，行业整体营业收入近 9 万亿元，利润总额突破 4200 亿元，创下历史新高。在产量方面，10 种常用有色金属总产量接近 8000 万吨，达到 7919 万吨，充分彰显了我国作为全球有色金属生产和消费大国的实力和地位。

有色金属产业链涵盖了从资源开发到终端产品制造的全过程，可分为上游、中游和下游三大环节。上游环节作为产业链的起点，主要涵盖矿产资源的勘探、开采及运营等基础性工作，为整个产业链提供原材料保障；中游环节作为产业链的核心，承担着将上游开采的矿石转化为可用金属材料的关键任务，主要包括矿产品冶炼及产品加工；下游环节作为产业链的终端，主要负责有色金属材料的应用转化和终端产品的制造，将中游生产的金属材料加工制造成最终消费品或工业产品，其应用领域广泛，主要涵盖汽车制造、家用电器、建筑材料、机械制造、电子材料等多个重要行业，对国民经济发展具有重要支撑作用。

一、有色金属工业数据特征

（1）数据类型多元化。 有色金属工业涵盖 96 种金属元素，其数据类型呈现多样性和专业性特征。主要数据类型包括：生产运营数据、固定资产投资数据、能源消耗数据、市场价格数据、库存管理数据以及进出口贸易数据等。这些数据来源于产业链各环节，反映了行业在生产、经营、市场等多方面的动态变化。

（2）数据体量庞大。 由于有色金属工业涉及 34 个行业小类，每个细分领域都包含大量生产设备和复杂工艺过程。不同环节企业的关键数据有所不同，包括完整的历史研发数据、客户订单信息等。因此，有色金属行业需要存储和处理的数据量极为庞大。

（3）数据时效性强。 有色金属工业生产过程通常需要实时监测和控制，因此数据具有时效性强的要求。及时收集和处理数据，对异常情况做出快速反应，对生产效率和产品质量至关重要。

（4）数据安全等级高。 有色金属工业的数据具有极高的商业敏感性和战略价值，直接关系到企业的核心竞争力。企业在数据管理上通常较为谨慎,数据安全成为重中之重。防止数据泄露、抵御网络攻击以及确保数据的完整性和保密性,是行业数据管理的核心任务。

二、有色金属工业典型业务流程及数据典型应用场景分析

(一)有色金属工业典型业务流程

有色金属工业作为复杂的流程型产业,其信息化应用贯穿于全产业链各环节,通过数字化技术实现业务流程优化、管理效能提升和智能决策支持。以下是主要业务环节的信息化典型应用场景:

(1)矿山开采与选矿。信息化技术可用于矿山资源管理,包括矿石储量评估、矿产资源规划和矿山设计等。通过传感器和监测设备,实现矿山设备状态监控和维护,提高设备可靠性和维护效率。同时,智能化分析系统可对矿石进行在线成分检测和工艺参数优化,实现选矿过程的精准控制和质量提升。

(2)有色金属冶炼。在冶炼环节,自动化控制系统能够对温度、压力、流量等关键参数进行实时监控和精准调控,确保生产过程的稳定性和高效性。通过数据采集和分析技术,对冶炼过程中的各项指标进行动态监测和分析,优化生产参数,降低能耗和废料产生。此外,质量追溯系统通过采集全流程质量数据,建立产品数字档案,支持质量问题的快速定位和分析,确保产品符合国际标准。

(3)物流与运输。利用物联网技术和传感器,实现对仓储设备和货物的远程监控,实时掌握库存情况和仓储环境指标,确保仓储安全和库存精准管理。通过智能化调度系统和路线优化算法,合理规划运输路径,提高物流运输效率,降低运输成本和时间。同时,应用条码和射频识别(RFID)技术对货物进行标识和追踪,实现货物流转的自动化管理,提升物流的可视化和准确性。

(4)销售与供应链。在销售与供应链管理方面,信息化技术能够助

力企业构建高效的运营体系。通过建立电子商务平台和供应链管理系统，实现订单管理、库存管理和交付追踪等功能，提升销售效率和客户满意度。运用数据分析技术，对市场需求进行精准预测和分析，制定科学的销售计划和市场营销策略。同时，建立客户关系管理系统，记录客户信息和反馈，提供个性化的客户服务和支持。

以上场景仅是有色金属工业信息化应用的典型代表，实际应用会因企业的规模、生产工艺和技术水平等因素而有所差异。通过信息化技术的深度应用，有色金属企业能够实现数据的实时监测、自动化控制、生产优化和决策支持，从而全面提升企业的运营效率和市场竞争力。

（二）有色金属工业数据典型应用场景分析

（1）数据收集。构建全方位数据采集体系，重点关注以下维度：全球有色金属行业发展动态及前沿技术趋势；行业重点企业及主要竞争对手的经营数据、技术创新及客户结构；产业链上下游关键信息，包括上游供应商的产品性能、技术参数、价格波动，以及下游客户的产品需求变化和市场趋势。通过建立标准化数据采集系统，确保数据的准确性、完整性和及时性。

（2）数据加工。在原始数据基础上，通过数据清洗、转换、集成等处理流程，形成规范化、标准化的高质量数据集。重点构建运维数据域的质量分析模型，实现数据价值的深度挖掘。建立统一的数据标准体系，确保不同来源数据的兼容性和可比性。

（3）数据存储。建立企业级数据仓库，系统整合研发数据域（如实验数据、工艺参数）、生产数据域（如设备运行数据、质量检测数据）、运维数据域（如设备维护记录、能耗数据）以及管理数据域（如经营指标、供应链数据）。将不同领域的数据进行整合，建立完整的数据集，为数据分析提供坚实基础。

（4）数据挖掘。数据分析是实现数据价值的关键环节。企业可运用统计方法对数据进行描述性分析，挖掘数据中的关联和模式。通过对生产过程的深度分析，优化生产流程，实现生产过程的精细化管理。

(5) **数据应用**。构建智能数据可视化平台,实现生产指标的实时监控和预警。企业可通过数据可视化工具和监控系统,实时跟踪生产指标和关键参数。以图表、报告和可视化界面呈现分析结果,将复杂数据分析结果转化为直观的图表和报告,支持管理决策。建立数据共享机制,确保分析结果的可操作性和可执行性,推动数据驱动的智能决策。

通过以上五个维度的系统化建设,形成完整的数据应用闭环,实现数据价值的最大化,为企业的数字化转型和智能化升级提供有力支撑。

三、有色金属行业数据保护实践案例

江西铜业股份有限公司是有色金属行业龙头企业,贵溪冶炼厂(以下简称"贵冶")是其旗下骨干二级单位,于1979年开工建设,是国家"六五"期间成套引进的22个项目之一,是中国最大的铜、硫化工、稀贵金属产品生产基地,也是全球唯一一个单厂阴极铜产量超百万吨的炼铜工厂。在制造业数字化转型浪潮中,贵冶依托厚实的行业沉淀和先进的管理理念,将前沿科技与生产实践相结合,实现由大到强焕新升级,是工业和信息化部认定的"智能制造示范工厂、5G工厂、卓越智能工厂",入选"国家级、江西省级数字领航企业",代表了有色冶炼企业数字化转型、智能化升级的领先水平。

1. 建设内容

以《工业企业数据安全防护要求》为依据,对贵冶应用系统、PI系统、生产控制系统以及工业云平台等工业数据的采集、存储、加工等各个阶段提供安全防护,为工业数据全生命周期提供全方位的保护。项目从工业数据安全技术防护、工业数据安全管理防护、工业数据安全运营防护三个层面构筑"三位一体"工业数据安全防护体系,如图11-1所示,形成"事前可管、事中可控、事后可查"的安全防控闭环,增强工厂业务的连续性和容灾能力,实现企业核心及敏感数据安全可控。

工业数据安全技术防护,利用"多层防护+预警+隔离+行为管理"的方式组建整体安全架构,在网络各层级之间部署工业防火墙等安

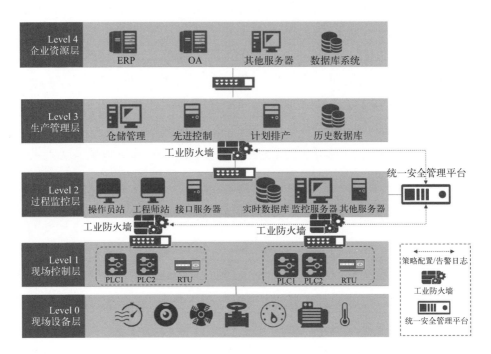

图 11-1 "三位一体"工业数据安全防护体系

全设备以及入侵检测、威胁检测、漏洞扫描、防勒索、安全监测与审计等防护系统,实现边界隔离、主机防护、纵深防护、入侵检测、流量监测等功能,加固工业数据安全的基础环境。

工业数据安全管理防护,采用"技术工具+服务"的方式,对数据进行分类分级,制定数据标准、管理制度,针对一般、重要、核心三级数据防护要求采取不同强度安全管控措施,结合管理制度对数据的使用范围、人员和操作进行规范和监督,通过统一身份认证管理及日志审计,监控和分析用户行为,增强工控系统的使用安全与规范管理。

工业数据安全运营防护,打造集中式、全周期的具有全局视角的工业数据安全运营平台,以全局视角展示数据全生命周期状态,包括数据画像、数据流向等维度的汇总分析,实时推送数据安全报警,及时发现风险并给出解决建议,有效提升威胁事件的响应处置效率。

2. 解决的问题

(1) 建立常态化内生安全防护体系,通过数据加密存储、多策略数据备份机制、数据访问权限控制、数据脱敏机制、分级分类管控机制以及态势感知等手段，解决了工业数据安全流通、高效利用的风险问题。

（2）建立完善的安全治理机制，通过严格的数据授权管理、统一身份认证管理、数据安全应急管理、数据安全审计管理等机制，解决了数据多头维护、权限混乱、响应延滞、安全性低，无法满足工业互联网时代对身份认证的高可靠性要求及系统入侵、数据泄密等威胁和风险。

（3）建立工业数据安全运营中心，切实提高对数据和环境的安全感知能力，将安全运营中心的数据安全、环境风险等数据对接发送到展示平台进行统一展示，能够有效解决工业数据安全指挥调度及响应处置效率。

3. 技术先进性

（1）本项目依照国家相关法律法规，以数据为核心，聚焦工业数据安全生命周期，以"顶层设计、健全管理、创新技术、协同运营、夯实基础"构建数据安全整体架构，技术先进、成熟、可靠。

（2）本项目机制技术并行，充分保障数据安全。通过加密、脱敏、哈希值校验等算法功能，确保数据传输过程的安全性。同时，通过对数据传输过程的数据本身与网络节点的存证，保证全程的可追溯性，满足法律要求。

（3）本项目通过敏感数据智能识别技术和数据分类分级自动化标注技术，自定义敏感数据类型，帮助建立敏感数据资产目录并实时监测敏感数据。同时，按业务场景对数据动态脱敏，满足数据交付合规要求。此外，从业务、数据、安全合规要求等维度将个人信息纳入逻辑数据集合，根据敏感数据类型、控制动作、数据访问类型、有效时间等条件实施数据访问控制。

第十二章

民用飞机行业数据安全保护实践

经过 60 多年的艰苦创业，我国已经基本建立独立自主的航空工业体系。民用飞机发展取得重要进展，新舟 60 涡桨支线飞机、H425 直升机、运十二通用飞机等开始批量进入国内外市场，C919 大型客机、C909 新型涡扇支线客机、直十五中型直升机等重点产品研制稳步推进。国内民用飞机制造业数字化转型发展迅猛。中国商飞公司、中国航空工业集团、中国航发等提出各自的数字化转型战略，助力企业高质量发展。中国商飞公司发布数字化转型规划，以业务过程数字化为基础，以数据驱动为重点，实现全领域、全联接、全球化的企业数字运营，按照 3 项数字产品、6 大领域数字业务、9 大数字能力、1 个数字底座的布局，全面打造"3691"的数智商飞，为企业智能化发展打下坚实基础，成为行业标杆，以支撑"产品谱系基本完整，市场初具规模，产业体系健全，打造绿色商飞"的中长期目标。

一、民用飞机行业数据特征

民用飞机产品的复杂性决定了其研制过程的复杂性，民用飞机行业数据具有一些特点：

（1）多源性，民用飞机行业数据产生于飞机产品全生命周期的整个过程，涉及多个异构或同构信息系统。

(2) **数据量大**，数据整体规模在 PB 级以上。

(3) **形式多样**，数据样本少且数据结构形式多样，包括结构化数据、半结构化数据和非结构化数据。结构化数据主要通过关系型数据库进行存储和管理；半结构化数据是具有一定结构性的数据，如试验试飞数据、工业互联网数据等；非结构化数据包括办公文档、文本、图片等。

二、民用飞机行业典型业务流程及数据处理关键环节分析

（一）民用飞机行业典型业务流程

(1) **设计研发**。民用飞机行业采用"整机制造商—多级供应商"的制造模式，需要多专业、多领域协同开展工作，在数字样机管理过程中，引入构型管理思路，支持模块化设计和多方案设计，以及总体及各专业协调。例如，通过 PDM 系统将文件、图样、协调数据、更改数据等发放到分制造商。

(2) **生产制造**。通过将装配指令下发、形成整机装配指令、配送物料、装配、完成装配验收，最终转入下道装配工位。经过上述过程的数据、流程等嵌入 MES 系统，与配置到生产现场工位的网络及计算机相结合，实现所涉及的全部人员（全员）、全部过程（全程）的无纸化流转及管理控制。

(3) **试飞取证**。试飞过程中，通过各类软硬件、电子元器件对试验过程中的温度、压力、流量、位移、飞行姿态、系统信息等内容进行收集和转换，再经由数据分析系统进行处理，以满足试飞过程中各类实时和非实时数据采集与分析的要求。

(4) **交付与客户服务**。客户服务文件工作流程跨中心和部门，信息面广且多，涉及技术、施工、商务、航材、出版物等内容；编制工作量大，准确性要求非常高；需和其他文件相互参引、超链接；有效期长，在整个

飞机寿命周期内存档,且需不断修订,并定期提取清单供局方审查。

(二)民用飞机行业数据处理关键环节分析

(1)**数据采集阶段**。民用飞机企业信息系统、设备、数据互联成为趋势,数据形态多、格式多,数据采集过程难以实施有效的整体防护,采集的数据可能被黑客入侵窃密甚至注入脏数据,存在不可靠风险。

(2)**数据传输阶段**。从航司获取交付产品的相关数据,存在传输中断、篡改、伪造及窃取等安全风险,应采取数据传输加密、身份认证等技术措施加强数据传输过程的安全防护。

(3)**数据加工/存储阶段**。数据加工是指对民用飞机产品相关数据进行汇聚加工,将各种异构网络、异构数据源的数据采集到数据中台进行集中存储,对数据进行清洗、转换、分析、挖掘等操作的过程。数据汇聚加工使得敏感数据大量集中,将会面临非法访问、违规查询、批量窃取、恶意篡改等数据安全风险。

(4)**数据使用阶段**。访问信息系统的人员范围大,涉及机体供应商、系统供应商、适航当局和客户等,存在账号划分不合理、无效账号等风险。

(5)**数据开放共享阶段**。数据开放共享是对外部进行数据共享的过程,包括外部企业共享、数据公开披露等活动。典型的民用飞机产业链上下游企业数据共享包括为航司提供交付产品相关数据、所有交付产品飞行数据等存在泄露的风险。因存在海外供应商和客户,存在数据出境的情况,需应用数据出境监测和数据出境审计,满足数据出境追溯要求。

三、民用飞机行业数据安全保护实践案例

上海航空工业(集团)有限公司是中国商飞公司全资子公司,为中国商飞公司型号研制和发展建设提供能力支持和共享支援。主要涵盖信息化、审计、质量审核、标准化、工业工程、情报、档案、产品安全与

事件调查、数据管理等服务范围。

1. 建设内容

治理能力方面,拉通"内控－组织－流程－制度－表单"各管理要素,形成公司一体化数据安全治理体系,如图12-1所示;防护能力方面,形成集中枢管理、防御隔离、接入保障、多层级资产防护于一体的综合技术体系;在运营能力方面,结合企业特点建成数据资产治理体系,建立数据资产全生命周期运营能力;在专业能力方面,培养具备民用飞机产业特色的数据安全专业人才队伍;在特色领域安全研究积累最佳实践经验。

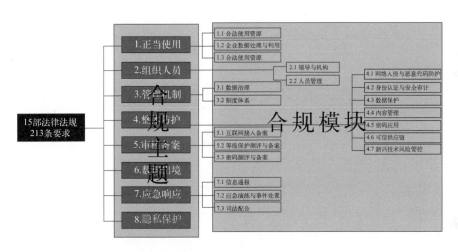

图 12-1 基于外规的企业数据安全合规主题与合规模块

2. 解决的问题

中国商飞公司的数据安全体系策划,以内控合规思想牵引业务、指导业务,按照"多体系融合、管控要求统一"的方法与路径推进数据安全治理工作,建立了网络与数据安全管理体系,实现从"0"到"1"的跨越,解决了兼顾安全与发展、平衡安全要素的问题,形成了安全治理合力。

3. 技术先进性

建成一个态势感知平台为数据安全管理中枢,实现公司网络"南北方向"即"互联网－前置应用－核心内网"的纵深防护,以及"东西方向"不同应用系统间可靠流量隔离的两维数据防御体系,面向互联网业务发布、内外部人员远程协助接入和公/专有云接入的三类数据接入保障,针对主机服务器层、应用系统层、终端设备层和工控系统层的四层数据资产防护,形成"1＋2＋3＋4"纵深防御架构,构建完整的网络与数据安全防护架构,实现数据安全保护能力全覆盖。

4. 行业与场景适用性

中国商飞公司作为链主企业可将核心的数据安全要求辐射至产业链上下游,有效助力民用飞机行业数据安全水平提升。该案例及其案例主体所具备的行业特有数据安全风险研究与辐射产业链上下游的服务能力,可推广并复用于整个民用飞机行业。

第十三章

石化化工行业数据安全保护实践

　　石化化工行业是石油和化工产业的重要组成部分,在国民经济的发展中发挥重要作用,覆盖了人民生活中的衣食住行等各个方面,是我国的支柱产业之一,主要包括原油加工、基础化学原料制造业、肥料制造业、煤炭加工(煤化工)、合成树脂、合成橡胶、合纤原料等重点行业产业方向。自2010年起,我国的化工行业产值长期占据全球第一的位置,2022年,我国的炼化产能达到9.2亿吨/年,首次超越美国,跃居全球第一。截至2024年年底,石油和化工行业规模以上企业数量接近3万家,累计实现营业收入16.28万亿元,同比增长2.1%,实现利润总额7897.1亿元,同比下降8.8%。

一、石化化工行业数据特征

　　(1) 多样性。石化化工行业涵盖了广泛的领域,包括石油化工、基础化学品、合成树脂、化肥、农药、橡胶制品、涂料等。不同领域的数据类型和特征各异,包括生产数据、质量数据、能耗数据、环境监测数据等。

　　(2) 大规模。石化化工行业通常涉及大量的生产设备和工艺过程,生产过程涵盖了流程工业和离散工业两类,产生的数据量巨大。大规模数据的处理、存储和传输是一个挑战，需要适应高速率、高容量的数据处理系统。

（3）实时性。 石化化工行业生产过程通常需要实时监测和控制，因此数据具有实时性要求。及时收集和处理数据，对异常情况做出快速反应，对生产效率和产品质量至关重要。

（4）多源性。 石化化工行业的数据来源多，包括传感器、仪器设备、生产控制系统、实验室等。这些数据源可能具有不同的数据格式和数据接口，需要进行数据集成和整合。

（5）复杂性。 石化化工行业的数据通常具有复杂的结构和关联关系。例如，化工过程中的数据存在着多个变量之间的相互作用和影响，需要进行多变量分析和建模。

（6）高维度。 石化化工行业的数据通常包含多个维度的信息，如时间维度、空间维度、产品批次维度等。在数据分析和建模过程中，需要考虑多个维度的影响和相互关系。

（7）高安全性要求。 石化化工行业涉及的数据通常具有商业敏感性和竞争优势，需要进行严格的数据安全保护。防止数据泄露、网络攻击和内部威胁是石化化工行业数据管理的重要任务。

综上所述，石化化工行业的数据具有多样性、大规模、实时性、多源性、复杂性、高维度和高安全性要求的特点。充分利用和管理好这些数据，将为石化化工企业带来生产效率的提高、质量控制的优化以及可持续发展的推进。

二、石化化工行业业务流程及数据典型应用场景分析

（一）石化化工行业业务流程

1. 生产过程监控与优化

数据收集与传感器监测：通过传感器和设备监测关键参数（如温度、压力、流量等）以收集实时数据。

数据传输与管理：将数据采集设备收集到的信息，通过专用网络传输至可信任的存储设备和软件。

数据存储与处理：将收集到的数据存储在数据库中，并通过数据处理技术进行分析和计算。

过程优化与预测：利用数据分析和建模技术，优化生产过程、减少能耗和废弃物产生，并预测可能的故障和停机时间，制定相应响应预案，强化生产过程的稳定性。

2. 质量控制与检测

实时质量监测：通过传感器和仪器对产品进行实时质量监测，收集质量数据。

数据分析与异常检测：对质量数据进行分析，检测异常情况，并进行及时处理。

质量追溯与反馈：记录产品质量数据，建立质量追溯系统，以便追踪和反馈生产过程中的质量问题。

3. 资源管理与节能减排

能耗数据收集与分析：收集能耗数据，对能源消耗进行分析，找出能源浪费和低效的环节。

节能优化方案设计：基于数据分析的结果，制定节能优化方案，并实施改进措施。

环境排放监测与控制：通过数据监测和分析，监测环境排放，确保符合相关法规和标准要求。

4. 供应链管理与物流优化

数据共享与协同：通过共享数据，与供应商和合作伙伴进行协同管理，实现供应链的高效运作。

预测需求与库存控制：通过数据分析和需求预测模型，优化供应链中的库存管理，减少库存成本和风险。

物流路径优化：利用数据分析和地理信息系统，优化物流路径，提高物流效率和准时交付率。

5. 安全与风险管理

数据安全保护：采取措施确保数据的安全性，包括数据加密、访问控制、安全通道、监控审计和存储备份等。

风险评估与预警：通过数据分析和风险模型，评估潜在风险，并实施预警机制以及风险应对措施。

（二）石化化工行业数据典型应用场景分析

1. 数据收集

传感器与监测设备：通过传感器和监测设备收集实时的生产数据，如温度、压力、流量等关键参数。

仪器与设备：使用仪器和设备进行实验、检测和质量控制，获取质量数据。

数据采集系统：建立数据采集系统，确保数据的准确性和及时性。

2. 数据清洗与预处理

数据清洗：对采集到的原始数据进行清洗，去除异常值、缺失值和重复值，以确保数据的准确性和完整性。

数据集成与整合：将来自不同源头的数据进行整合，构建完整的数据集。

数据转换与标准化：对数据进行转换和标准化处理，以便进行后续的分析和建模。

3. 数据分析与建模

统计分析：应用统计方法对数据进行描述性统计、相关性分析和趋势分析，获取对数据的基本认识。

数据挖掘与机器学习：运用数据挖掘和机器学习算法，探索数据中的模式和关联，并构建预测模型和优化模型。

过程建模与优化：基于数据分析和建模结果，对石化化工生产过程进行建模和优化，提高生产效率和质量。

4. 数据应用和可视化

决策支持：将数据分析和建模结果应用于决策过程，为管理层提供决策支持和业务洞察。

实时监控与控制：通过数据可视化和监控系统，实时跟踪生产指标和关键参数，进行过程监控和控制。

报告与可视化展示：将分析结果以图表、报告和可视化形式呈现，使得数据更具可理解性和可操作性。

在这些关键环节中，数据质量和数据安全是至关重要的考虑因素。确保数据的准确性、完整性和一致性，以及保护数据的安全性和隐私，是石化化工行业数据处理的重要挑战和要求。

三、石化化工行业数据安全保护实践案例

中国石油化工集团有限公司（以下简称"中国石化"）是中国最大的一体化能源化工公司之一，肩负着保障我国成品油供给和产业链安全等重要职责，业务范围覆盖石油与天然气勘探开采、销售，成品油、化工产品等生产、储运与销售，石油和炼化工程服务、国际贸易、科技研发、开拓新能源及非油业务等领域，业务遍及全球70多个国家和地区。中国石化积极推进数字化转型，确立了"数据＋平台＋应用"的发展新模式，建立了域长负责制运行新机制，围绕打造世界一流企业目标，聚焦高质量发展，大力推进信息化"432工程"建设，着力推动产业数字化转型、智能化提升。

1. 建设内容

第一，加速推进数据安全顶层规划设计。充分利用集团公司的数据治理成果，广泛借鉴国内外先进的数据安全治理方法论和行业实践经验，精心构建集团公司的数据安全总体蓝图，完成数据安全管理、技术

和运营体系以及相关能力的设计和规划,形成了独具特色的"划分两个阶段,实现两个保障"的数据安全工作方法。

第二,积极参与国家及行业数据安全标准的编制与验证工作。作为首批试点单位,成功参与了国家数据分类分级及风险评估标准的试点,选取五个具有代表性的业务域/子域数据,圆满完成数据分级及个人信息分类验证任务。

第三,积极推进集团公司数据分类分级落地实践。延续中国石化数据治理成果,对标国家法律法规及在研标准,发布《中国石化数据安全分类分级指南》,按20个业务域进行数据分类,按5级进行数据分级,构建了专有认定规则。

第四,加快集团数据安全风险评估标准编制。完成《中国石化数据安全风险评估指南》的编制,从数据安全管理、数据处理活动、数据安全技术和个人信息保护情况四个方面明确安全评估要求,选取了具有代表性的易派客系统作为风险评估的试点对象,成功验证了指南的可行性和有效性。

第五,初步建成数据安全技术防护能力。中国石化遵循"统一规划、统一建设、统一运维"的建设思路,以国产密码为技术基础,初步建成了中国石化全栈化数据安全防护能力,完成身份认证、数字证书、电子签章、时间戳、密码服务、数据库审计、文档安全、数据脱敏等安全服务组件建设,并发布到石化智云,实现按需自助申请,流程化审批交付,大力推广安全服务组件在集团内部的应用,提升了数据安全内生能力。建立了中国石化多湖一中台,围绕"采、聚、理、用、保"五方面开展核心能力建设,通过数据脱敏、数据加密、权限管理、安全审计等数据安全技术的综合应用实现平台对数据资源"保"的能力。

2. 技术先进性

第一,在组织层面,在集团数据治理委员会的统一指导下,由信息和数字化管理部归口管理数据安全工作,发挥"域长负责制"优势,建立了由业务域责任部门、域长、副域长以及企业负责人的层次化管理机制,对有条件的单位,设置专职数据安全管理员,对条件暂不具备的企业,基于现有网络安全岗位履行数据安全相关职责。

第二，在资金投入方面，中国石化始终将数据安全置于优先地位，每年通过信息化投资、软课题和科研项目保障数据安全资金投入，以确保数据安全与业务发展同步推进。

第三，在绩效考核方面，中国石化目前将数据安全考核统一纳入集团网络安全和信息化考核，由集团结合内外部环境及需求变化，以年度为单位修订评价标准，并在全集团范围内开展考核工作，考核完成后，下发评级结果通知，并对评级较低的企业下发专项整改通知限期整改。

第十四章

汽车行业数据安全保护实践

　　汽车行业是一个涵盖研发设计、生产制造、销售、维修及服务等环节的综合性产业，与众多相关产业高度关联，是国民经济发展的重要支柱之一，也是推动我国工业进步的重要力量。随着数字化浪潮的推进，汽车行业正经历深刻变革。从产品端来看，数字化通过互联网将汽车、交通基础设施、能源基础设施及建筑等连接起来，实现数据互联互通，推动智能化发展；从企业端来看，数字化贯穿设计研发、生产制造、经营管理、运行维护及出行服务等全流程，显著提升运营效率，缩短研发周期，并更快响应用户需求。

　　当前，智能网联汽车已成为汽车行业转型升级的主流趋势之一。全球范围内涌现了一批专注汽车智能化、网联化、电动化的新兴车企及供应商。这些企业通过布局数字化团队，应用数字化研发、智能制造、数字化管理及数字营销等技术，将数字化贯穿汽车全生命周期，以数据为驱动核心，全面提升企业的运营效率。

　　总体而言，汽车行业的数字化信息化正在推动行业从以产品为中心向以用户为中心转变，实现全产业链与用户的深度互联。汽车企业积累的数据资产，也将为企业创造更多价值。自 1885 年汽车诞生以来，美国、欧洲和日本等国家和地区分别凭借流水线生产模式、差异化生产与销售策略以及精益化生产管理相继崛起，逐渐形成了美国、德国、日本"三足鼎立"的全球竞争格局。2001 年开始，中国汽车产销规模呈爆发性增长，2009 年产量和销量分别超越日本和美国，成为全球最大的汽车市场。截至 2024 年年底，中国汽车产销总量已连续 16 年稳居全球第一，进一步巩固了其在全球汽车行业中的领先地位。

一、汽车行业数据特征

汽车行业数据是指研发设计、生产制造、经营管理、运行维护及平台运营等过程中产生和收集的数据。汽车行业数据整体呈规模大、分布广泛的特点，主要分为非汽车数据和汽车数据两大类。非汽车数据（如研发、生产、管理数据）广泛分布于产业链各环节的企业中；汽车数据则主要集中在产业链中游的整车企业。随着汽车智能化、网联化程度的不断加深，上游的核心零部件供应商和智能驾驶解决方案供应商也逐渐积累了一定规模的汽车数据。

1. 核心零部件供应商汽车数据情况

汽车的核心零部件供应商仅在特定情境下如研发基于车外环境的功能/产品（如碰撞预警），或对已售车辆的零部件进行售后支持，涉及对汽车数据的收集和使用，其汽车数据规模远小于整车企业，代表企业为博世、大陆、德赛西威等。

2. 系统解决方案供应商汽车数据情况

系统解决方案供应商（主要为智能驾驶解决方案供应商，如百度、华为）持有的数据主要来自其测试车辆收集的车内外数据。由于目前国内智能网联汽车尚未进入规模化商业落地，高级别自动驾驶解决方案供应商掌握的车辆数量有限（几千台，含测试车与试运营车）。然而，由于单车智能化程度较高，感知设备多且精度高，其数据规模仍达 TB 级别。

3. 整车企业汽车数据情况

整车企业，依据其产品的智能化、网联化程度，收集不同类别的数据,且智能化程度越高,数据收集量越大。绝大多数传统车企仅收集车外数据、用户个人信息及车辆信息;搭载驾驶员状态监测(DSM)功能的汽车还收集车内图像及个人生物特征等数据;部分新能源车企,因建设有充电基础设施,因此也掌握了部分充电网络的信息。大型车企掌握的个人信息规模基本在数百万人级别,数据规模与其汽车产品的智能化、网联化水平密切相关。传统车企所持数据规模约为GB,造车新势力均在TB级,甚至有的持有PB级规模的数据。

4. 汽车后市场企业汽车数据情况

汽车后市场企业持有的数据主要为个人信息和车辆的基础信息,前者的敏感程度高于后者,也是关注的重点信息。持有数据的总体规模远低于整车企业。

二、汽车行业数据典型应用场景及关键环节分析

(一)汽车行业数据典型应用场景

(1)设计研发。零部件供应商、解决方案供应商与整车厂在此阶段数据流转的情况整体相似,且多出现彼此基于项目共同开发的情况。产品的研发数据在主机厂与上游供应商之间交互。基于研发项目类型的不同,可能涉及不同类型的数据共享。这些数据可能来源于业务、产品、服务、客户、设备或外部,经汇总分析后,可洞察到未定义或未满足的消费者需求、需改善和提升的产品性能、需优化的研发流程等,这些信息都将有助于产品的设计研发的提升。例如,部分基于车外环境信息进行研发的功能(如碰撞预警、ADAS),在研发和测试过程中会使用到车外环境信息,该类数据将有助于产品算法的优化。

(2)运维与售后。根据不同的需求,维修和返厂可能触达整车厂及其上游供应商,会产生相应的故障或事故数据,用于对产品的售后服务。例如,在智能座舱与自动驾驶功能售后中存在如下数据流转场景:

驾驶人在驾驶过程中遇到事故和车辆故障信息，在发生事故的过程中将事故相关的车辆状态数据、车外环境数据及车内环境数据从车内上传至主机厂，主机厂视情况提供给相应的供应商（其中，车辆的位置信息需经图商处理后传输给主机厂）；主机厂及供应商企业对数据进行分析，用于进行故障判断、事故定责、理赔等，数据作为产品优化的一部分进行归档。

（3）大数据分析。企业的数字化转型将企业收集的数据进行统一管理，并基于大数据分析将企业数据作为资产进行产品优化与用户画像。数据流转过程大致为：车端收集 VIN、软件应用名称编码、事件 ID、时间戳、账号 ID、操作等数据，通过移动蜂窝网络传输给企业云平台，对用户喜好进行分析，相关数据在云端存储。例如，智能座舱系统中对于用户的行为偏好进行记录并用作整车厂/供应商的产品优化或产品需求定义。

（二）汽车行业数据处理关键环节分析

（1）数据收集。已出台的《中华人民共和国数据安全法》《中华人民共和国个人信息保护法》《工业和信息化领域数据安全管理办法（试行）》《汽车数据安全管理若干规定（试行）》等法律法规，虽对汽车领域的数据收集行为有一定指导作用，如要求默认不收集，收集个人信息需明确告知收集信息的情境、种类、用途、期限等事项并取得同意，收集数据的范围应坚持最小必要原则等。但由于新兴业务产生新的数据需求（采集车内视频以保证出行服务安全、DSM 防止司机处于睡眠状态等），对于哪些数据可被收集，尚无更加精细的管理规范，存在数据收集过度的风险。

（2）数据使用与加工。分为企业端和车端。在企业端，汽车行业数据的使用与加工，主要涉及数据的脱敏以及与之匹配的权限管理。根据不同情况对同一重要数据读取时进行不同级别脱敏的情况，企业有较强的动态脱敏需求。动态脱敏要求设置好角色、角色权限以及脱敏规则。由于汽车行业的数据种类繁多、部分数据的非结构性、敏感程度不一、敏感数据自动化识别尚未普及，对于动态脱敏技术来说存在一定挑战。在车端，由于目前搭载的车端计算平台算力普遍不高，如何在保证数据处理时效性的同时，满足车端低算力平台下的数据加解密和脱敏保护需求，是车端数据安全方案/产品需考虑的问题。当前，汽车行业并无统一的数据脱敏技术规范。

（3）数据提供。绝大部分行业内企业认为，当企业的数据与外部主体出现交互时，数据安全风险大大增加。当数据被提供给第三方时，除了事先对数据接收方的数据安全保护能力进行核实，并与数据接收方签订数据安全协议，明确数据提供的范围、使用方式、时限、用途以及相应的安全保护措施、违约责任等，并督促数据接收方予以落实外，目前并无强有力的成熟的技术手段，保证数据在第三方处不被泄露或用于非约定用途等情况，联邦学习等先进技术暂未应用到汽车领域的数据安全产品中。

三、汽车行业数据安全保护实践案例

东风汽车集团有限公司（以下简称"东风公司"）是以汽车制造、销售、服务和技术研发为主业的商业一类央企，前身是始建于1969年的第二汽车制造厂。50多年来，累计产销汽车近6000万辆。公司结合"东方风起"计划，进一步迭代数字化战略，明确聚焦自主事业发展，把"以客户为中心"贯穿到工作始终，构建"一个平台"，打造"两大旅程"，推进"三个贯通"的数字化转型总体战略思路。"一个平台"，即打造一个自主可控、安全可信、服务可靠的东风数字平台，包括云底座和云服务两大部分；"两大旅程"，即围绕客户全触点和全场景构建贯穿"选车、买车、用车、修车、换车"的客户数字旅程，和贯穿"商品企划、产品设计、工艺设计、采购供应、生产交付"的产品数字旅程；"三个贯通"，即推进基于东风数字平台的平台贯通，围绕数据治理的数据贯通和上下联动PDCA循环的体系贯通。

1. 建设内容

东风公司完成数据安全整体规划,如图14-1所示,从数据安全管理能力、技术能力、数据安全运营能力三方面逐步推进数据安全相关工作,包括集团数据安全管理体系,梳理集团所有应用系统的个人信息数据、出海业务出境数据,完成数据分级分类,制定数据安全防护措施,落实数据安全监控和防护策略,夯实数据安全基础。此外,东风公司紧密跟踪国内先进技术及其应用,并启动可行性研究,2023—2024年先后完成隐私计算、区块链等技术预研,及在东风公司内应用场景探索。

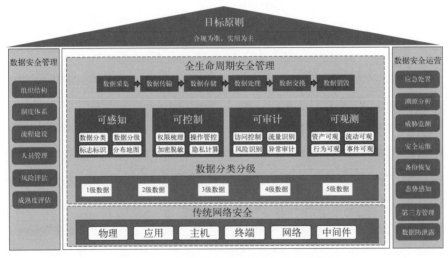

图14-1 东风公司数据安全整体规划

(1)建立数据分级分类标准,完成重要核心数据识别

东风公司结合实际,组织制定东风公司数据分级分类参考标准:数据分类参考东风公司数据资源目录L1~L3,数据分级共分为6级:6级(核心数据)、5级(重要数据)、4级(一般数据,公司核心数据)、3级(一般数据,公司重要数据)、2级(一般数据,公司一般数据)、1级(一般数据,公司可公开数据),并向36家单位(二级单位及核心三级单位)进行宣贯和培训。根据分级分类标准,完成公司核心数据、重要数据识别,以及数据安全风险评估工作。

(2) 实现数据安全防护

东风公司统一的银河数据中台,安全实现了数据脱敏、加密等能力;其他如防火墙、堡垒机、多因子认证等已成为东风最基础的数据安全防护措施。

(3) 数据出境与合规

针对不同国家地区的数据安全法规的差异性进行了深入研究,包括解读 GDPR、R155、R156、ISO 21434 在内的关键法规条例,并制定出台相关数据出境和隐私合规安全管理制度、流程,获取相关认证等。其中,岚图、纳米两品牌仅用 8 个月完成了"研、产、供、销、服"五大核心业务领域的 R155、R156 两类合规体系的建设,并成功获证,打破在国内乘用车领域获证的最快纪录。

2. 技术先进性

在数据分级分类工作过程中,不少单位尝试和探索 AI 的应用。例如,东风商用车有限公司将 AI 大模型技术应用于数据的分类分级中,通过 AI 模型的智能化数据分类分级技术,提升了数据分类分级的自动化和精准度。

数据安全管理与数据治理相结合,依托公司统一的银河数据中台,通过对集团数据资产全面收集和管理,分析数据资产变更情况,持续维护敏感数据分布情况,提升数据分类分级的准确度,实现对数据资产的动态管理,加强对数据资产的管控力度,提升东风公司数据资产安全管控能力。

3. 行业与场景适用性

东风公司通过公司数据中台,融合网络安全基础,通过数据治理与数据安全管理相结合,将数据安全管理融入日常数据管理工作中,降低了数据安全管理的门槛和推进的难度,为汽车企业及其他行业数据安全管理提供了可参考、可复制推广的示范。

第十五章

船舶行业数据安全保护实践

船舶行业是为水上运输、海洋开发及国防建设提供装备的现代综合性重工产业,也是典型的资金、技术、劳动密集型产业,在国民经济结构中占有举足轻重的地位。船舶行业包括船舶相关的一系列活动和产业,含船舶设计、建造、运营、维修、拆解等方面。目前我国船舶行业正逐步实现信息化和数字化转型,以提高运营效率、降低成本、增强安全性和环保性。例如,船舶设计和建造领域已经广泛应用了计算机辅助设计(CAD)和计算机辅助制造(CAM)技术。在航海导航领域,全球卫星导航系统(GNSS),如 GPS、GLONASS 和北斗系统,为船舶提供了高精度的位置定位和导航服务。

一、船舶行业数据特征

船舶行业数据具有海量数据量、数据类型多样化、实时性要求高、数据高度关联、数据涉密性强等特点。

海量数据量:船舶行业数据来源广泛,如船舶设计和工程数据、航运和船舶运营数据、船舶传感器数据、船舶通信和物联网数据等,这些数据还会随着船舶的运行持续累积。

数据类型多样化:船舶设备传感器可以收集到船舶的各种工作状态

数据，如温度、压力、振动等。监测系统可以提供船舶的实时监测数据，如油耗、船速、位置等。同时，船舶的航行数据、维修历史记录、供应链数据等也都是船舶行业的重要数据来源。不同的数据源头所导致的数据类型多样化，包括结构数据、传感器数据、图像数据、文本数据、气象和海洋数据等。

实时性要求高：船舶的运行需要实时监测和响应，以确保船舶的安全性、可靠性和效率。

数据高度关联：船舶的各个系统和部件相互依赖，它们的运行状态和性能会相互影响，如传感器数据关联、设备数据关联、运营数据关联等。

二、船舶行业典型业务流程及数据处理关键环节

（一）船舶行业典型业务流程

船舶行业的业务流程是一个复杂而多样化的过程，涵盖了从船舶研发设计、生产制造、经营管理与运行维护、业务服务、船舶修船与船厂管理环节等各个环节。

1. 研发设计

船舶行业的研发设计环节是指在开发新船或进行船舶改进时进行的工作阶段，包括需求分析和规划、初始设计和概念验证、详细设计和工程、模型制造和物理测试、技术文档和审批等环节。

2. 生产制造

船舶行业的生产制造环节是指在完成船舶的设计和规划后，将设计方案转化为实际的船舶产品的过程。在这个阶段，船舶制造商和相关供应商合作，进行材料采购、船体制造、设备安装和系统集成等工作，最终将船舶建造完成。包括材料采购和供应链管理、船体制造和焊接、装备安装和系统集成、测试和调试、质量控制和验收等环节。

3. 经营管理与运行维护

船舶行业的经营管理与运行维护环节是指在船舶建造完成并投入运营后，船舶所有者、运营商或航运公司对船舶进行管理和运营的过程。在这个阶段，船舶的经营活动包括航运运营、船舶维护、货物管理、船员管理、财务管理等方面。

4. 业务服务

在船舶行业的业务服务环节，主要涉及为船舶提供各种应用服务和技术支持，以满足船舶所有者、航运公司和船员的需求，包括工业应用服务、技术支持和培训、数据分析和智能化服务、船舶安全和合规服务等内容。

5. 船舶修船与船厂管理

一方面是修船工程管理，船舶维修和修船工程涉及计划安排、工程进度、人员管理和质量控制等，需要管理工程项目、工程变更、人员资源和工时记录等，数据场景包括修船计划、工程进度报告、质量检查记录等。另一方面是船厂设备管理，船厂需要管理各种设备和机械设施的维护和保养，包括设备巡检、维护记录、设备故障和备件管理等。数据场景涉及设备维护计划、维修记录、备件库存数据等。

（二）船舶行业数据处理关键环节分析

数据处理涵盖了从船舶研发设计、生产制造、经营管理与运行维护、业务服务、船舶维修与船厂管理等各个环节等多个方面，涉及数据收集、数据存储、数据使用和加工、数据传输、数据提供和数据公开等多个环节，包含需求文档、设计图纸、实时监测数据、维修记录、供应商信息、物料清单、修船计划、船舶保险合同等数据。

1. 数据收集

船舶行业具有敏感性和竞争性，数据收集安全性至关重要。可以通过访问控制和安全审计实现船舶数据收集安全控制。对收集设备功能、性能进行测试，如传感器的准确性、数据采集的稳定性、响应时间、数据传输速度等。

2. 数据存储

在船舶设计阶段，涉及船舶的敏感设计数据，如船体结构、船舶动力系统、船舶设备等，这些设计数据包含企业的核心竞争力和商业机密、敏感个人信息、运营数据、供应链数据、安全相关数据等，采用数据加密存储技术可以确保这些数据在存储过程中得到保护，防止未经授权的访问和泄露。对于数据恢复，可采取制定合理的备份策略、制定灾难恢复计划等方式，需要时迅速恢复数据。

3. 数据使用和加工

这一过程涉及数据清洗、转换、整合、分析和应用等环节，旨在从数据中提取有价值的信息，通过加工使用数据对航行监控和导航，分析和优化船舶性能，开展船舶货物和舱位管理、船舶安全和风险管理等，帮助企业作出决策、优化运营、提升效率，并发现潜在的问题和机会。在这一过程中需要实行数据安全审计、权限管理和数据脱敏等重要措施。

4. 数据传输

涉及船舶通信数据传输、船舶工程设计数据传输、船舶远程监控数据传输、船舶航行计划数据传输等，需通过网络流量监测、异常行为检测、数据完整性验证、安全事件响应等方式进行防护。

5. 数据提供

在船舶行业的数据提供过程中，涉及安全能力评估、上云安全监测等措施。安全能力评估主要涉及数据采集设备的安全性评估、数据传输通道的安全性评估、数据共享和访问控制的安全性评估等。上云安全监测涉及云平台的安全性能监测、安全合规性的评估、安全事件和威胁监测等。

附录

附录一 工业和信息化领域数据安全管理办法（试行）

第一章 总则

第一条 为了规范工业和信息化领域数据处理活动，加强数据安全管理，保障数据安全，促进数据开发利用，保护个人、组织的合法权益，维护国家安全和发展利益，根据《中华人民共和国数据安全法》《中华人民共和国网络安全法》《中华人民共和国个人信息保护法》《中华人民共和国国家安全法》《中华人民共和国民法典》等法律法规，制定本办法。

第二条 在中华人民共和国境内开展的工业和信息化领域数据处理活动及其安全监管，应当遵守相关法律、行政法规和本办法的要求。

第三条 工业和信息化领域数据包括工业数据、电信数据和无线电数据等。工业数据是指工业各行业各领域在研发设计、生产制造、经营管理、运行维护、平台运营等过程中产生和收集的数据。

电信数据是指在电信业务经营活动中产生和收集的数据。

无线电数据是指在开展无线电业务活动中产生和收集的无线电频率、台（站）等电波参数数据。

工业和信息化领域数据处理者是指数据处理活动中自主决定处理目的、处理方式的工业企业、软件和信息技术服务企业、取得电信业务经营许可证的电信业务经营者和无线电频率、台（站）使用单位等工业和信息化领域各类主体。工业和信息化领域数据处理者按照所属行业领域可分为工业数据处理者、电信数据处理者、无线电数据处理者等。数据处理活动包括但不限于数据收集、存储、使用、加工、传输、提供、公开等活动。

第四条 在国家数据安全工作协调机制统筹协调下，工业和信息化部负责督促指导各省、自治区、直辖市及计划单列市、新疆生产建设兵团工业和信息化主管部门，各省、自治区、直辖市通信管理局和无线电管理机构（以下统称地方行业监管部门）开展数据安全监管，对工业和信息化领域的数据处理活动和安全保护进行监督管理。

地方行业监管部门分别负责对本地区工业、电信、无线电数据处理者的数据处理活动和安全保护进行监督管理。

工业和信息化部及地方行业监管部门统称为行业监管部门。

行业监管部门按照有关法律、行政法规，依法配合有关部门开展的数据安全监管相关工作。

第五条 行业监管部门鼓励数据开发利用和数据安全技术研究，支持推广数据安全产品和服务，培育数据安全企业、研究和服务机构，发展数据安全产业，提升数据安全保障能力，促进数据的创新应用。

工业和信息化领域数据处理者研究、开发、使用数据新技术、新产品、新服务，应当有利于促进经济社会和行业发展，符合社会公德和伦理。

第六条 行业监管部门推进工业和信息化领域数据开发利用和数据安全标准体系建设，组织开展相关标准制修订及推广应用工作。

第二章 数据分类分级管理

第七条 工业和信息化部组织制定工业和信息化领域数据分类分级、重要数据和核心数据识别认定、数据分级防护等标准规范，指导开展数据分类分级管理工作，制定行业重要数据和核心数据具体目录并实施动态管理。

地方行业监管部门分别组织开展本地区工业和信息化领域数据分类分级管理及重要数据和核心数据识别工作，确定本地区重要数据和核心数据具体目录并上报工业和信息化部，目录发生变化的，应当及时上报更新。

工业和信息化领域数据处理者应当定期梳理数据，按照相关标准规范识别重要数据和核心数据并形成本单位的具体目录。

第八条 根据行业要求、特点、业务需求、数据来源和用途等因素，工业和信息化领域数据分类类别包括但不限于研发数据、生产运行数据、管理数据、运维数据、业务服务数据等。

根据数据遭到篡改、破坏、泄露或者非法获取、非法利用，对国家安全、公共利益或者个人、组织合法权益等造成的危害程度，工业和信息化领域数据分为一般数据、重要数据和核心数据三级。

工业和信息化领域数据处理者可在此基础上细分数据的类别和级别。

第九条 危害程度符合下列条件之一的数据为一般数据：

（一）对公共利益或者个人、组织合法权益造成较小影响，社会负面影响小；

（二）受影响的用户和企业数量较少、生产生活区域范围较小、持续时间较短，对企业经营、行业发展、技术进步和产业生态等影响较小；

（三）其他未纳入重要数据、核心数据目录的数据。

第十条 危害程度符合下列条件之一的数据为重要数据：

（一）对政治、国土、军事、经济、文化、社会、科技、电磁、网络、生态、资源、核安全等构成威胁，影响海外利益、生物、太空、极地、深海、人工智能等与国家安全相关的重点领域；

（二）对工业和信息化领域发展、生产、运行和经济利益等造成严重影响；

（三）造成重大数据安全事件或生产安全事故，对公共利益或者个人、组织合法权益造成严重影响，社会负面影响大；

（四）引发的级联效应明显，影响范围涉及多个行业、区域或者行业内多个企业，或者影响持续时间长，对行业发展、技术进步和产业生态等造成严重影响；

（五）经工业和信息化部评估确定的其他重要数据。

第十一条 危害程度符合下列条件之一的数据为核心数据：

（一）对政治、国土、军事、经济、文化、社会、科技、电磁、网络、生态、资源、核安全等构成严重威胁，严重影响海外利益、生物、太空、极地、深海、人工智能等与国家安全相关的重点领域；

（二）对工业和信息化领域及其重要骨干企业、关键信息基础设施、重要资源等造成重大影响；

（三）对工业生产运营、电信网络和互联网运行服务、无线电业务开展等造成重大损害，导致大范围停工停产、大面积无线电业务中断、大规模网络与服务瘫痪、大量业务处理能力丧失等；

（四）经工业和信息化部评估确定的其他核心数据。

第十二条 工业和信息化领域数据处理者应当将本单位重要数据和核心数据目录向本地区行业监管部门备案。备案内容包括但不限于数据来源、类别、级别、规模、载体、处理目的和方式、使用范围、责任主体、对外共享、跨境传输、安全保护措施等基本情况，不包括数据内容本身。

地方行业监管部门应当在工业和信息化领域数据处理者提交备案申请的二十个工作日内完成审核工作，备案内容符合要求的，予以备案，同时将备案情况报工业和信息化部；不予备案的应当及时反馈备案申请人并说明理由。备案申请人应当在收到反馈情况后的十五个工作日内再次提交备案申请。

备案内容发生重大变化的，工业和信息化领域数据处理者应当在发生变化的三个月内履行备案变更手续。重大变化是指某类重要数据和核心数据规模（数据条目数量或者存储总量等）变化30%以上，或者其他备案内容发生变化。

第三章 数据全生命周期安全管理

第十三条 工业和信息化领域数据处理者应当对数据处理活动负安全主体责任，对各类数据实行分级防护，不同级别数据同时被处理且难以分别采取保护措施的，应当按照其中级别最高的要求实施保护，确保数据持续处于有效保护和合法利用的状态。

（一）建立数据全生命周期安全管理制度，针对不同级别数据，制定数据收集、存储、使用、加工、传输、提供、公开等环节的具体分级防护要求和操作规程；

（二）根据需要配备数据安全管理人员，统筹负责数据处理活动的安全监督管理，协助行业监管部门开展工作；

（三）合理确定数据处理活动的操作权限，严格实施人员权限管理；

（四）根据应对数据安全事件的需要，制定应急预案，并开展应急演练；

（五）定期对从业人员开展数据安全教育和培训；

（六）法律、行政法规等规定的其他措施。

工业和信息化领域重要数据和核心数据处理者，还应当：

（一）建立覆盖本单位相关部门的数据安全工作体系，明确数据安全负责人和管理机构，建立常态化沟通与协作机制。本单位法定代表人或者主要负责人是数据安全第一责任人，领导团队中分管数据安全的成员是直接责任人；

（二）明确数据处理关键岗位和岗位职责，并要求关键岗位人员签署数据安全责任书，责任书内容包括但不限于数据安全岗位职责、义务、处罚措施、注意事项等内容；

（三）建立内部登记、审批等工作机制，对重要数据和核心数据的处理活动进行严格管理并留存记录。

第十四条 工业和信息化领域数据处理者收集数据应当遵循合法、正当的原则，不得窃取或者以其他非法方式收集数据。

数据收集过程中，应当根据数据安全级别采取相应的安全措施，加强重要数据和核心数据收集人员、设备的管理，并对收集来源、时间、类型、数量、频度、流向等进行记录。

通过间接途径获取重要数据和核心数据的，工业和信息化领域数据处理者应当与数据提供方通过签署相关协议、承诺书等方式，明确双方法律责任。

第十五条 工业和信息化领域数据处理者应当按照法律、行政法规规定和用户约定的方式、期限进行数据存储。存储重要数据和核心数据的，应当采用校验技术、密码技术等措施进行安全存储，并实施数据容灾备份和存储介质安全管理，定期开展数据恢复测试。

第十六条 工业和信息化领域数据处理者利用数据进行自动化决策的，应当保证决策的透明度和结果公平合理。使用、加工重要数据和核心数据的，还应当加强访问控制。

工业和信息化领域数据处理者提供数据处理服务，涉及经营电信业务的，应当按照相关法律、行政法规规定取得电信业务经营许可。

第十七条　工业和信息化领域数据处理者应当根据传输的数据类型、级别和应用场景，制定安全策略并采取保护措施。传输重要数据和核心数据的，应当采取校验技术、密码技术、安全传输通道或者安全传输协议等措施。

第十八条　工业和信息化领域数据处理者对外提供数据，应当明确提供的范围、类别、条件、程序等。提供重要数据和核心数据的，应当与数据获取方签订数据安全协议，对数据获取方数据安全保护能力进行核验，采取必要的安全保护措施。

第十九条　工业和信息化领域数据处理者应当在数据公开前分析研判可能对国家安全、公共利益产生的影响，存在重大影响的不得公开。

第二十条　工业和信息化领域数据处理者应当建立数据销毁制度，明确销毁对象、规则、流程和技术等要求，对销毁活动进行记录和留存。个人、组织按照法律规定、合同约定等请求销毁的，工业和信息化领域数据处理者应当销毁相应数据。

工业和信息化领域数据处理者销毁重要数据和核心数据后，不得以任何理由、任何方式对销毁数据进行恢复，引起备案内容发生变化的，应当履行备案变更手续。

第二十一条　工业和信息化领域数据处理者在中华人民共和国境内收集和产生的重要数据和核心数据，法律、行政法规有境内存储要求的，应当在境内存储，确需向境外提供的，应当依法依规进行数据出境安全评估。

工业和信息化部根据有关法律和中华人民共和国缔结或者参加的国际条约、协定，或者按照平等互惠原则，处理外国工业、电信、无线电执法机构关于提供工业和信息化领域数据的请求。非经工业和信息化部批准，工业和信息化领域数据处理者不得向外国工业、电信、无线电执法机构提供存储于中华人民共和国境内的工业和信息化领域数据。

第二十二条　工业和信息化领域数据处理者因兼并、重组、破产等原因需要转移数据的，应当明确数据转移方案，并通过电话、短信、邮件、公告等方式通知受影响用户。涉及重要数据和核心数据备案内容发生变化的，应当履行备案变更手续。

第二十三条　工业和信息化领域数据处理者委托他人开展数据处理活动的，应当通过签订合同协议等方式，明确委托方与受托方的数据安全责任和义务。委托处理重要数据和核心数据的，应当对受托方的数据安全保护能力、资质进行核验。

除法律、行政法规等另有规定外，未经委托方同意，受托方不得将数据提供给第三方。

第二十四条　跨主体提供、转移、委托处理核心数据的，工业和信息化领域数据处理者应当评估安全风险，采取必要的安全保护措施，并由本地区行业监管部门审查后报工业和信息化部。工业和信息化部按照有关规定进行审查。

第二十五条　工业和信息化领域数据处理者应当在数据全生命周期处理过程中，记录数据处理、权限管理、人员操作等日志。日志留存时间不少于六个月。

第四章　数据安全监测预警与应急管理

第二十六条　工业和信息化部建立数据安全风险监测机制，组织制定数据安全监测预警接口和标准，统筹建设数据安全监测预警技术手段，形成监测、预警、处置、溯源等能力，与相关部门加强信息共享。

地方行业监管部门分别建设本地区数据安全风险监测预警机制，组织开展数据安全风险监测，按照有关规定及时发布预警信息，通知本地区工业和信息化领域数据处理者及时采取应对措施。

工业和信息化领域数据处理者应当开展数据安全风险监测，及时排查安全隐患，采取必要的措施防范数据安全风险。

第二十七条　工业和信息化部建立数据安全风险信息上报和共享机制，统一汇集、分析、研判、通报数据安全风险信息，鼓励安全服务机构、行业组织、科研机构等开展数据安全风险信息上报和共享。

地方行业监管部门分别汇总分析本地区数据安全风险，及时将可能造成重大及以上安全事件的风险上报工业和信息化部。

工业和信息化领域数据处理者应当及时将可能造成较大及以上安全事件的风险向本地区行业监管部门报告。

第二十八条 工业和信息化部制定工业和信息化领域数据安全事件应急预案,组织协调重要数据和核心数据安全事件应急处置工作。

地方行业监管部门分别组织开展本地区数据安全事件应急处置工作。涉及重要数据和核心数据的安全事件,应当立即上报工业和信息化部,并及时报告事件发展和处置情况。

工业和信息化领域数据处理者在数据安全事件发生后,应当按照应急预案,及时开展应急处置,涉及重要数据和核心数据的安全事件,第一时间向本地区行业监管部门报告,事件处置完成后在规定期限内形成总结报告,每年向本地区行业监管部门报告数据安全事件处置情况。

工业和信息化领域数据处理者对发生的可能损害用户合法权益的数据安全事件,应当及时告知用户,并提供减轻危害措施。

第二十九条 工业和信息化部委托相关行业组织建立工业和信息化领域数据安全违法行为投诉举报渠道,地方行业监管部门分别建立本地区数据安全违法行为投诉举报机制或渠道,依法接收、处理投诉举报,根据工作需要开展执法调查。鼓励工业和信息化领域数据处理者建立用户投诉处理机制。

第五章 数据安全检测、认证、评估管理

第三十条 工业和信息化部指导、鼓励具备相应资质的机构,依据相关标准开展行业数据安全检测、认证工作。

第三十一条 工业和信息化部制定行业数据安全评估管理制度,开展评估机构管理工作。制定行业数据安全评估规范,指导评估机构开展数据安全风险评估、出境安全评估等工作。

地方行业监管部门分别负责组织开展本地区数据安全评估工作。

工业和信息化领域重要数据和核心数据处理者应当自行或委托第三方评估机构,每年对其数据处理活动至少开展一次风险评估,及时整改风险问题,并向本地区行业监管部门报送风险评估报告。

第六章 监督检查

第三十二条 行业监管部门对工业和信息化领域数据处理者落实本办法要求的情况进行监督检查。

工业和信息化领域数据处理者应当对行业监管部门监督检查予以

配合。

第三十三条　工业和信息化部在国家数据安全工作协调机制指导下，开展工业和信息化领域数据安全审查相关工作。

第三十四条　行业监管部门及其委托的数据安全评估机构工作人员对在履行职责中知悉的个人信息和商业秘密等，应当严格保密，不得泄露或者非法向他人提供。

第七章　法律责任

第三十五条　行业监管部门在履行数据安全监督管理职责中，发现数据处理活动存在较大安全风险的，可以按照规定权限和程序对工业和信息化领域数据处理者进行约谈，并要求采取措施进行整改，消除隐患。

第三十六条　有违反本办法规定行为的，由行业监管部门按照相关法律法规，根据情节严重程度给予没收违法所得、罚款、暂停业务、停业整顿、吊销业务许可证等行政处罚；构成犯罪的，依法追究刑事责任。

第八章　附则

第三十七条　中央企业应当督促指导所属企业，在重要数据和核心数据目录备案、核心数据跨主体处理风险评估、风险信息上报、年度数据安全事件处置报告、重要数据和核心数据风险评估等工作中履行属地管理要求，还应当全面梳理汇总企业集团本部、所属公司的数据安全相关情况，并及时报送工业和信息化部。

第三十八条　开展涉及个人信息的数据处理活动，还应当遵守有关法律、行政法规的规定。

第三十九条　涉及军事、国家秘密信息等数据处理活动，按照国家有关规定执行。

第四十条　工业和信息化领域政务数据处理活动的具体办法，由工业和信息化部另行规定。

第四十一条　国防科技工业、烟草领域数据安全管理由国家国防科技工业局、国家烟草专卖局负责，具体制度参照本办法另行制定。

第四十二条　本办法自2023年1月1日起施行。

附录二 工业和信息化部等十六部门关于促进数据安全产业发展的指导意见

数据安全产业是为保障数据持续处于有效保护、合法利用、有序流动状态提供技术、产品和服务的新兴业态。为贯彻落实《中华人民共和国数据安全法》，推动数据安全产业高质量发展，提高各行业各领域数据安全保障能力，加速数据要素市场培育和价值释放，夯实数字中国建设和数字经济发展基础，制定本意见。

一、总体要求

（一）指导思想。以习近平新时代中国特色社会主义思想为指导，全面贯彻落实党的二十大精神，立足新发展阶段，完整、准确、全面贯彻新发展理念，构建新发展格局，坚定不移贯彻总体国家安全观，统筹发展和安全，把握数字化发展机遇，以全面提升数据安全产业供给能力为主线，以创新为动力、需求为导向、人才为根本，加强核心技术攻关，加快补齐短板，促进各领域深度应用，发展数据安全服务，构建繁荣产业生态，推动数据安全产业高质量发展，全面加强数据安全产业体系和能力，夯实数据安全治理基础，促进以数据为关键要素的数字经济健康快速发展。

（二）基本原则。坚持创新驱动，强化企业创新主体地位，优化创新资源要素配置，激发各类市场主体创新活力。坚持以人为本，维护人民数据安全合法权益，依靠人民智慧发展产业，发展成果更多更公平惠及人民。坚持需求牵引，以有效需求引领产业供给，以深度应用促进迭代升级。坚持开放协同，注重更大范围、更宽领域、更深层次的开放合作，协同推进全产业链深度融合、共创共享。

（三）发展目标。到 2025 年，数据安全产业基础能力和综合实力明显增强。产业生态和创新体系初步建立，标准供给结构和覆盖范围显著优化，产品和服务供给能力大幅提升，重点行业领域应用水平持续深化，人才培养体系基本形成。

——产业规模迅速扩大。数据安全产业规模超过 1500 亿元，年复合增长率超过30%。

——核心技术创新突破。建成5个省部级及以上数据安全重点实验室，攻关一批数据安全重点技术和产品。

——应用推广成效显著。打造8个以上重点行业领域典型应用示范场景，推广一批优秀解决方案和试点示范案例。

——产业生态完备有序。建成3-5个国家数据安全产业园、10个创新应用先进示范区，培育若干具有国际竞争力的龙头骨干企业、单项冠军企业和专精特新"小巨人"企业。

到2035年，数据安全产业进入繁荣成熟期。产业政策体系进一步健全，数据安全关键核心技术、重点产品发展水平和专业服务能力跻身世界先进行列，各领域数据安全应用意识和应用能力显著提高，涌现出一批具有国际竞争力的领军企业，产业人才规模与质量实现双提升，对数字中国建设和数字经济发展的支撑作用大幅提升。

二、提升产业创新能力

（四）加强核心技术攻关。推进新型计算模式和网络架构下数据安全基础理论和技术研究，支持后量子密码算法、密态计算等技术在数据安全产业的发展应用。优化升级数据识别、分类分级、数据脱敏、数据权限管理等共性基础技术，加强隐私计算、数据流转分析等关键技术攻关。研究大数据场景下轻量级安全传输存储、隐私合规检测、数据滥用分析等技术。建设和认定一批省部级及以上数据安全重点实验室，鼓励产学研用多方主体共建高水平研发机构、产业协同创新中心，开展技术攻关，推动成果转化。

（五）构建数据安全产品体系。加快发展数据资源管理、资源保护产品，重点提升智能化水平，加强数据质量评估、隐私计算等产品研发。发展面向重点行业领域特色需求的精细化、专业型数据安全产品，开发适合中小企业的解决方案和工具包，支持发展定制化、轻便化的个人数据安全防护产品。提升基础软硬件数据安全水平，推动数据安全产品与基础软硬件的适配发展，增强数据安全内生能力。

（六）布局新兴领域融合创新。加快数据安全技术与人工智能、大数据、区块链等新兴技术的交叉融合创新，赋能提升数据安全态势感知、风险研判等能力水平。加强第五代和第六代移动通信、工业互联网、物联网、车联网等领域的数据安全需求分析，推动专用数据安全技术产品创新研发、融合应用。支持数据安全产品云化改造，提升集约化、弹性化服务能力。

三、壮大数据安全服务

（七）推进规划咨询与建设运维服务。面向数据安全合规需求，发展合规风险把控、数据资产管理、安全体系设计等方面的规划咨询服务。围绕数据安全保护能力建设与运行需求，积极发展系统集成、监测预警、应急响应、安全审计等建设运维服务。面向数据有序开发利用的安全需求，发展数据权益保护、违约鉴定等中介服务。

（八）积极发展检测、评估、认证服务。建立数据安全检测评估体系，加强与网络安全等级保护评测等相关体系衔接，培育第三方检测、评估等服务机构，支持开展检测、评估人员的培训。支持开展数据安全技术、产品、服务和管理体系认证。鼓励检测、评估、认证机构跨行业跨领域发展，推动跨行业标准互通和结果互认。推动检测、评估等服务与数据安全相关标准体系的动态衔接。

四、推进标准体系建设

（九）加强数据安全产业重点标准供给。充分发挥标准对产业发展的支撑引领作用，促进产业技术、产品、服务和应用标准化。鼓励科研院所、企事业单位、普通高等院校及职业院校等各类主体积极参与数据安全产业评价、数据安全产品技术要求、数据安全产品评测、数据安全服务等标准制定。高质高效推进贯标工作，加大标准应用推广力度。积极参与数据安全国际标准组织活动，推动国内国际协同发展。

五、推广技术产品应用

（十）提升关键环节、重点领域应用水平。深度分析工业、电信、交通、金融、卫生健康、知识产权等领域数据安全需求，梳理典型应用场景，分类制定数据安全技术产品应用指南，促进数据处理各环节深度应用。推动先进适用数据安全技术产品在电子商务、远程医疗、在线教育、线上办公、直播新媒体等新型应用场景，以及国家数据中心集群、国家算力枢纽节点等重大数据基础设施中的应用。推进安全多方计算、联邦学习、全同态加密等数据开发利用支撑技术的部署应用。

（十一）加强应用试点和示范推广。组织开展数据安全新技术、新产品应用试点，推进技术产品迭代升级，验证适用性和推广价值。遴选一批技术先进、特点突出、应用成效显著的数据安全典型案例和创新主体，加强示范引领。开展重点区域和行业数据安全应用示范，打造数据安全创新应用先进示范区，集中示范应用并推广数据安全技术产品和解决方案。

六、构建繁荣产业生态

（十二）推动产业集聚发展。立足数据安全政策基础、产业基础、发展基础等因素，布局建设国家数据安全产业园，推动企业、技术、资本、人才等加快向园区集中，逐步建立多点布局、以点带面、辐射全国的发展格局。鼓励地方结合产业基础和优势，围绕关键技术产品和重点领域应用，打造龙头企业引领、具有综合竞争力的高端化、特色化数据安全产业集群。

（十三）打造融通发展企业体系。实施数据安全优质企业培育工程，建立多层次、分阶段、递进式企业培育体系，发展一批具有生态引领力的龙头骨干企业，培育一批掌握核心技术、具有特色优势的数据安全专精特新中小企业、专精特新"小巨人"企业，培育一批技术、产品全球领先的单项冠军企业。发挥龙头骨干企业引领支撑作用，带动中小微企业补齐短板、壮大规模、创新模式，形成创新链、产业链优势互补，资金链、人才链资源共享的合作共赢关系。

（十四）强化基础设施建设。充分利用已有资源，建立健全数据安全风险库、行业分类分级规则库等资源库，支撑数据安全产品研发、技术手段建设，为数据安全场景应用测试等提供环境。建设数据安全产业公共服务平台，提供创新支持、供需对接、产融合作、能力评价、职业培训等服务，实现产业信息集中共享、供需两侧精准对接、公共服务敏捷响应。

七、强化人才供给保障

（十五）加强人才队伍建设。推动普通高等院校和职业院校加强数据安全相关学科专业建设，强化课程体系、师资队伍和实习实训等。制定颁布数据安全工程技术人员国家职业标准、实施数字技术工程师培育项目，培养壮大高水平数据安全工程师队伍，鼓励科研机构、普通高等院校、职业院校、优质企业和培训机构深化产教融合、协同育人，通过联合培养、共建实验室、创建实习实训基地、线上线下结合等方式，培养实用型、复合型数据安全专业技术技能人才和优秀管理人才。推进通过职业资格评价、职业技能等级认定、专项职业能力考核等，建立健全数据安全人才选拔、培养和激励机制，遴选推广一批产业发展急需、行业特色鲜明的数据安全优质培训项目。充分利用现有人才引进政策，引进海外优质人才与创新团队。

八、深化国际交流合作

（十六）推进国际产业交流合作。充分利用双多边机制，加强数据安全产业政策交流合作。加强与"一带一路"共建国家数据安全产业合作，促进标准衔接和认证结果互认，推动产品、服务、技术、品牌"走出去"。鼓励国内外数据安全企业在技术创新、产品研发、应用推广等方面深化交流合作。探索打造数据安全产业国际创新合作基地。支持举办高层次数据安全国际论坛和展会。鼓励我国数据安全领域学者、企业家积极参与相关国际组织工作。

九、保障措施

（十七）加强组织领导。充分发挥国家数据安全工作协调机制作用，将发展数据安全产业作为提高数据安全保障能力的基础性任务，央地协同打造数据安全产业链创新链。各部门要加强统筹协调，形成发展合力，确保任务落实。各地有关部门要强化资源要素配置，推动产业发展重大政策、重点工程落地。

（十八）加大政策支持。研究利用财政、金融、土地等政策工具支持数据安全技术攻关、创新应用、标准研制和园区建设。支持符合条件的数据安全企业享受软件和集成电路企业、高新技术企业等优惠政策。引导各类金融机构和社会资本投向数据安全领域，支持数据安全保险服务发展。支持数据安全企业参与"科技产业金融一体化"专项，通过国家产融合作平台获得便捷高效的金融服务。

（十九）优化发展环境。加快数据安全制度体系建设，细化明确政策要求。加强知识产权运用和保护，建立健全行业自律及监督机制，建立以技术实力、服务能力为导向的良性市场竞争环境。科学高效开展数据安全产业统计，健全产业风险监测机制，及时研判发展态势，处置突出风险，回应社会关切。加强教育引导，提升各类群体数据安全保护意识。

附录三　工业和信息化领域数据安全事件应急预案（试行）

1. 总则

1.1　编制目的

建立健全工业和信息化领域数据安全事件应急组织体系和工作机制，提高数据安全事件综合应对能力，确保及时有效地控制、减轻和消除数据安全事件造成的危害和损失，保护个人、组织的合法权益，维护国家安全和公共利益。

1.2　编制依据

《中华人民共和国突发事件应对法》《中华人民共和国数据安全法》《中华人民共和国网络安全法》《中华人民共和国个人信息保护法》《网络数据安全管理条例》等法律法规和《工业和信息化领域数据安全管理办法（试行）》等相关政策制度。

1.3　适用范围

在中华人民共和国境内发生的工业和信息化领域数据安全事件应急处置活动，应当遵守相关法律、行政法规和本预案的要求。

工业和信息化部对重大活动期间数据安全事件应急处置工作另有规定的，从其规定。

1.4　事件定义

本预案所称数据安全事件，是指数据遭篡改、破坏、泄露或者非法获取、非法利用，对国家安全、公共利益或者个人、组织合法权益造成危害的事件。

1.5　事件分级

根据数据安全事件对国家安全、企业网络设施和信息系统、生产运营、经济运行等造成的影响范围和危害程度，将数据安全事件分为特别重大、重大、较大和一般四个级别（见附件1）。

1.6 工作原则

数据安全事件应急工作应当坚持统一领导、分级负责。坚持统一指挥、密切协同、快速反应、科学处置。坚持"谁管业务、谁管业务数据、谁管数据安全",落实数据处理者的数据安全主体责任。坚持充分发挥各方面力量,共同做好数据安全事件应急处置工作。

2. 组织体系

2.1 领导机构与职责

在国家数据安全工作协调机制统筹协调下,工业和信息化部网络安全和信息化领导小组(以下简称部网信领导小组)统一领导数据安全事件应急管理工作,负责特别重大数据安全事件的统一指挥和协调。

2.2 办事机构与职责

在部网信领导小组统一领导下,工业和信息化领域数据安全工作机制(以下简称数据安全机制)负责统筹开展工业和信息化领域数据安全应急处置工作;及时向部网信领导小组报告数据安全事件情况,提出特别重大数据安全事件应对措施建议;负责重大数据安全事件的统一指挥和协调处置;根据需要协调较大、一般数据安全事件应急处置工作。

数据安全机制具体工作由工业和信息化部网络安全管理局牵头承担。

2.3 地方和数据处理者职责

各省、自治区、直辖市及计划单列市、新疆生产建设兵团工业和信息化主管部门,各省、自治区、直辖市通信管理局和无线电管理机构(以下统称地方行业监管部门)负责组织开展本地区本领域数据安全事件应急处置工作,结合实际根据本预案分别制定本地区本领域数据安全事件应急预案。

工业和信息化领域数据处理者负责本单位数据安全事件预防、监测、应急处置、报告等工作,应当根据应对数据安全事件的需要,制定本单位数据安全事件应急预案。

中央企业应当督促指导所属企业在数据安全事件应急处置工作中履行属地管理要求,并负责全面梳理汇总企业集团本部、所属企业的数据安全事件应急处置相关情况,按要求及时报送工业和信息化部。

2.4 应急支撑机构与职责

工业和信息化部及地方行业监管部门（以下统称行业监管部门）根据需要遴选部级与属地两级专业数据安全应急支撑机构，负责开展数据安全事件预防保护、监测预警、应急处置、攻击溯源等工作。

2.5 协同联动

行业监管部门按照有关法律、行政法规，与有关部门加强协同联动，依法配合有关部门开展数据安全事件应急处置工作。

3. 监测与预警

3.1 预警监测和报告

地方行业监管部门、工业和信息化领域数据处理者、数据安全应急支撑机构应当按照《工业和信息化领域数据安全管理办法（试行）》、工业和信息化领域数据安全风险信息报送与共享等要求，加强数据安全风险监测、研判和上报，分析相关风险发生数据安全事件的可能性及其可能造成的影响。

地方行业监管部门认为可能发生重大及以上数据安全事件的，应当立即上报数据安全机制。

工业和信息化领域数据处理者、数据安全应急支撑机构认为可能发生较大及以上数据安全事件的，应当立即向地方行业监管部门报告（模板见附件2）。

3.2 预警分级

工业和信息化部统筹建立数据安全风险预警机制，根据紧急程度、发展态势、数据规模、关联影响和现实危害等，将数据安全风险预警等级分为四级：由高到低依次用红色、橙色、黄色和蓝色标示，分别对应可能发生特别重大、重大、较大和一般数据安全事件。

行业监管部门及时汇总分析数据安全风险和预警信息，必要时组织数据安全应急支撑机构、专家、相关企业进行会商谈判，明确预警等级。

3.3 预警发布

认为需要发布红色、橙色预警的，由数据安全机制报部网信领导小组同意后统一发布，红色预警同步报国家数据安全工作协调机制办公室；认为需要发布黄色和蓝色预警的，由相关地方行业监管部门在本地区本领域内发布。

发布预警信息时,应当包括预警等级、起始时间、可能的影响范围和造成的危害、警示事项、应采取的防范措施、处置时限要求、发布范围和发布机关等。

3.4 预警响应

发布黄色和蓝色预警后,地方行业监管部门应当针对即将发生的数据安全事件特点和可能造成的危害,采取下列措施:

(1) 要求涉及预警信息的数据处理者及时收集、报告有关信息,加强数据安全风险监测;

(2) 组织数据安全应急支撑机构加强预警信息分析评估与事态跟踪,密切关注事态发展,提出下步工作措施;

(3) 组织专家加强风险研判及原因、影响等分析,提出应急处置方法和整改措施建议。

发布红色和橙色预警后,数据安全机制除采取黄色和蓝色预警响应措施外,还应当针对即将发生的数据安全事件特点和可能造成的危害,采取下列措施:

(1) 要求地方行业监管部门、涉及预警信息的数据处理者等相关单位加强值班值守,相关人员保持通信联络畅通;

(2) 组织研究制定防范措施和应急工作方案,组织专家会商研提意见,协调各方资源,做好各项准备工作;

(3) 要求相关数据安全应急支撑机构进入待命状态,针对预警信息研究制定应对方案,检查应急设备、软件工具等使用情况,确保处于良好状态。

3.5 预警调整和解除

数据安全机制、地方行业监管部门发布预警后,应当根据事态发展,适时调整预警级别并按照权限重新发布。经研判不可能发生事件或风险已经解除的,应当及时宣布解除预警,并解除已经采取的有关预警响应措施。

4. 事件响应

4.1 响应分级

数据安全事件应急响应分为四级:Ⅰ级、Ⅱ级、Ⅲ级、Ⅳ级,分别对应发生特别重大、重大、较大、一般数据安全事件的应急响应。

4.2 事件监测和报告

工业和信息化领域数据处理者一旦发现数据安全事件，应当立即先行判断，对自判为较大及以上事件的，应当立即向地方行业监管部门报告，不得迟报、谎报、瞒报、漏报。

数据安全应急支撑机构应当通过多种途径监测、收集数据安全事件信息，及时向行业监管部门报告。

地方行业监管部门初步研判为特别重大、重大数据安全事件的，应当在发现事件后按照"电话10分钟、书面30分钟"的要求向数据安全机制报告。

数据安全机制按照有关规定将涉及重大及以上的数据安全事件报送国家数据安全工作协调机制办公室。

报告事件研判信息时，应当说明事件发生时间、初步判定的影响范围和危害、已采取的应急处置措施和有关建议。

4.3 先行处置

数据安全事件发生后，工业和信息化领域数据处理者应当立即启动应急响应工作，组织本单位应急队伍和工作人员采取应急处置措施，开展数据恢复或追溯工作，尽可能减少对用户和社会的影响，同时保存相关痕迹和证据。

4.4 应急响应

行业监管部门视情组织数据安全应急支撑机构、专家等进行研判，确定事件级别和响应等级，启动应急响应。

4.4.1 Ⅰ级响应

根据国家数据安全工作协调机制有关决定或经部网信领导小组批准后启动，由数据安全机制统一指挥、协调。

数据安全机制在发现事件后按照"电话20分钟、书面40分钟"的要求将事件情况向部网信领导小组报告；进入应急状态，加强值班值守，相关人员保持联络畅通，相关单位派员参加数据安全机制工作；视情设立应急恢复、事件溯源、影响评估、信息发布、跨部门协调、国际协调等工作组；召开紧急会议，听取各相关方面情况汇报，研究紧急应对措施，对应急处置工作进行决策部署，指导相关地方行业监管部门、数据处理者开展应对工作；视事件严重程度和涉事数据处理者整改处置情况，评估是否开展现场检查。

地方行业监管部门立即启动本地区本领域数据安全事件应急预案，进入应急状态，加强值班值守，相关人员保持联络畅通，派员参加数据安全机制工作；加强事件跟踪监测、研判分析和排查处置，全面了解本地区本领域相关数据处理者受事件影响情况。

涉事数据处理者立即进入应急状态，数据安全第一责任人（本单位法定代表人或主要负责人）牵头组建事件应对工作专班，组织研究应对措施，统筹开展应急处置工作。数据安全直接责任人（本单位数据安全工作分管领导）对应急处置工作进行具体部署，组织专班加强值班值守，相关人员保持联络畅通；持续加强监测分析，跟踪事态发展，评估影响范围和事件原因，采取有效整改处置措施，并及时汇报工作进展和处置情况。

相关部级与属地数据安全应急支撑机构进入应急状态，加强值班值守，相关人员保持联络畅通；持续加强监测分析，跟踪事态发展变化、处置进展情况，评估影响范围。

组织专家加强安全事件研判分析，配合开展会商研讨，提出应急处置决策建议。

4.4.2 Ⅱ级响应

由数据安全机制决定启动，并负责统一指挥、协调。

数据安全机制在发现事件后按照"电话20分钟、书面40分钟"的要求将事件情况向部网信领导小组报告；进入应急状态，相关人员保持联络畅通，相关单位派员参加数据安全机制工作；召开紧急会议，听取各相关方面情况汇报，研究紧急应对措施，对应急处置工作进行决策部署；视事件严重程度和涉事数据处理者整改处置情况，评估是否开展现场检查。

地方行业监管部门立即启动本地区本领域数据安全事件应急预案，进入应急状态，相关人员保持联络畅通，派员参加数据安全机制工作；加强事件跟踪监测、研判分析和排查处置，全面了解本地区本领域相关企业受事件影响情况。

涉事数据处理者立即进入应急状态，数据安全直接责任人牵头研究应对措施，统筹部署开展应急处置工作，相关人员保持联络畅通；持续加强监测分析，跟踪事态发展，评估影响范围和事件原因，采取有效整改处置措施，并及时汇报工作进展和处置情况。

相关部级与属地数据安全应急支撑机构进入应急状态，相关人员保持联络畅通；持续加强监测分析，跟踪事态发展变化、处置进展情况，评估影响范围。

组织专家加强安全事件研判分析，配合开展会商研讨，提出应急处置决策建议。

4.4.3　Ⅲ级响应

由相关地方行业监管部门按照本地区本领域数据安全事件应急预案决定启动，并负责指挥、协调。

相关行业监管部门组织涉事数据处理者、数据安全应急支撑机构等加强事态跟踪研判、开展事件处置，及时将事件进展及重要情况报数据安全机制，通知可能受影响的其他区域做好数据安全应急处置工作。

涉事数据处理者持续开展监测分析，跟踪事态发展，评估影响范围和事件原因；加强相关业务系统应用安全加固措施，提升数据安全防护能力，采取有效整改处置措施，并及时汇报工作进展和处置情况。

相关属地数据安全应急支撑机构持续加强监测分析，跟踪事态发展变化、处置进展情况，评估影响范围。

4.4.4　Ⅳ级响应

涉事数据处理者应当按照行业数据安全保护相关政策标准及时采取有效措施处置事件，加强数据安全防护。

4.4.5　响应级别调整

涉事数据处理者可根据事态发展等情况，向属地行业监管部门申请调整事件响应级别。

地方行业监管部门根据涉事数据处理者的申请情况或者事态发展情况等，适时调整事件响应级别，涉及Ⅰ、Ⅱ级响应级别调整的应当报数据安全机制同意。

数据安全机制根据地方行业监管部门上报情况或者事态发展情况

等，适时调整事件响应级别。

4.5 舆情监测

行业监管部门组织监测公开信息发布渠道，密切关注数据安全事件舆情信息，跟踪掌握事件影响程度和范围。

4.6 结束响应

事件的影响和危害得到控制或消除后，Ⅰ级响应应当根据国家数据安全工作协调机制有关决定或经部网信领导小组批准后结束；Ⅱ级响应由数据安全机制决定结束，并报部网信领导小组；Ⅲ级响应由相关地方行业监管部门决定结束，并报数据安全机制；Ⅳ级响应由相关涉事数据处理者决定结束。

5. 事后总结

5.1 事件总结上报

重大及以上数据安全事件应急工作结束后，涉事数据处理者应当及时调查事件的起因、经过、责任，评估事件造成的影响和损失，总结事件防范和应急处置工作的经验教训，提出处理意见和改进措施，在应急工作结束后 5 个工作日内形成总结报告（模板见附件 3），报地方行业监管部门。地方行业监管部门汇总审核后，在应急工作结束后 10 个工作日内形成报告报送数据安全机制。

5.2 事件警示

行业监管部门应及时向社会发布与公众有关的警示信息，引导做好数据安全风险防范。

6. 预防措施

6.1 预防保护

工业和信息化领域数据处理者应当根据有关法律法规和标准的规定，建立健全数据安全管理制度，建设数据安全应急技术手段，重要数据和核心数据处理者应当每年至少开展一次数据安全风险评估和自查自纠，及时消除风险隐患。

行业监管部门依法开展数据安全监督检查，指导督促相关单位消除风险隐患。

6.2 应急演练

行业监管部门应当定期组织开展数据安全事件应急演练，提高数据安全事件应对能力。

工业和信息化领域数据处理者应当积极参与行业监管部门的应急演练，开展本单位数据安全事件应急演练，提高数据安全事件应对能力。重要数据和核心数据处理者应当加强应急演练。

6.3 宣传培训

行业监管部门应当组织开展数据安全事件应急相关法律法规、应急预案和基本知识的宣传教育和培训，提高相关单位和社会公众的数据安全意识和防护、应急能力。

工业和信息化领域数据处理者应当面向本单位员工加强数据安全应急宣传教育和培训，鼓励开展各种形式的数据安全应急相关竞赛。

6.4 手段建设

工业和信息化部统筹建设工业和信息化领域数据安全监测预警与应急处置相关技术手段，对数据泄露、篡改、非法访问、违规传输、流量异常等安全风险和事件进行监测预警，并及时开展应急处置。

地方行业监管部门建立本地区本领域数据安全监测预警与应急处置能力，组织相关企业开展数据安全风险和事件监测预警工作，及时开展风险和事件应急处置。

工业和信息化领域数据处理者等单位应当开展数据安全风险和事件监测，积极配合行业监管部门开展数据安全风险监测和技术能力联动等工作，及时排查安全隐患，采取必要的措施防范、处置数据安全风险和事件。

6.5 重大活动期间的预防措施

在国家重大活动期间，行业监管部门组织指导数据处理者、数据安全应急支撑机构等加强数据安全风险监测、威胁研判和事件处置，强化风险防范与应对措施。相关重点单位、重点岗位加强值班值守。

7. 保障措施

7.1 落实责任

工业和信息化部加强数据安全事件应急处置工作督导和落实。地方行业监管部门、工业和信息化领域数据处理者、数据安全应急支撑机构应当把数据安全应急工作责任落实到单位负责人、具体部门、具体岗位和个人。

7.2 奖惩问责

工业和信息化部对数据安全事件应急处置工作中作出突出贡献的集体和个人给予表扬。

对未按照本预案开展数据安全事件应急处置工作的，行业监管部门依法依规对数据处理者进行约谈或给予行政处罚。

7.3 经费保障

行业监管部门、数据安全应急支撑机构等为数据安全事件应急处置工作提供必要的经费保障。

工业和信息化领域数据处理者应当安排必要的专项资金，支持本单位数据安全应急队伍建设、手段建设、应急演练、应急培训等工作开展。

7.4 工作协同

行业监管部门与其他相关部门加强沟通协调，支持相关企业、科研院所、高等学校开展应急技术攻关、产品服务和能力供给，培养数据安全应急技术人才，形成应急响应工作合力。

7.5 物资保障

行业监管部门和应急支撑机构应当加强对数据安全应急装备、工具的储备，及时调整、升级、优化软件硬件工具，不断增强应急技术支撑能力。

7.6 国际合作

工业和信息化部根据职责建立国际合作渠道，必要时通过国际合作应对数据安全事件。鼓励相关企业、科研院所、高等学校、工业和信息化领域数据处理者等开展数据安全国际交流与合作。

7.7 保密管理

行业监管部门、应急支撑机构工作人员对在履行职责中知悉的个人信息和商业秘密等，应当严格保密，不得泄露或者非法向他人提供。

8. 附则

8.1 预案修订

本预案原则上每年评估一次，根据实际情况由工业和信息化部适时进行修订。

8.2 排除条款

涉及军事、国家秘密信息等数据安全事件应急响应的，按照国家有关规定执行。

涉及国防科技工业、烟草领域数据安全事件应急响应的,由国家国防科技工业局、国家烟草专卖局负责,具体制度参照本预案另行制定。

涉及工业和信息化领域政务数据安全事件应急响应的,由工业和信息化部另行规定。

8.3 预案解释

本预案由工业和信息化部负责解释。

8.4 实施日期

本预案自 2024 年 11 月 1 日起实施。

附件1 工业和信息化领域数据安全事件分级

一、符合下列情形之一的,为特别重大数据安全事件

(一)重要数据、核心数据遭到篡改、破坏、泄露或者非法获取、非法利用,对国家安全、社会秩序、经济建设和公众利益构成特别严重威胁的;

(二)工业领域数据遭到篡改、破坏、泄露或者非法获取、非法利用,对工业生产运营等造成特别重大损害,导致大范围停工停产、大量业务处理能力丧失等;或者电信领域数据遭到篡改、破坏、泄露或者非法获取、非法利用,导致重要网络设施和信息系统、核心网络设施和信息系统运行中断或严重异常,持续时间 24 小时以上的;或者无线电领域数据遭到篡改、破坏、泄露或者非法获取、非法利用,导致发生重大无线电干扰或非法占用重要业务无线电频率违规发射无线电信号,持续时间 24 小时以上的;

(三)数据遭到篡改、破坏、泄露或者非法获取、非法利用,造成特别重大直接经济损失,损失 10 亿元(含)以上的;

(四)发生特别严重个人信息安全事件,涉及 1 亿人(含)以上个人信息或者 1000 万人(含)以上敏感个人信息的;

(五)其他造成或可能造成特别重大危害或影响的。

二、符合下列情形之一的,为重大数据安全事件

(一)重要数据遭到篡改、破坏、泄露或者非法获取、非法利用,对国家安全、社会秩序、经济建设和公众利益构成严重威胁的;

(二)工业领域数据遭到篡改、破坏、泄露或者非法利用，对工业生产运营等造成重大损害，导致较大范围停工停产、较大量业务处理能力丧失等；或者电信领域数据遭到篡改、破坏、泄露或者非法获取、非法利用，导致重要网络设施和信息系统运行中断或严重异常，持续时间 12 小时以上的；或者无线电领域数据遭到篡改、破坏、泄露或者非法获取、非法利用，导致发生重大无线电干扰或非法占用重要无线电频率违规发射无线电信号，持续时间 12 小时以上的；

（三）数据遭到篡改、破坏、泄露或者非法获取、非法利用，造成重大直接经济损失，损失 1 亿元（含）以上 10 亿元以下的；

（四）发生严重个人信息安全事件，涉及 1000 万人（含）以上 1 亿人以下个人信息或者 100 万人（含）以上 1000 万人以下敏感个人信息的；

（五）其他造成或可能造成重大危害或影响的。

三、符合下列情形之一的，为较大数据安全事件

（一）重要数据或一般数据遭到篡改、破坏、泄露或者非法获取、非法利用，对国家安全、社会秩序、经济建设和公众利益构成较严重威胁的；

（二）工业领域数据遭到篡改、破坏、泄露或者非法获取、非法利用，对工业生产运营等造成较大损害，导致部分业务处理能力丧失等；或者电信领域数据遭到篡改、破坏、泄露或者非法获取、非法利用，导致相关网络设施和信息系统运行中断或严重异常，持续时间 8 小时以上的；或者无线电领域数据遭到篡改、破坏、泄露或者非法获取、非法利用，导致发生重大无线电干扰或非法占用重要无线电频率违规发射无线电信号，持续时间 8 小时以上的；

（三）数据遭到篡改、破坏、泄露或者非法获取、非法利用，造成较大直接经济损失，损失 5000 万元（含）以上 1 亿元以下的；

（四）发生较严重个人信息安全事件，涉及 100 万人（含）以上 1000 万人以下个人信息或者 10 万人（含）以上 100 万人以下敏感个人信息的；

（五）其他造成或可能造成较大危害或影响的。

四、符合下列情形之一的，为一般数据安全事件

（一）数据遭到篡改、破坏、泄露或者非法获取、非法利用，对社

会秩序、经济建设和公众利益构成较轻威胁的；

（二）数据遭到篡改、破坏、泄露或者非法获取、非法利用，对工业生产运营等造成损害较轻；或者导致相关网络设施、信息系统和无线电系统运行中断或严重异常，持续时间8小时以下的；

（三）数据遭到篡改、破坏、泄露或者非法获取、非法利用，造成直接经济损失5000万元以下的；

（四）发生个人信息安全事件，涉及100万人以下个人信息或者10万人以下敏感个人信息的；

（五）其他造成或可能造成一般危害或影响的。

附录四　工业领域数据安全能力提升实施方案（2024—2026年）

数据作为新型生产要素，是数字化、网络化、智能化的基础，已快速融入生产、分配、流通等各环节，保障数据安全，事关国家安全大局。为贯彻落实习近平总书记关于数据安全的重要指示精神和党中央、国务院决策部署，推动《中华人民共和国数据安全法》《中华人民共和国网络安全法》《工业和信息化领域数据安全管理办法（试行）》等在工业领域落地实施，加快提升工业领域数据安全保护能力，助力工业高质量发展，夯实新型工业化发展的安全基石，制定本方案。

一、总体要求

（一）指导思想

以习近平新时代中国特色社会主义思想为指导，全面贯彻落实党的二十大精神，坚定不移贯彻总体国家安全观，坚持统筹发展和安全，坚持底线思维和极限思维，坚持目标导向和问题导向，以构建完善工业领域数据安全保障体系为主线，以落实企业主体责任为核心，以保护重要数据、提升监管能力、强化产业支撑等为重点，提高数据安全治理能力，促进数据要素安全有序流动和价值释放，为加快推进新型工业化，建设制造强国、网络强国和数字中国提供坚实支撑。

（二）基本原则

统筹推进，重点突破。加强顶层谋划，系统推进数据安全组织架构、政策制度、管理机制、标准规范、技术手段建设和产业发展工作。以强化重点行业、重点企业、重要系统平台、重要数据保护为切入点，以点带面促进整体保护水平提升。

政府引导，协同共治。综合运用正向激励和反向约束等方式，选树标杆典型，强化监管执法，压实企业主体责任。充分发挥行业协会、龙头企业、专业机构、高等院校等各方力量，形成数据安全协同治理的良好局面。

场景牵引，分业施策。摸清数据处理重点环节风险易发场景的特点规律，紧贴业务场景数据保护需求，强化科学防控。结合行业特色、数据特征等，差异化指导、精准化施策，加速提升行业数据安全管理水平。

创新驱动，技管结合。不断创新管理模式、技术、产品与服务，适应新时期工业领域数据安全保护新形势、新特点和新需求。注重"以技管数"手段建设和运用，与日常监管形成合力。

（三）总体目标

到 2026 年底，工业领域数据安全保障体系基本建立。数据安全保护意识普遍提高，重点企业数据安全主体责任落实到位，重点场景数据保护水平大幅提升，重大风险得到有效防控。数据安全政策标准、工作机制、监管队伍和技术手段更加健全。数据安全技术、产品、服务和人才等产业支撑能力稳步提升。

——基本实现各工业行业规上企业数据安全要求宣贯全覆盖。

——开展数据分类分级保护的企业超 4.5 万家，至少覆盖年营收在各省（区、市）行业排名前 10%的规上工业企业。

——立项研制数据安全国家、行业、团体等标准规范不少于 100 项。

——遴选数据安全典型案例不少于 200 个，覆盖行业不少于 10 个。

——数据安全培训覆盖 3 万人次，培养工业数据安全人才超 5000 人。

二、重点任务

（一）提升工业企业数据保护能力

1. 增强数据安全保护意识。 加大数据安全法律法规和政策标准宣贯培训力度，提高各行业企业数据安全意识。督促企业依法依规落实数据安全主体责任，压实各单位法定代表人或主要负责人数据安全第一责任，建立健全数据安全管理体系和工作机制，配足数据安全岗位和人员队伍，定期开展数据安全教育培训。引导企业贯彻发展与安全并重原则，将数据安全管理要求融入本单位发展战略和考核机制，加强数据安全工作与业务发展同谋划、同部署、同落实、同考核。

2. 开展重要数据安全保护。 指导企业建立健全数据分类分级保护等安全管理制度，定期梳理识别重要数据和核心数据，形成目录并及时报备。督促重要数据和核心数据处理者明确数据安全负责人和管理机构，落实数据分级防护要求，每年至少开展一次数据安全风险评估，及时发现整改安全隐患，按要求报送评估报告。指导企业加强重要数据和核心数据安全风险监测与应急处置，及时报告重大风险事件。推动各行业企业加强商用密码应用保护数据安全。

3. 强化重点企业数据安全管理。 遴选掌握关键核心技术、代表行业发展水平、关系产业链安全稳定或关乎国家安全的企业，滚动编制工业领域数据安全风险防控重点企业名录。将名录内企业作为数据安全监管重点，督促其在落实数据安全要求基础上，着重提升风险监测、态势感知、威胁研判和应急处置等能力。发挥部省两级主管部门作用，统筹各方数据安全监测预警手段和技术力量，加强技术支持，协同做好企业数据安全保护。

4. 深化重点场景数据安全保护。 指导企业围绕数据汇聚、共享、出境、委托加工等重点数据处理场景，排查数据安全保护薄弱点，实施贴合行业特点的数据保护措施。聚焦供应链上下游协作、服务外包、上云上平台等典型业务场景，厘清多主体数据安全责任界面和衔接模式，建立全链条全方位数据安全保护体系。针对勒索病毒攻击、漏洞后门、人员违规操作、非受控远程运维等易发频发风险场景，加强风险自查自纠，采取精准的管理和防护措施。面向数据要素大规模流通交易典型场景，打造一批安全解决方案。

专栏 1　数据安全保护筑基工程

1. 夯实数据分类分级基础。 分行业分领域研究制定重要数据和核心数据识别细则，形成"1＋N"的工业领域数据分类分级规范体系，科学指导各行业落地实施。持续迭代重要数据和核心数据目录，逐步摸清行业重要数据规模、分布、处理等情况，明确行业重点保护数据对象。

2. 编制数据保护实践指南。 结合重点数据处理场景、典型业务场景、易发频发风险场景等数据安全保护需求和难点，研究制定工业领域数据安全保护实践系列指南，为企业数据保护和风险防范提供实操参考。面向数据出境需求较大的重点行业，分类制定数据出境安全指引，指导企业依法依规开展数据出境安全评估。

3. 分业推进数据安全保护能力跃升。 在有序推进宣贯培训、分类分级保护等工作基础上，立足钢铁、汽车、纺织、集成电路等行业实际，聚焦重点场景、重点环节、重要系统平台、重要数据等，进一步加强行业数据安全主体责任落实和保护力度，实现行业数据安全保护能力整体跃升。

（二）提升数据安全监管能力

5. 完善数据安全政策标准。 建立健全工业领域数据安全管理制度，推动出台风险评估实施细则、应急预案、行政处罚裁量指引等政策文件。持续完善重要数据识别、备案、分级防护、风险评估等全流程监管机制，加强监督检查。组建工业领域网络与数据安全行业标准化组织，发布数据安全标准体系建设指南，加快研制重要数据识别、安全防护、风险评估、产品检测、密码应用等亟需标准。鼓励地方参照制定本地区数据安全政策。

6. 加强数据安全风险防控。 完善工业领域数据安全风险信息报送与共享工作机制，组建数据安全风险分析专家组，动态管理风险直报单位库，协同加强地方力量，常态化开展风险监测、报送、预警、处置等工作。摸排数据安全风险事件特点和规律，建立重大风险事件案例库，加强案例剖析和风险提示。面向重点行业开展"数安护航"专项行动，定期组织"数安铸盾"应急演练，提升事件快速反应、规范处置、协同联动水平。

专栏 2　打造数据安全风险防控品牌

1. "数安护航"专项行动。 分行业、分批次集中开展数据安全风险排查和防范，聚焦数据泄露、篡改、滥用、违规传输、非法访问、流量异常等突出风险，利用企业自查、远程检测、现场诊断等手段，针对性增强风险应对处置能力。

2. "数安铸盾"应急演练。 面向重点行业，模拟勒索病毒攻击、供应链攻击等易发典型数据安全风险事件，组织开展全要素、全流程应急演练，持续优化事件响应流程和机制，锻炼培养一批应急支撑队伍。
---

7. 推进数据安全技术手段建设。 统筹建设工业和信息化领域数据安全管理平台，建立工业领域数据安全工具库，形成集数据资源管理、态

势感知、风险信息报送与共享、技术测试验证、事件应急响应等功能于一体的技术能力，加强与网络安全技术、密码技术手段协同。推动有条件的地方、行业、企业等加快建立数据安全风险监测与应急处置等技术手段，强化"部－省－企业"技术能力三级联动，不断提升技术保障水平。

专栏3　数据安全技术保障工程

1. 统筹建设工业和信息化领域数据安全管理平台。建立完善工业领域数据安全监测、信息报送与共享、应急管理、安全评估等系统功能，强化风险统一汇集、分析、研判和通报，支撑事件应急处置、辅助决策、跟踪追溯等工作，提供风险评估、出境安全评估、防护能力评估等服务，覆盖不少于20个省级（行业级）节点和500个企业节点。

2. 建立工业领域数据安全工具库。围绕数据分类分级、安全防护、检测评估、合规检查、应急处置、攻击追溯、密码应用等方面，研发一批规范化、便携式的工具，为高效开展数据安全监管和保护工作提供支撑。

8. 锻造数据安全监管执法能力。规范数据安全事件调查处置程序，丰富取证方法和手段。加快完善数据安全执法流程和工作机制，推动地方工业和信息化主管部门将数据安全纳入本地区行政执法事项清单，指导各行业、各地方依法严格处置违法行为，加强执法案例宣介与警示教育。建立健全数据安全违法违规行为投诉举报机制，多渠道收集违法违规线索。加大监管执法人员培训力度，推动地方工业和信息化主管部门强化数据安全监管力量，打造专业化、规范化监管执法队伍。

（三）提升数据安全产业支撑能力

9. 加大技术产品和服务供给。加强工业数据智能分类分级、工业数据库审计、低时延加密传输等共性技术优化升级。加大适配工业业务场景和数据特征的轻量级数据加密、隐私计算、密态计算等关键技术攻关。支持使用商用密码技术保障工业领域数据安全。围绕工业数据泄露、窃取、篡改等风险，推动流量异常监测、攻击行为识别、事件追溯和处置等产品研发。加强面向工业云、工业大数据、工业互联网平台等新兴应用的数据安全架构设计。支持工业领域数据安全"产品＋服务"供给模式创新。

10. 促进应用推广和供需对接。加大多方安全计算、数据防勒索、数据溯源、商用密码等技术产品在工业领域的试点应用。组织遴选一批在各行业具有广泛应用价值的通用数据安全技术和产品，打造一批面向行业、面向场景、面向中小企业的数据安全解决方案，形成一批工业领域数据安全典型案例，分行业、分地区开展宣传推广。推动各行业利用主题沙龙、路演等渠道开展数据安全技术产品和服务供需对接活动。发挥数据安全产业公共服务平台作用，强化信息共享、资源对接等服务。

11. 建立健全人才培养体系。面向不同行业、岗位、层级数据安全工作需求，推动专业化、特色化数据安全教材课程开发，规范化开展职业人才资格认定。支持产学研用各方加强合作，依托培训中心、实训基地、网络学习平台等联合培养复合型管理人才和实战型技能人才，通过技能竞赛、技术交流、学习进修、岗位练兵等形式持续促进人才知识更新和能力提升。鼓励工业企业建立健全数据安全绩效评价机制，加强数据安全人才激励。

三、保障措施

（一）加强组织协调。工业和信息化部加强工作统筹，做好与国家数据安全工作协调机制的衔接。各地工业和信息化主管部门负责组织实施本地区实施方案。鼓励各地结合实际制定细化工作方案，加强与相关部门合作，确保目标任务落实。充分发挥高校、科研院所、第三方机构等在实施方案宣贯、手段建设指导、技术交流合作、成果应用推广等方面的专业作用，引导企业加强数据安全能力建设。

（二）加大资源保障。统筹利用现有资金渠道，加大工业领域数据安全工作投入，支持关键核心技术攻关和公共服务平台建设。深化产融合作，支持数据安全企业参与"科技产业金融一体化"专项，通过国家产融合作平台获得便捷高效的金融服务。鼓励各地将数据安全纳入地方工业领域数字化转型发展相关规划，在支持数字化、网络化、智能化等项目时，同步明确数据安全要求。引导企业在信息化建设中为数据安全防护安排一定比例资金。

（三）强化成效评估。各行业、各地区及时跟踪调度实施方案落实情况，总结经验做法，评估工作成效，加强沟通交流，及时报告重大进展情况或问题。工业和信息化部对工作推动有力、取得明显成效的地区、企业和单位予以表扬，对优秀经验做法加强提炼总结和推广应用。

（四）做好宣传引导。综合利用产业活动、国际合作等方式，宣传普及工业领域数据安全理念和举措，提高地方、企业和公众对工业领域数据安全的认可度。充分调动行业协会、学会、产业联盟等力量，引导企业加强自律、凝聚共识，营造行业数据安全保护良好氛围。

附录五 工业领域重要数据识别指南（YD/T 4981—2024）

1 范围

本文件给出了工业数据处理者开展工业领域重要数据识别的基本原则、流程和考虑因素。

本文件适用于工业数据处理者开展工业领域重要数据识别工作，也可为行业监管部门制定工业领域重要数据目录提供参考。

2 规范性引用文件

下列文件中的内容通过文中的规范性引用而构成本文件必不可少的条款。其中，注日期的引用文件，仅该日期对应的版本适用于本文件；不注日期的引用文件，其最新版本（包括所有的修改版）适用于本文件。

GB/T 25069—2022 信息安全技术 术语

GB/T 43697—2024 数据安全技术 数据分类分级规则

3 术语和定义

GB/T 25069—2022、GB/T 43697—2024 中界定的以及下列术语和定义适用于本文件。

3.1

工业数据 industrial data

工业各行业各领域在研发设计、生产制造、经营管理、平台运营、应用服务等过程中产生或收集的数据。

3.2

工业领域 industrial field

包括钢铁、有色、稀土、石化、化工、建材、汽车、通用机械、专用机械、民用飞机、民用船舶、轻工、纺织、家电、食品、医药、电子、民爆、节能、软件和信息技术服务等细分行业。

3.3

工业数据处理者 industrial data processor

工业数据处理活动中自主决定处理目的、处理方式的工业企业和软件信息技术服务企业等工业领域各类主体。

4 基本原则

识别工业领域重要数据，应遵循以下原则：

a）聚焦安全影响：从国家安全、社会稳定、工业经济运行、工业生产安全等角度识别工业领域重要数据。只对组织自身而言重要的数据（如企业的内部管理相关数据等）不属于重要数据；

b）突出保护重点：明确安全保护重点和监管对象，防止泛保护，使重要数据在满足安全保护要求前提下进行开发利用和安全有序流动，非重要的一般数据依法自由流动；

c）衔接既有规定：充分与相关法律法规和政策制度要求保持衔接。行业或地方已制定实施有关数据管理和安全相关政策标准的，在识别重要数据时应当与其紧密衔接；

d）综合考虑安全风险：根据工业领域数据是否与国家安全、行业发展相关，以及数据一旦遭到篡改、破坏、泄露或者非法获取、非法利用，造成的安全事故所导致的经济损失程度等多个角度进行识别；

e）定量定性结合：以定性与定量相结合的方式识别重要数据，并根据具体数据类型、特性不同采取定量或定性方法；

f）动态识别复查：定期复查重要数据识别结果，且在数据范围、形态、用途、共享方式、敏感性等发生变化时，对重要数据进行重新识别。

5 工业领域重要数据识别流程

5.1 概述

工业数据处理者重要数据识别流程主要包括数据资产梳理、重要数据识别、内部审批、重要数据目录备案四个阶段。一般情况下工业数据处理者重要数据识别流程见附图1。工业数据处理者开展重要数据识别工作时，可根据实际情况调整重要数据识别阶段流程。

5.2 数据资产梳理

工业数据处理者应组织相关数据所属部门（如研发、生产、运维部门等），全面梳理盘点数据资产，形成数据资产清单并进行数据分类。

5.3 重要数据识别

工业数据处理者应参照工业领域重要数据识别维度开展重要数据识

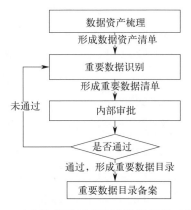

附图1 工业数据处理者重要数据识别工作流程

别工作,形成重要数据清单。

5.4 内部审批

工业数据处理者应对形成的重要数据清单进行内部审批,如审批通过,生成重要数据目录;如审批未通过,应重新开展重要数据识别工作。

5.5 重要数据目录备案

工业数据处理者应向行业监管部门报送重要数据目录,如重要数据目录审核通过,按要求开展重要数据保护;如重要数据目录审核未通过,应重新开展重要数据识别和报送工作。工业数据处理者重要数据目录发生重大变化时,及时更新重要数据目录并进行上报。

6 工业领域重要数据识别维度

6.1 概述

工业领域重要数据识别维度包括与国家秘密生成相关、与国家安全相关、与行业发展安全相关、与工业领域出口管制物项相关、与行业特色相关、其他,符合任意一个识别维度的数据均属于工业领域重要数据。

6.2 与国家秘密生成相关

工业领域与国家秘密相关的或在生成国家秘密的过程中所使用分析的原始非密数据。

6.3 与国家安全相关

数据遭到篡改、破坏、泄露或者非法获取、非法利用,对政治、国土、军事、经济、文化、社会、科技、网络、生态、资源、核、海外利益、生物、太空、极地、深海、人工智能等国家安全相关领域造成严重影响的工业数据属于工业领域重要数据，包括但不限于：

  a) 与国家经济安全相关：经汇聚、分析后能够推算未公开的国家经济运行情况的相关工业数据，如未公开的挖掘机指数。

  b) 与国家科技安全相关，包括但不限于：

    1) 与国家安全直接相关的工业领域国家科技计划（含国家重大专项、重点研发计划）项目在规划和实施过程中产生的，涉及国家安全和社会发展利益的数据，国家专项范围相关可行性研究报告、建设方案、科学数据、科技成果、产品技术研发路线以及相关知识产权数据；

    2) 《中国禁止出口限制出口技术目录》中涉及的我国工业领域特有技术数据，如特有配方、制作工艺、生产工艺、编码和加密技术、制备技术、装饰工艺。

  c) 与国家网络安全相关：能够引发工业领域重大网络和数据安全事件或生产安全事故的漏洞信息、恶意程序、事件信息、应急通信数据、网络与数据安全重大发现与重要研究成果。

  d) 与人工智能相关：人工智能控制程序、算法、源代码、训练模型数据、数据挖掘分析数据。

6.4 与行业发展安全相关

  数据遭到篡改、破坏、泄露或者非法获取、非法利用，对行业发展安全造成严重影响的工业数据属于工业领域重要数据，包括但不限于：

  a) 与行业竞争性或产业核心竞争力相关：涉及工业领域核心竞争力或产业生态发展的关键技术、关键工艺、关键产品、重要国产化设备在研发设计、生产制造等过程中收集和产生的数据，包括：

    1) 在研发设计过程中，收集和产生的与行业竞争力相关的数据，如极地船舶用钢产品配方、大型精密设备设计图纸、高档智能型开放型数控系统的核心源代码等数据；

    2) 在生产制造过程中，收集和产生的与行业生产安全发展相关的先进基础工艺参数、测试数据、控制信息、质量数据等数据，如高精度激光焊接工艺、精密电火花加工工艺等数据以及关键系统组件、设备的控制信息；

3) 在经营管理过程中，收集和产生的所在行业整体发展战略、重大决策、安全建设方案等数据；

4) 在系统运行维护、售后服务等过程中，收集和产生的关系产业发展的重要系统、平台的账号密码、大批量采购销售订单、库存信息管理等数据；

5) 在平台运营过程中，收集和产生的关系行业发展的平台运营分析数据，如接入大量联网工业企业的行业级工业互联网平台的设备性能优化数据。

b) 与行业供应链安全相关：涉及工业行业关键系统，能够影响供应链安全的组件、软件和设备的销售、使用、运行、维护等情况的相关数据，以及行业供需情况、价格趋势、供应商及用户分布情况等数据。

c) 与行业经济运行相关：整体反映工业领域细分行业或重大技术装备生产经营情况的未公开的运行分析数据。

d) 与行业生产安全管控相关：整体反映工业领域细分行业生产安全管控情况的数据，如行业生产安全管理系统中的作业管控数据。

e) 与行业绿色发展相关：整体反映行业能源资源消耗、碳排放情况的未公开数据。

6.5 与工业领域出口管制物项相关

工业领域出口管制物项涉及的核心技术、设计方案、生产工艺、制作方法、源代码等数据。

6.6 与行业特色相关

6.6.1 与钢铁行业相关

结合钢铁行业数据特点，识别与行业特色相关的重要数据，包括但不限于：

a) 涉及特钢的成分体系、生产工艺、控制指令、工业互联网模型、知识图谱等数据；

b) 涉及焦炭、铁矿石等大宗原材料的资源分布、产量等能够影响原材料供应链安全的数据。

6.6.2 与有色金属行业相关

结合有色金属行业数据特点，识别与行业特色相关的重要数据，包括但不限于：

有色金属采选、冶炼等环节的成本、物料储备、销售去向、原料渠道、工厂设置等涉及敏感领域供应链信息或可能影响战略性矿产资源安全和产业安全的数据。

6.6.3 与石化化工相关

结合石化化工行业数据特点，识别与行业特色相关的重要数据，包括但不限于：

a) 重点危险化学品生产环节数据，包括检测监控数据、关键工艺、关键设备运行数据等；

b) 油气田、炼化、成品油和天然气销售企业的重要控制系统控制指令、源代码等数据。

6.6.4 与装备工业相关

结合装备工业行业数据特点，识别与行业特色相关的重要数据，包括但不限于：

a) 全球首台套高端装备数据；

b) 航空等重点领域装备分布、运行状态等数据；

c) 航空发动机关键零部件生产设计数据，如高温单晶涡轮叶片加工技术；

d) 船舶发动机部套件生产设计数据；

e) 高技术船舶的设计图纸、生产数据、舾装板材工艺数据等；

f) 高端电力装备生产设计数据；

g) 在汽车产品研发设计过程中，收集和产生的与汽车行业竞争力相关的高价值敏感数据属于重要数据，如与行业核心技术竞争力相关、代表行业先进水平或泄露后对行业发展产生重大影响的算法开发所使用的数据等。

6.6.5 与消费品工业相关

结合消费品工业行业数据特点，识别与行业特色相关的重要数据，包括但不限于：

a) 能体现或推算关系国计民生的食盐战略储备情况等数据，如食盐储备量和仓储分布等；

b) 未公开的食品安全重大事件信息，及食品安全事件所涉及的产品名称、执行标准、食品安全溯源标识数据；

c) 高端医疗器械生产设计数据，如医用重离子加速器相关工艺数据；

d) 重点轻工领域共性关键技术数据等，如核心产品关键零部件、高端轻工机械等研发数据、工艺数据、机理模型等。

6.6.6 与电子信息业相关

电子信息行业的先进技术，如集成电路先进设计和制造技术、重大计算装备的设计数据、算法和软硬件架构以及重要电子元器件的国产化率等数据。

6.6.7 与软件和信息技术服务业相关

工业软件、协同攻关应用软件、前瞻布局新兴平台软件等重点攻关软件的研发设计数据。

6.7 其他

其他满足下列条件之一的数据属于工业领域重要数据：

a) 工业数据处理者收集和产生的达到一定数量或影响一定范围的个人信息，包括：

　　1) 10万人以上敏感个人信息，包括生物识别、宗教信仰、特定身份、医疗健康、金融账户、行踪轨迹等信息，以及不满十四周岁未成年人的个人信息；

　　2) 特定群体，一旦遭到篡改、破坏、泄露或者非法获取、非法利用，可能直接危害国家安全、经济运行、社会稳定、公共健康和安全的个人信息。

b) 其他一旦遭到篡改、破坏、泄露或者非法获取、非法利用，危害程度符合下列条件的数据：

　　1) 对政治、国土、军事、经济、文化、社会、科技、电磁、网络、生态、资源、核安全等构成威胁，影响海外利益、生物、太空、极地、深海、人工智能等与国家安全相关的重点领域；

　　2) 对工业领域发展、生产、运行和经济利益等造成严重影响；

　　3) 造成重大数据安全事件或生产安全事故，对公共利益或者个人、组织合法权益造成严重影响，社会负面影响大；

4）引发的级联效应明显，影响范围涉及多个行业、区域或者行业内多个企业，或者影响持续时间长，对行业发展、技术进步和产业生态等造成严重影响；

5）经行业监管部门评估确定的其他重要数据。

6.8 补充事项

工业数据处理者在识别重要数据的同时，需对其收集和产生的 1000 万人以上个人信息进行识别，并向行业监管部门报送，以落实《网络数据安全管理条例》第 28 条、30 条和 32 条的规定。

参考文献

［1］《中华人民共和国保守国家秘密法》

［2］《中华人民共和国网络安全法》

［3］《中华人民共和国数据安全法》

［4］《中华人民共和国个人信息保护法》

［5］《关键信息基础设施安全保护条例》

［6］《工业和信息化领域数据安全管理办法（试行）》

［7］《网络数据安全管理条例》

附录六 工业企业数据安全防护要求（YD/T 4982—2024）

1 范围

本文件规定了工业企业数据安全防护的基础性数据安全防护要求、数据全生命周期安全防护要求、其它防护要求。

本文件适用于指导工业企业开展数据安全防护工作，也可为开展数据安全风险评估工作提供参考。

2 规范性引用文件

下列文件中的内容通过文中的规范性引用而构成本文件必不可少的条款。其中，注日期的引用文件，仅该日期对应的版本适用于本文件；不注日期的引用文件，其最新版本（包括所有的修改单）适用于本文件。

GB/T 25069—2022 信息安全技术 术语

GB/T 22239—2019 信息安全技术 网络安全等级保护基本要求

GB/T 35273—2020 信息安全技术　个人信息安全规范
GB/T 41479—2022 信息安全技术　网络数据处理安全要求
YD/T 4981—2024 工业领域重要数据识别指南

3　术语和定义

GB/T 25069、YD/T 4981—2024 界定的以及下列术语和定义适用于本文件。

3.1
工业企业 industrial enterprise

直接从事工业性生产经营活动（或劳务）的组织。

3.2
工业数据 industrial data

工业企业在研发设计、生产制造、经营管理、运行维护、平台运营等过程中产生和收集的数据。

3.3
核心数据 core data

关系国家安全、国民经济命脉、重要民生、重大公共利益的工业数据（包括原始数据和汇聚、整合、分析等处理中以及处理后的衍生数据）。

3.4
一般数据 general data

其他未纳入重要数据、核心数据目录的工业数据。

3.5
数据载体 data carrier

数据处理活动中使用的系统、平台、设备、媒介等。

3.6
数据安全 data security

采取必要措施，确保数据处于有效保护和合法利用的状态，以及具备保障持续安全状态的能力。

4　缩略语

下列缩略语适用于本文件。

FTP：文件传输协议（File Transfer Protocol）

HTTP：超文本传输协议（Hypertext Transfer Protocol）

SCADA：监控与数据采集（Supervisory Control And Data Acquisition）

Telnet：远程登录系统（Telecommunications Network）

PLC：可编程逻辑控制器（Programmable Logic Controller）

VPN：虚拟专用网络（Virtual Private Network）

5 概述

5.1 总体要求

工业企业开展工业领域数据处理活动时应满足以下数据安全防护要求：

a）基础性数据安全保护要求：工业企业应建立健全数据安全管理机制，配备数据安全技术能力。基础性数据安全保护要求包括安全管理制度、组织机构、人员保障、数据分类分级、权限管理、系统与设备安全管理、供应链数据安全管理、安全评估、日志留存、安全审计、监测预警、信息共享与应急处置等十一个方面的要求；

b）数据全生命周期安全防护要求：工业企业应规范数据生命周期各阶段的数据处理活动，实施有效的数据安全防护措施。数据全生命周期安全防护要求包括数据收集、数据存储、数据使用加工、数据传输、数据提供、数据出境、数据公开和数据销毁等十一个方面；

c）其它防护要求：工业企业开展涉及个人信息的数据处理活动，应当符合 GB/T 35273—2020 及 GB/T 41479—2022 相关要求。

5.2 安全防护要求级别

工业领域数据的安全防护要求包括对一般数据、重要数据和核心数据的要求。根据数据处理活动涉及的数据级别，数据处理者应遵循如下防护要求：

a）一般数据处理活动应按照对一般数据的防护要求开展数据安全防护工作；

b）重要数据处理活动应在落实对一般数据的防护要求的基础上，按照要求开展重要数据安全防护工作；

c）核心数据处理活动应在落实对重要数据的防护要求的基础上，按照要求开展核心数据安全防护工作。

6 基础性数据安全防护要求

6.1 安全管理制度

6.1.1 一般数据

本项要求包括：

应结合所属行业领域的数据特征、数据处理场景等，制定数据安全管理制度规范，明确数据安全工作方针、目标和原则以及管理要求。

6.1.2 重要数据和核心数据

在6.1.1的基础上还应满足以下要求：

a) 应依据重要数据和核心数据目录备案管理要求，开展目录备案和备案变更工作，及时更新重要数据和核心数据目录；

b) 应建立第三方人员安全管理制度，并按照数据全生命周期安全防护要求签署保密协议，定期对第三方人员的数据处理行为进行安全审查；

c) 应建立监督考核机制，落实执行对数据安全管理工作的监督检查和考核制度，定期对数据安全工作相关部门进行安全责任评估。

6.2 组织机构

6.2.1 一般数据

本项要求包括：

宜设置相应的数据安全管理部门或岗位，明确数据安全管理部门或岗位职责，包括但不限于制定企业数据安全管理制度规范、编制年度数据安全工作计划、协调数据安全管理相关部门、建立数据安全防护措施等。

6.2.2 重要数据和核心数据

在6.2.1的基础上还应满足以下要求：

a) 应建立覆盖本企业相关部门的数据安全组织架构，建立常态化沟通与协作机制；

b) 数据安全组织架构宜包括数据安全管理责任部门，采购、审计等职能管理部门，以及研发设计、生产制造、运营维护等业务部门；

c) 应明确数据安全管理责任部门，设置数据安全管理专职岗位。

6.3 人员保障

6.3.1 一般数据

本项要求包括：

a) 宜根据企业和岗位性质，配备数据安全管理人员，负责统筹开

展数据安全管理工作,包括但不限于审批数据安全授权事项、组织开展数据安全评估、检查数据安全管理制度规范执行落实情况等;

b) 应定期开展数据安全教育与技能培训,强化重要岗位管理技术人员的技能培训,提高全员数据安全意识和专业技能。

6.3.2 重要数据和核心数据

在6.3.1的基础上还应满足以下要求:

a) 应明确企业数据安全管理负责人,负责指导数据安全管理责任部门、协调各相关部门开展数据安全工作;

b) 应强化研发设计、生产制造等部门的数据处理关键岗位人员管理,将能获知重要数据和核心数据内容的人员确定为关键岗位人员;

c) 应明确数据处理关键岗位人员职责,签署数据安全责任书,责任书内容包括但不限于数据安全岗位职责、义务、处罚措施、注意事项等;

d) 宜制定数据处理关键岗位人员上岗的数据安全教育培训计划,并对培训计划、培养方式、培训内容定期审核和更新。

6.4 权限管理

6.4.1 一般数据

本项要求包括:

a) 宜制定权限管理与审批制度,建立多级审核工作机制和流程;

b) 应对数据处理平台或系统账号的分配、开通、使用、注销等进行严格管理,并按照业务需求、安全防护策略及最小授权原则合理分配数据处理权限;

c) 应按照最小授权原则分配非联网系统、设备的获取、使用权限;

d) 应定期对权限分配情况进行复核,严禁未授权访问数据。

6.4.2 重要数据和核心数据

在6.4.1的基础上还应满足以下要求:

a) 应建立内部登记、审批机制,明确数据安全授权审批事项、审批部门和审批人等;

b) 应合理确定数据处理活动的操作权限,严格控制超级管理员权限账号数量,加强数据安全访问控制;

c) 应与所有涉及重要数据和核心数据处理的岗位人员签订安全责

任协议，人员调离或终止劳动合同时，及时变更岗位变动人员的数据处理权限，终止离岗人员的所有数据处理权限。

6.5 系统与设备安全管理

6.5.1 一般数据

本项要求包括：

a) 应对工业终端设备、工业数据库等数据载体进行安全配置，建立工业终端设备、工业数据库等数据载体的安全配置清单和审计基准要求，定期进行配置审计；

b) 应密切关注重大安全漏洞及其补丁发布，及时采取修补措施，补丁安装前，应对补丁进行安全评估和测试验证；

c) 应对工业控制系统、工业互联网平台等的开发、测试和生产环境进行逻辑或物理隔离；

d) 应强化工控系统、数据库等数据载体的登录账户及口令管理，避免使用默认口令或弱口令，定期更新口令。

6.5.2 重要数据和核心数据

在 6.5.1 的基础上还应满足以下要求：

a) 应对涉及重要数据和核心数据处理活动的数据载体的访问行为进行多因素身份鉴别；

b) 应通过工业防火墙、网闸等防护设备对工业控制网络安全区域边界进行逻辑隔离安全防护；

c) 应对处理重要数据的系统提供不低于 GB/T 22239—2019 第三级要求的防护。

6.6 供应链数据安全管理

6.6.1 一般数据

本项要求包括：

a) 宜制定供应链数据安全管理方案，并明确供应链涉及的数据安全风险控制措施；

b) 在选择供应链涉及的服务商时，应对其资质条件、业务合法性、数据安全防护能力等进行评估核实；

c) 宜加强供应链服务商管理，以合同、协议等明确规定数据安全防护要求和责任落实要求，规范数据使用权限、内容、范围及用途，要求服务商做好数据安全防护工作，防范数据外泄。

6.6.2 重要数据和核心数据

应满足 6.6.1 的要求。

6.7 数据分类分级

6.7.1 一般数据

本项要求包括：

a) 宜制定企业数据资产安全管理规范，梳理相关制度文件，明确数据资产的安全管理目标和原则、维护和使用责任、梳理手段、梳理方式、梳理周期等；

b) 应采用人工核对、自动化识别等方式，定期梳理本企业电子化数据与以其他方式记录的数据；

c) 应全面掌握数据资产分布、迁移、资产异常等情况，形成数据资产清单并定期更新；

d) 针对数据规模大、挖掘价值高的一般数据，应实施动态管理，及时调整数据分级结果。

6.7.2 重要数据和核心数据

在 6.7.1 的基础上还应满足以下要求：

应按照行业监管部门要求、YD/T 4981—2024《工业领域重要数据识别指南》等标准规范及业务需求，开展重要数据和核心数据识别和目录备案工作。

6.8 安全评估

6.8.1 一般数据

本项要求包括：

宜自行或委托第三方评估机构开展数据安全风险评估，评估数据管理能力、数据安全防护能力等内容。

6.8.2 重要数据和核心数据

在 6.8.1 的基础上还应满足以下要求：

a) 应自行或委托第三方评估机构，每年至少开展一次安全风险评估，及时整改风险问题，并向本地区行业监管部门报送风险评估报告；

b) 应在收购或资产剥离、重大流程或系统变更、涉及重要数据和核心数据的新业务上线，以及数据迁移、数据出境、数据提供等过程前，启动数据安全风险评估工作，分析可能存在的风险、造成的问题和影响等，并形成相应的数据安全风险评估报告。

6.9 日志留存

6.9.1 一般数据

本项要求包括：

a) 应对数据处理日志及系统运行日志进行记录；

b) 日志记录信息应包括操作时间、操作地点、操作人员、操作IP、操作对象、操作账号及权限、处理方式和处理结果等，并确保日志记录完整、准确；

c) 日志的留存时间应满足国家相关法律法规要求，不低于六个月；

d) 应对日志操作进行权限控制，配备日志审计员，加强日志访问和处理管理。

6.9.2 重要数据和核心数据

在 6.9.1 的基础上还应满足以下要求：

应对高风险操作（如批量复制、批量传输、批量销毁等操作）日志进行备份，对日志的备份文件定期进行完整性校验，以保证日志备份文件的可用性和真实性。

6.10 安全审计

6.10.1 一般数据

本项要求包括：

应对数据的访问权限进行定期审计，至少每半年一次对访问权限规则和已授权清单进行复核，定期清理已失效的账号和授权。

6.10.2 重要数据和核心数据

在 6.10.1 的基础上还应满足以下要求：

a) 应配备日志审计技术能力，将重要数据和核心数据处理活动全量纳入审计范围；

b) 宜每半年形成一份重要数据处理活动审计报告，每季度形成一份核心数据处理活动审计报告。

6.11 监测预警、信息共享与应急处置

6.11.1 一般数据

本项要求包括：

a) 宜对工业数据泄露、违规传输、流量异常等安全风险进行监测分析，研判其原因、过程、范围、影响等，增强数据安全风险监测预警能力；

b) 宜采用技术手段对互联网出入口的工业数据进行实时安全监测；

c) 应及时排查数据安全隐患，采取必要措施防范数据安全风险；

d) 应制定数据安全事件应急预案，根据事件等级明确应急响应责任分工、工作流程和处置措施等，并与行业主管部门数据安全事件应急预案进行衔接，组织开展应急演练并保存演练记录；

e) 应在数据安全事件发生后，按照应急预案及时开展应急处置；

f) 对损害用户合法权益的数据安全风险或事件，应及时告知用户，并提供减轻危害的措施；

g) 事件处置完成后，应形成总结报告，每年向本地区行业监管部门报告数据安全事件处置情况，总结报告内容包括但不限于事件原因、事件后果、影响范围、事件责任、处置过程和结果、工作经验等。

6.11.2 重要数据和核心数据

在 6.11.1 的基础上还应满足以下要求：

a) 涉及重要数据和核心数据的安全风险，应向本地区行业监管部门报告；

b) 涉及对重要数据和核心数据的未经授权访问操作，宜具备自动化识别和实时预警能力；

c) 应及时将可能造成较大及以上安全事件的安全风险向本地区行业监管部门报告。

7 数据全生命周期安全防护要求

7.1 数据收集安全

7.1.1 一般数据

本项要求包括：

a) 应遵循合法、正当、必要的原则开展数据收集，明确数据收集的目的、方式、流程、范围、类型等，以及数据格式、质量准则和评价方式等要求，不得窃取或者以其他非法方式收集数据；

b) 应加强对收集人员、设备、环境的管理，确保工业企业现场的

SCADA、工业数采网关、PLC 等数据采集系统及组件处于受防护状态；

c) 在开展数据收集时，宜采用技术措施对外部数据的真实性、有效性、安全性进行鉴别，避免收集不明来源的数据；

d) 通过移动存储介质收集数据并导入系统前，应对介质设备进行标签化管理，确定接入安全策略，实现移动介质接入控制；

e) 对涉及工业通信协议的数据，应通过受防护的上位机或组态软件完成收集。

7.1.2 重要数据

在 7.1.1 的基础上还应满足以下要求：

a) 应对数据收集的来源、时间、类型、数量、频度、流向等信息进行记录和审计，避免出现超范围数据收集活动；

b) 应对数据收集所涉及的软硬件工具、设备、系统、平台、接口以及收集技术等，采取必要的测试、认证、鉴权等措施，并进行内部审批；

c) 应具备对数据收集行为进行监测的技术能力，确保数据收集的合规性和执行上的一致性，并能够在发现异常时进行告警；

d) 应采用与数据提供方签署相关协议、数据源合法性书面承诺等方式，明确通过间接途径获取数据的双方的法律责任。

7.1.3 核心数据

在 7.1.2 的基础上还应满足以下要求：

应具备数据收集行为实时监控能力，在发现异常时及时终止数据收集行为，并采用技术手段确保所有收集行为可溯源。

7.2 数据存储安全

7.2.1 一般数据

本项要求包括：

a) 应对存储数据的使用进行身份鉴别和访问控制；

b) 宜采用加密技术、数字签名、完整性校验等方式，实现存储数据的保密性、不可抵赖性和完整性；

c) 应建立数据备份制度，定期开展全量数据、增量数据备份；

d) 宜建立工业数据本地及异地灾难恢复机制，定期开展灾难恢复演练，根据演练情况修订灾难恢复预案等业务连续性计划，检查工控系统容灾备份和灾难恢复预案的有效性；

e）对于非联网独立控制单元，如传感、控制或执行单元等，应采用物理安全措施保障生产环境的设备数据访问或调试接口不暴露在外，采用机密性和完整性防护措施，保障现场存储数据不被泄露、篡改或破坏。

7.2.2 重要数据

在 7.2.1 的基础上还应满足以下要求：

a）应采用校验技术、加密技术、数字签名等手段实现数据安全存储，不得直接提供存储系统的公共信息网络访问；

b）应对重要数据存储介质进行安全管理，将介质存放在安全环境中，实行存储环境专人管理；

c）宜根据所承载数据和软件的重要程度对介质进行分类和标识管理，根据存档目录清单，定期盘点；

d）应能够监测到数据在存储过程中保密性、完整性、可用性受到破坏的风险，并向授权用户提供告警信息；

e）应对备份进行安全管理，定期对重要数据进行本地备份，备份介质场外存放，备份数据的防护要求不应低于源数据的防护要求；

f）对涉及工业生产的实时数据，可根据实际情况转储成关系型数据，再实行安全防护与数据备份；

g）应定期进行重要数据恢复演练，确保能够及时、完整、准确地恢复数据；

h）应制定重要数据本地化存储操作规程，存储重要数据的数据中心、云平台等不应设置在境外。

7.2.3 核心数据

在 7.2.2 的基础上还应满足以下要求：

a）应对历史数据库、时序数据库、实时数据库等核心数据存储设备进行硬件冗余，启用实时数据备份功能，并实施异地容灾备份，保证主设备出现故障时冗余设备可以及时切换并恢复数据；

b）应具备数据存储行为实时监控能力，在发现异常时及时终止数据访问、删除、修改等操作行为，并采用技术手段确保所有存储操作行为可溯源；

c）应制定核心数据本地化存储操作规程，存储核心数据的数据中心等不应设置在境外。

7.3 数据使用加工安全

7.3.1 一般数据

本项要求包括：

a）对涉及自动化决策的数据使用加工行为，应建立数据分析相关数据源的数据获取、汇聚及使用操作规范，明确数据获取、汇聚及使用方式、访问接口、授权机制等，保障决策的透明度；

b）应对数据挖掘、关联分析等数据使用行为进行记录；

c）原则上严格禁止工业控制系统面向互联网开通 HTTP、FTP、Telnet 等高风险通用网络服务；

d）确需远程访问工业控制系统的，宜采用数据单向访问控制等策略进行安全加固，对访问时限进行控制，并采用加标锁定策略；

e）确需远程维护工业控制系统的，宜采用虚拟专用网络（VPN）等远程接入方式进行。

7.3.2 重要数据

在 7.3.1 的基础上还应满足以下要求：

a）应对数据的使用加工进行授权和验证，遵循最小化访问原则；

b）应明确原始数据加工过程中的数据获取方式、访问接口、授权机制、逻辑安全、处理结果安全等内容，并周期性地检查用户操作数据的情况，统一管理数据使用权限；

c）应采用恶意代码检测、身份鉴别、访问控制等技术手段，确保数据在使用加工中的环境安全；

d）应在不影响数据使用加工的情况下，对数据脱敏后再进行处理；

e）应对测试过程中产生的数据进行防护，杜绝未授权获取及使用测试数据。

7.3.3 核心数据

在 7.3.2 的基础上还应满足以下要求：

应具备数据使用加工行为实时监控能力，在发现异常时及时终止数据使用加工行为，并采用技术手段确保所有数据挖掘、使用、加工、分析行为可溯源。

7.4 数据传输安全

7.4.1 一般数据

本项要求包括：

a) 应根据工业应用场景、数据类型、数据级别和时效要求等因素，制定数据传输安全策略；

b) 应区分安全域内、跨安全域的数据传输场景，建立安全域内、跨安全域的不同场景的数据传输安全策略；

c) 针对受条件限制无法通过网络传输的工业现场数据，应采用受控加密的移动存储介质实现数据安全传输；

d) 工业设备间通信、设备与平台通信时，应对通信端身份、安全策略、安全状态进行双向鉴别，并建立数据安全传输信道，保证工业网络通信的安全性；

e) 对于在非联网的局域网络或控制总线中传输的数据，应采用安全传输协议和身份鉴别等措施，保障工业控制网络不被非法访问，所传输的数据不被泄露、篡改或破坏。

7.4.2 重要数据

在7.4.1的基础上还应满足以下要求：

a) 应采用数据加密、数据校验、安全传输通道、安全传输协议等措施保证数据传输安全，必要时可采用单向隔离传输等技术手段；

b) 应在数据迁移前进行备份和安全评估，保证数据迁移不影响业务应用的连续性；

c) 应具备数据传输异常检测技术能力，对陌生IP地址、数据库异常连接（如在设定时间内，某IP与实时数据库无任何数据交互或异常交互）等进行实时告警，在检测到数据遭破坏时及时采取恢复措施；

d) 涉及跨组织机构或者使用公共信息网络进行数据传输的，应建立内部登记、审批机制；

e) 应采取流量限速、阻断、违规外联监测等必要措施，对工控协议数据包进行深度解析，仅允许符合安全策略的数据通过安全域边界。

7.4.3 核心数据

在7.4.2的基础上还应满足以下要求：

a) 应具备数据传输实时监测处置能力，保证能够及时告警并阻断违规传输；

b) 应具备数据溯源能力，确保所有数据传输路径可恢复，数据传输行为可溯源；

c) 应采用技术手段实现数据传输的真实性、不可抵赖性和可控性。

7.5 数据提供安全

7.5.1 一般数据

本项要求包括：

a) 应明确数据提供的范围、数量、条件、程序、时间等，建立跨网、跨安全域的数据提供安全操作规范，保障数据提供安全；

b) 应采用数据加密、安全通道等手段，保障数据提供安全；

c) 应建立工业数据交换共享的安全监控措施，对交换共享的数据及数据交换共享行为等进行监控，确保交换共享的数据合理规范使用。

7.5.2 重要数据

在 7.5.1 的基础上还应满足以下要求：

a) 应与数据获取方签订数据安全协议，并对数据获取方的数据安全防护能力进行评估或核实，根据评估情况采取相应防护措施，确保数据提供过程安全；

b) 应具备数据提供的安全监控技术能力，对提供的数据及数据提供行为进行监控，确保数据合理规范提供，未超出授权范围；

c) 在数据对外提供前，应采取关键字检测、正则表达式检测、数据标识符检测，以及非结构化数据、结构化数据、图片指纹检测等技术实现数据内容的深度识别和过滤，防止生产系统相关重要数据对外泄漏；

d) 应在数据接入互联网等活动中，开展数据安全风险监测，对安全风险高的网络出口和资产，加强网络边界的身份认证和访问控制；

e) 应在数据提供过程中采取必要防护措施，包括数据加密、数据标注、数据水印等；

f) 通过移动存储介质提供数据时，应对介质进行安全监控，确保过程受控；

g) 应采用数据标注、水印等溯源技术，对数据流经节点及共享流转过程中的篡改、泄露、滥用等行为进行溯源；

h) 应根据交换共享的数据特点、应用场景等选择合适的脱敏方法，并对数据脱敏有效性进行评估，保证数据脱敏完全以及脱敏后数据的可用性。

7.5.3 核心数据

在7.5.2的基础上还应满足以下要求：

跨主体提供核心数据的，应当评估安全风险，采取必要的安全防护措施，并事先向本地区行业监管部门提出审批申请。

7.6 数据公开安全

7.6.1 一般数据

本项要求包括：

应结合数据公开场景，明确数据公开范围、类别、条件、流程等数据公开安全策略和操作规程。

7.6.2 重要数据

在7.6.1的基础上还应满足以下要求：

a) 应采取数据脱敏、数据水印等必要措施，保证数据公开安全；

b) 应在重要数据公开前，分析研判可能对国家安全、公共利益产生的影响，存在重大影响的不得公开。

7.6.3 核心数据

在7.6.2的基础上还应满足以下要求：核心数据原则上不允许公开。

7.7 数据销毁安全

7.7.1 一般数据

本项要求包括：

a) 应建立数据销毁制度，明确销毁数据对象、规则、流程、技术等要求；

b) 应建立存储媒介安全销毁的操作规程，存储媒介的销毁包括但不限于物理销毁、存储介质消磁、格式化技术等；

c) 应对数据销毁活动进行记录和留存，记录数据销毁的审批、实施过程，以及被销毁数据的情况等。

7.7.2 重要数据

在7.7.1的基础上还应满足以下要求：

a) 可实现存储介质物理销毁，保证在数据完全删除后再销毁存储介质；

b) 应完全清除缓存中的数据，并在数据存储空间被释放或重新分配前完全清除数据，防止数据被恶意恢复；

c) 数据销毁后，应及时向本地区行业监管部门报备更新的重要数据目录。

7.7.3 核心数据

在 7.7.2 的基础上还应满足以下要求：

核心数据销毁后，应及时向本地区行业监管部门报备更新的核心数据目录。

7.8 数据委托处理安全

7.8.1 一般数据

本项要求包括：

宜在数据委托处理前，通过签订合同协议等方式，明确委托方与受托方的数据安全责任和义务。

7.8.2 重要数据

在 7.8.1 的基础上还应满足以下要求：

应在数据委托处理前，对受托方的数据安全防护能力、资质进行评估或核实，并与数据接收方通过合同、协议等形式明确双方的数据安全防护责任和义务。

7.8.3 核心数据

在 7.8.2 的基础上还应满足以下要求：

a) 跨主体委托处理核心数据的，应当评估安全风险，采取必要的安全防护措施，并事先向本地区行业监管部门提出审批申请；

b) 应采用数据溯源系统、审计系统等技术工具对数据跨主体委托处理行为进行全流程监控、审计、存证，确保数据活动的操作行为、传输路径可溯源，并确保溯源数据的真实性和保密性。

7.9 数据出境安全

7.9.1 一般数据

本项要求包括：

a) 应根据数据出境相关法律法规要求，对个人信息出境采取订立个人信息出境标准合同等措施；

b) 宜通过与境外获取方签订合同或其他具有法律效力的文件，充分约定数据安全防护责任义务，明确境外获取方承诺承担的责任义务，以及履行责任义务的管理和技术措施、能力等，并采取加密技术措施保障数据出境安全。

7.9.2 重要数据

在 7.9.1 的基础上还应满足以下要求：

a) 确需出境的，数据出境前，应依法依规开展数据出境安全评估；

b) 应具备数据出境安全监测能力，对通过评估的数据出境的行为、内容开展安全监测，加强数据出境安全风险防范和处置；

c) 应预留数据安全监测、检查等技术接口，为数据出境安全管理提供技术支持。

7.9.3 核心数据

应满足 7.9.2 的要求。

7.10 数据转移安全

7.10.1 一般数据

本项要求包括：

因兼并、重组、破产等原因转移数据的，应在数据转移前明确数据转移方案，并通过电话、短信、邮件、公告等方式通知受影响用户。

7.10.2 重要数据

在 7.10.1 的基础上还应满足以下要求：

数据转移后，涉及重要数据备案内容发生变化的，应当履行备案变更手续。

7.10.3 核心数据

在 7.10.2 的基础上还应满足以下要求：

a) 跨主体转移核心数据的，应当评估安全风险，采取必要的安全防护措施，并事先向本地区行业监管部门提出审批申请；

b) 应采用数据溯源系统、审计系统等技术工具对数据跨主体转移进行全流程监控、审计、存证，确保数据活动的操作行为、传输路径可溯源，并确保溯源数据的真实性和保密性。

参考文献

[1]《中华人民共和国网络安全法》

［2］《中华人民共和国数据安全法》

［3］《中华人民共和国个人信息保护法》

［4］《工业和信息化领域数据安全管理办法（试行）》，工信部网安〔2022〕166 号

［5］《数据出境安全评估办法》，国家互联网信息办公室令第 11 号

参考文献

[1] 李成熙,吴新年.美欧日数据治理政策及实践的比较分析与启示[J].数字图书馆论坛,2024,20(07):11-18.

[2] 桂畅旎,任政,熊菲.美欧跨境数据流动规则演变及启示[J].信息安全与通信保密,2023,(11):15-24.

[3] 魏伟珍,陈启梅,张冬荣.欧美个人数据保护政策及对我国数据保护的启示[J].高科技与产业化,2023,29(10):38-43.

[4] 周文泓,吴琼,田欣,钟瑞玲.美国联邦政府数据治理的实践框架研究——基于政策的分析及启示[J].现代情报,2022,42(08):127-135.

[5] 高龙英,张晓霞.域外数据安全法律制度[N].人民法院报,2021-08-27(008).

[6] 单文华,邓娜.欧美跨境数据流动规制:冲突、协调与借鉴——基于欧盟法院"隐私盾"无效案的考察[J].西安交通大学学报(社会科学版),2021,41(05):94-103.

[7] 周若涵.数据安全风险对国家安全的挑战及法律应对[A].《上海法学研究》集刊(2021年第1卷 总第49卷)——上海市法学会国家安全法治研究小组文集[C].2021:15-22.

[8] 刘云.欧洲个人信息保护法的发展历程及其改革创新[J].暨南学报(哲学社会科学版),2017,39(02):72-84.

[9] 周逸尘.国家安全视角下的个人数据保护研究[D].兰州:兰州大学,2017.